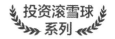
投资滚雪球系列

基金长赢

如何用基金打造理财聚宝盆

陈益文 ◎ 著

清华大学出版社
北京

本书封面贴有清华大学出版社防伪标签，无标签者不得销售。

版权所有，侵权必究。侵权举报电话：010-62782989，beiqinquan@tup.tsinghua.edu.cn。

图书在版编目（CIP）数据

基金长赢：如何用基金打造理财聚宝盆 / 陈益文著. —北京：清华大学出版社，2020.1（2021.3重印）
（投资滚雪球系列）
ISBN 978-7-302-54184-4

Ⅰ.①基… Ⅱ.①陈… Ⅲ.①基金－投资－基本知识 Ⅳ.①F830.59

中国版本图书馆 CIP 数据核字（2019）第 256585 号

责任编辑：刘 洋 顾 强
封面设计：李伯骥
版式设计：方加青
责任校对：宋玉莲
责任印制：杨 艳

出版发行：清华大学出版社
　　　网　　址：http://www.tup.com.cn, http://www.wqbook.com
　　　地　　址：北京清华大学学研大厦 A 座　　邮　编：100084
　　　社 总 机：010-62770175　　邮　购：010-62786544
　　　投稿与读者服务：010-62776969, c-service@tup.tsinghua.edu.cn
　　　质 量 反 馈：010-62772015, zhiliang@tup.tsinghua.edu.cn
印 装 者：三河市中晟雅豪印务有限公司
经　　销：全国新华书店
开　　本：155mm×230mm　　印　张：22.75　　字　数：311 千字
版　　次：2020 年 1 月第 1 版　　印　次：2021 年 3 月第 4 次印刷
定　　价：79.00 元

产品编号：082522-01

序

怎样在正确的道路上慢慢变富？

"怎样理好财"是亘古不变的话题。人人都希望有套一劳永逸的方法，让金钱为自己打工，成为"躺赢一族"。但是机遇总与风险相伴，很多人在投资前按照收益高低选择投资品种，在投资后却又为投资风险提心吊胆。

其实，如果把家庭财富看成一支足球队，那么既要有人担任前锋，在前方冲锋陷阵，负责进球得分，也要有人担任后卫和守门员，负责抵御进攻，在后方看家守护。不同的岗位，需要挑选不同身体素质和技能特长的人来担任，以实现更强的团队战斗能力。就像我们在理财时，需要有明确的投资目标（买房、结婚、养娃和养老等），然后根据投资目标选择精兵强将进行排兵布阵。

但是任何事情细究起来都是一门学问，很多人做了十多年的投资依然不能取得理想的收益。我从十多年前投资封闭式基金开始，尝试了很多投资方法，最后得出两条结论：**一是选择比努力重要；二是守拙比取巧重要**。对于普通投资者，与其选择在数千只个股中激情淘宝，不如借助专业机构在少数优质基金中稳健淘金；与其整日思考怎样抓住涨停股,不如坚守优质基金,按年做动态配置,享受慢慢变富的快乐。2019年上半年,我精挑细选的个股尚未跑赢配置的优质基金,对此更是感触颇深。现在我也在雪球和公众号定期分享基金投资心得,希望帮助更多的投资者慢慢变富。

本书的作者基少成多(笔名)是我的铁杆"球友",他在如何使用基金简单、有效地配置家庭资产方面进行了很多思考、探索和实践,这本书是他思考和实践的总结和提炼,很多地方与我不谋而合。

本书在介绍基金基础知识、选择技巧、各行业特征等的基础上,提炼了知名投资大师的投资理念,最后将理论和实践相结合,把握投资最本质的盈利、周期和估值等特征,提出了自己关于家庭资产配置的方法和策略。其中既有稳健的债券基金组合,也有激进的股票基金组合,还有股债房轮动案例,并使用历史数据进行测试,方便读者了解对应组合的风险和收益特征。

从中我们可以看到,如果坚持使用稳健高盈利能力的指数基金(书中使用国证行业指数中的白酒、医药和家电作测试)构建指数基金组合,然后每年年底实施动态平衡(各指数基金分别占1/3),竟然可以实现年化20%以上的复合投资收益率,15年多的时间里累计收益接近23倍!这算是"选择"和"守拙"两大威力的一个体现。细细品味,还会发现更多不错的想法和策略。

理财知识浩如烟海,站在前人智慧和经验的基础上,能更快到达成功的彼岸。相信这本汇集基金理财知识、大师投资智慧和资产配置技巧的书籍可以帮助投资者找到致富的正确航道,为到达成功的彼岸提速,让你慢慢变富。

持有封基
《十年十倍》和《聪明的定投》作者

前言

如何捍卫我们的财富？

每个家庭都逃不开自己的"使命"——买房、结婚、养娃、养老。虽然有些家庭会得到长辈的支持，但多数家庭还是需要自力更生的。

由于家庭需要花钱的时间段和能挣钱的时间段并不一一对应，需要在家庭收入有盈余时多储蓄，在收入不足时拿出来应急。自从纸币出现后，钱本身不再像金属一样具有稳定的价值，相对物价一直处于贬值状态，"钱不值钱"成为普遍现象。如果不会理财，存下来的钱不断贬值，你需要付出更多的劳动才能保持财务平衡，无形中"亏"了很多。例如，很多人发现，推迟几年买房，存的钱确实多了，但能买到的面积反而变小了，钱被房价"吃掉"了。

如果我们用货币总量（M2）表示钱，用国内生产总值（GDP）表示商品，用 M2 增速与 GDP 增速之差表示货币贬值速度。2008 年到 2018 年间，钱增加了 367%，商品增加了 136%，用商品来衡量，钱变得更不值钱了。我们可以从生活的成本中，明显感觉到这种"贬值"。例如，我刚读研究生时，校内男生的理发费用是 5 元 / 人，10 年之后，价格变成 12 元 / 人，同样的钱，10 年后的购买力下降了一半多。

显然，我们不愿意看到自己辛辛苦苦攒下来的钱被物价"吃掉"，需要给存下来的钱找一份工作（俗称"理财"），让它"自给自足"——购买力不下降，或者"养家糊口"——挣到的钱比自己的工资多。

不同的投资理念和投资方法，产生的结果判若云泥。

如果按照 1.5% 的银行一年期定期存款利率加上利息滚存，1 万元存款 10 年后变为 1.16 万元。如果按照 15% 的年收益率理财，同样的 1 万元本金会变成 4.05 万元，后者是前者的 3.49 倍。如果时间线拉长至 20 年、30 年，同样的理财方式下，**后者的财富将变为前者的 12.13 倍和 42.44 倍**。仅仅改变一个理财观念和投资方法，就能多赚几十倍。

前面所说的 15% 收益率是个真实的故事。2008 年，美国金融危机波及全球，各国股市均是一片腥风血雨，我国 A 股的上证指数前十个月暴跌 67.14%，只剩下年初的 1/3。这一年，美国最大的保险公司 AIG、第四大投资公司雷曼兄弟和第六大银行华盛顿互助银行纷纷申请破产保护，我国也有不少企业没能熬过去。

2008 年 10 月中旬，华夏基金公司发行了一只叫"华夏策略"的基金，由知名投资人王亚伟担任基金经理。当时我刚工作不久，收入微薄，但通过了解金融历史，知道所有的灾难终将过去，七拼八凑用 1 000 元通过当时的券商账户购买了该基金。后来由于种种原因，券商账户注销，但这笔基金投资一直未动。2018 年又是一个惨烈的熊市，截至 2018 年年底，该基金自成立以来累计上涨 304.60%，按照 10 年计算，复合年化收益率恰好是 15%。

这 10 年间，A 股经历过 2009 年和 2014 年的两个牛市、2011 年和 2018 年的两个熊市，上证指数上涨了约 44%。其间既有波澜壮阔的上涨，也有惨不忍睹的暴跌，更多的则是连绵不断的震荡。该基金的基金经理先后更换过 7 次，一切并不如意，结果却令人欣喜。

为了捍卫家庭财富，我坚持研读投资界大师的经典书籍和投资策略，并在实战中摸爬滚打，经受锤炼，最终感悟：捍卫家庭财富的有效手段是**找到当代最能赚钱的"核心资产"，用最稳妥的方式投资，然后不断重复上述动作**。

与其他理财图书不同的是，这套稳妥的投资方法遵循"大道至简"的原则，有以下几个优点：

（1）借助基金实现，不需要研究复杂的企业财务数据，不需要操心企业的经营动态，不会遭受"黑天鹅"的重创。

（2）借助周期配置，只需要每年年底观察几个核心的投资指标，适度调整投资组合的配置和配比即可，称得上是"懒人投资"。

（3）投资收益不菲，投资最终需要获取满意的回报。本书介绍的投资策略涵盖了稳健的债券型基金组合和激进的股票型基金组合，长期投资收益均处于相对较高水平，部分策略在十多年的数据回溯中可以获取高达百倍的投资回报。

这套对基金经理和市场依赖更少、表现更稳、收益更好的投资策略，将在本书中一一展示。笔者通过投资实践提前圆了购房梦和换房梦，希望也可以帮助读者早日实现买房梦、换房梦、养娃梦和养老梦，拥抱更美好的生活。

2016年以来，个人在雪球网（昵称：似曾相识81）和"基少成多"公众号等平台公开发表投资理财的观点，也迫使自己加快学习步伐，开阔眼界，丰富投资知识。

在学习和探索投资的过程中，很多投资大咖的精彩观点给了我不少灵感。在此感谢雪球网不明真相的群众、持有封基、银行螺丝钉、老罗话指数投资、青春的泥沼、望京博格、老钱说钱等人，他们的很多观点促进了我的思考和学习。

感谢出版社的各位老师。他们在本书编辑和出版中不辞劳苦，让投资者可以早日一睹本书芳容。

感谢一直支持我的各位粉丝。你们的关注和互动为我的学习和研究提供了无限动力。

感谢一直陪伴我的家人。他们的理解和支持，让我在研究和撰写本书的过程中得以全身心地投入。

由于个人掌握的知识有限，写作时间仓促，书中难免出现瑕疵，欢迎通过邮箱27901351@qq.com把意见反馈给我，谢谢！

基金投资常见问题解答

1. 可以在哪些渠道买基金？

目前可以通过银行、证券公司、第三方平台和基金公司直销平台等渠道购买基金。其中，在天天基金、基金公司直销等渠道购买需要注册账户，并关联银行卡，费率一般较低。

2. 我买什么基金最合适？

每个人的风险承受能力不同，在选择基金前，需要评估好自己的风险承受能力，然后选择相匹配的基金投资。

基金中，风险依次增大的基金是：货币基金——短债基金——长债基金和分级 A 类基金——偏债型混合基金——可转债基金——**平衡型混合基金**——偏股型混合型基金——消费指数基金——宽基指数基金——科技和周期指数基金——分级 B 类基金。

普通投资者，最适合投资平衡型混合基金或者风险更低的基金。笔者在天天基金平台，优选平衡型或灵活配置型基金，构建了**"绝对赚钱"**基金组合，定期更新，可供参考。

3. 怎样根据指数的估值判断市场的高点和低点？

普通的宽基指数，如沪深 300、中证 500 等指数，根据市盈率的分位数即可判断。例如，沪深 300 市盈率分位数为 30%，表示该数值处于历史数据从低到高 30% 的位置，相对偏低。

我们可以参照过去 10 年沪深 300 和中证 500 两个指数的分位数，判断当前市场的高估还是低估。当两者的分位数都在 20% 以下时，市场整体处于低估区域，投资的风险比较小；当两者的分位数都在 80% 以上时，市场整体处于高估区域，投资的风险比较大；其余状态则为估值适中。

周期性强、业绩波动大的行业指数，适合使用市净率进行判断。例如证券公司、中证银行等指数，它们市净率的分位数参考意义更大。

需要说明的是，证券公司的业绩和估值波动特别大，极小和极大数值都比较少，普通渠道提供的估值数据是按照当前估值在历史所有数据中的排序确定分位数，数据参考意义下降。此时，使用绝对分位数，更容易识别指数估值的相对区域。估值的绝对分位数是将指数过去一段时间的最大值定义为 100%，最小值定义为 0，然后将其划分为 100 等份，查看当前估值对应的位置。

此外，再补充一点，随着外资的进入以及国内机构投资者话语权的增多，国内市场的估值水平逐步与国际市场靠拢，特别是代表大中盘市值的沪深 300 指数。指数的估值波动区间整体呈现收敛趋势。

笔者在天天基金平台构建了**"雄霸天下"**基金组合，会根据市场估值的不同，选择不同的基金配置。2018 年 12 月 13 日至 2020 年 7 月 31 日，该组合实现了累计 94.03%[①] 的收益，收益可观，可供参考。

---

① 备注：历史业绩不代表未来走势。

目录

第 1 章 投资常用术语 /1

1.1 泛理财常用术语 /2
1.2 股票常用术语 /5
1.3 债券常用术语 /12
1.4 基金常用术语 /15
1.5 复杂产品专用术语 /18

第 2 章 投资为什么要选基金？ /19

2.1 基金是什么？ /21
2.2 基金的优点 /22
2.3 怎样保证投资收益？ /28

第 3 章 单只基金的选择 /33

3.1 评价基金的常用指标 /35
3.2 不同基金的投资逻辑 /38

3.3　债券基金的选择　/40

3.4　股票基金的选择　/47

3.5　房地产投资信托基金的选择　/57

3.6　商品基金的选择　/61

第 4 章　如何选择行业指数基金　/67

4.1　主要消费和白酒行业　/69

4.2　可选消费和家用电器行业　/92

4.3　医药卫生、生物科技和医疗服务行业　/114

4.4　信息技术行业　/137

4.5　金融地产行业　/158

4.6　原材料行业　/192

4.7　公用事业　/201

4.8　能源行业　/206

4.9　工业　/211

4.10　电信行业　/216

第 5 章　投资大师的智慧　/223

5.1　认清股市的真面目　/224

5.2　璀璨的价值投资　/230

5.3　耀眼的技术投资　/250

5.4　精巧的投资体系　/262

5.5　投资智慧小结　/270

第 6 章　基金组合的常见战术　/273

6.1　稳健组合　/274

6.2　进取组合　/280
6.3　简易轮动信号的设置　/289

第 7 章　打造自己的基金战舰　/295

7.1　稳赚的债券战舰　/297
7.2　积极的红利战舰　/300
7.3　长赢的"巴菲特指数"战舰　/303
7.4　暴利的"牛指"战舰　/305
7.5　基金轮动方法　/308
7.6　龙头股增强策略　/310

第 8 章　家庭资产的配置　/313

8.1　资产配置的目的和特点　/314
8.2　资产配置策略　/317
8.3　资产配置品种的选择　/332

后记　大道至简　/343

第1章
投资常用术语

不断地学习才是一切。

——《富爸爸穷爸爸》

投资术语就像打开财富宝库的钥匙,只有掌握这把"钥匙",才能打开一座座财富宝藏,走上致富道路。学习投资,让我们先从术语启航。

投资就是我们为钱找一份工作,让它不断地钱生钱。本章分门别类,尽量用简洁易懂的语言对各类投资术语进行介绍。

1.1　泛理财常用术语

金融:指资金的"融通",将资金使用权从富余方阶段性地转移给短缺方,设计合适的金融产品满足双方各自的需求。

有富余资金的一方称为"出资方""存款人""投资方"等。

存在资金短缺的另一方称为"融资方""贷款人""被投资方"等。

在"融通"过程中起"配对"作用的联络人则称为"金融中间人"或"金融机构",具体包括银行、证券、保险、信托等。

例如,某人A将一笔钱存到C银行,C银行再把这笔钱借给贷款人B。在这个过程中,A是存款人,C是"金融中间人",B是贷款人,存款和贷款则是金融产品。

直接融资和间接融资:按照融资中间人扮演的角色不同,融资方式可以划分为直接融资和间接融资。

直接融资:出资方直接把钱提供给融资方,对融资行为承担直接风险和收益。例如,我们买了股票后,成为上市公司的一名股东,后期的盈利和亏损都由我们自己承担。

间接融资:出资方把钱交给金融中间人,金融中间人再把钱提供给融资方。在这个过程中,出资方与金融中间人存在借款行为,无论融资方发生什么变化,金融中间人都需要对出资方履行还本付息的责任。典型例子就是我们把钱存入银行后,银行拿钱去放贷,即便放贷产生了亏损,银行仍需要按照原先的约定向我们还本付息。

投资期限:从提供资金到收回资金的时间。多数投资人的钱都是阶段性的富余,在提供资金时对收回资金的时间有要求,需要购买相应期限的产品或者做好收回约定。定期存款、债券等产品具有固定的到期时间,股票无固定的到期时间,保险会约定保险时间段。个别金融产品还有锁定期的概念,即在约定的时间内不能抽回资金。

预期收益:在不发生意外的情况下,一笔投资能带来的收益。如果可能的情况有多种,预期收益就是将每种情况发生的收益率和对应的可能性相乘后再加总。例如,一笔 100 万元的股票投资,在牛市中一年可以赚 100%,发生的可能性是 60%;在熊市中一年会亏 30%,发生的可能性是 40%,具体如表 1-1 所示。

表 1-1 不同结果的可能性及收益率

结 果	收 益 率	可 能 性
牛市	100%	60%
熊市	-30%	40%

从而,该笔投资的预期收益为 100×100%×60%+100×(-30%)×40%=48(万元),对应的一年预期收益率 = 预期收益 / 本金 =48%。

简单的金融产品通常约定收益率,称为固定收益类产品(有时简称为"固收产品"),如存款、债券等。复杂金融产品的收益率并不固定,而是浮动变化的,通常会提供"预期年化收益率"供投资方参考。例如,某银行理财产品的预期年化收益率为 4.2%,也就是说,在不出重大意外的情况下,花 100 万元购买该产品,一年后的收益率为 4.2%。如果对应的产品只有 3 个月,则持有到期的预期

收益 =100×4.2%×3/12=1.05（万元）。

复利：我们通常所说的预期收益或投资收益中，本金赚取的收益并不参与赚钱，也被称为"单利"（只有本金有利息）。如果在投资期限内，本金赚取的收益也参与赚钱则称之为"复利"（本金和已赚取的利息都参与赚钱，也称作"利滚利"）。显然，复利的赚钱速度远快于单利。

古代地主富豪们压榨穷人的手段之一就是使用被称为"高利贷"的"复利产品"。一般是按月计息，下个月开始，没有还上的利息会计入本金核算计息。由于"高利贷"本身的利率就很高，复利计算后会更加恐怖。我们可以通过举一个例子演示一下。

假如杨白劳向黄世仁借了 1 万元，每月利率是 10%。如果一年没还清，需要偿还的利息和本金会变成 3.14 万元，两年后变成 9.85 万元，三年后变成 30.91 万元！

有人测算过，假定一张纸的厚度为 0.1 毫米，折叠 43 次后（每次折叠相当于一次 100% 的复利），纸张的厚度会超过月球和地球之间的距离。

鉴于复利的恐怖性，中华人民共和国最高人民法院在《关于人民法院审理借贷案件的若干意见》中明确规定，"民间借贷的利率……最高不得超过银行同类贷款的四倍（包含利率本数）……出借人不得将利息计入本金谋取高利。"

虽然复利作为"高利贷"非常可怕，但是投资方如果能享受复利会非常幸福。物理学家爱因斯坦曾经这样评价复利："**宇宙间最大的能量是复利，而不是核爆炸。**"如果某位投资人拿 1 万元本金进行投资，每年的收益率为 20%，51 年后，这笔投资将变成 1.09 亿元。

有个著名的**"72 法则"**可以快速计算本金翻倍所需要的时间，即"72/ 年收益率（去掉百分号的数字）"，所得结果大约为本金翻倍所需要的"年数"。如果每年能赚 18%，大约需要 4 年本金就能翻倍；如果每年能赚 30%，大约需要 2.4 年本金就能翻倍。

如果利息不高，即使用复利计算影响也不大。例如，现在的货币基金基本都是按日计息，但每年的收益率只有 3% 左右，具体到每一天的收益更是微乎其微，积累起来作用也不显著。

风险：指发生亏损的可能性。金融理论通常使用金融产品价格的波动来衡量风险，波动越大，风险越大。但对于有确定价值的产品，价格有些大波动对应的风险反而小。例如，某栋价值 500 万元的房子，因业主急着用钱，降价 100 万元销售。此时虽然价格产生了巨大的波动（下跌 100 万元或 25%），但是买入的价值更大，未来亏损的可能性反而更小。对于投资者而言，每个人能承受的亏损程度不同，能够承受较大亏损的投资者称为"激进型"或"积极型"投资者；只能承受较小亏损的投资者称为"稳健型"投资者；不愿承受亏损的投资者称为"保守型"投资者。

1.2 股票常用术语

网上有个关于股票的笑话。话说一位古人穿越到当代，看到街边某建筑挂着一块牌匾——"股市"（古代"股"指大腿，"市"指交易的场所），顿感好笑："股也能拿来买卖？"他怀着好奇的心情走进"股市"，里面熙熙攘攘、人声鼎沸，很多人转眼之间就赚了很多钱，他也忍不住参与其中。一段时间后，这位古人亏得只穿了条内裤出来，看着裸露的大腿，他忍不住仰天长叹："真股市耶！"

"股"从大腿的本意出发，泛指事物的一部分。由于企业经营需要大量的资金，为了便于筹集资金，便有了代表出资人在企业所有权中所占份额的"股票"。所有投资人都可以出资持有企业的部分"股票"，称为企业的"股东"，享有参与决策、分配收益、选择和监督企业管理者、知晓经营情况等权利。

当计算机网络发达后，股票不再使用纸质凭证记录，而是在计算机系统中登记。我们可以通过开设证券账户，借助券商交易客户端在上海证券交易所（简称"上交所"）和深圳证券交易所（简称"深交所"）

买卖上市公司的股票，成为企业的一名股东。

1.2.1 股票发行术语

在企业成立时便有了股东和股票，但是很多企业股票没有到国家指定的公开市场进行交易，只能私下转让，这被称为"**场外交易**"。

如果企业股票需要到公开市场进行交易（简称"**上市**"，公开交易股票的市场称为"**二级市场**"），则要按照法定流程办理手续。具体包括成立股份公司、聘请券商做上市前辅导、股票发行筹备、申报、审核、路演和发行等。其中，券商、承销商、机构投资者和打新投资者在企业公开上市前的交易形成的市场称为"**一级市场**"，企业公开上市后的交易形成的市场称为"**二级市场**"。

设立股份公司可采取发起设立和募集设立两种形式。

发起设立　指发起人购买全部发行的股票。

募集设立　指发起人购买部分股票，另一部分股票由特定对象（定向募集）或社会公众（公开募集）购买。

路演： 公司上市前，在证券发行商的帮助下，企业成员公开演说、演示、推荐股票的行为。企业经营者可以通过该行为扩大企业的影响力、知名度，同时了解购买者的意向，进一步确定发行数量、发行价格等细节。

A 股： 在国内发行上市，以人民币标价并进行交易的股票。类似的 B 股则是国内上市，以美元（上交所）或港币（深交所）在中国香港交易的股票，因参与人数少，多数 B 股股票较 A 股股票（使用人民币购买）有一定的折价。

S 股： 尚未完成股权分置改革的 A 股股票，股票名称前带"S"，涨跌幅为 ±5%。与此符号类似，如果公司经营连续两年亏损，会在个股前面加上"ST"表示特别处理，连续三年亏损会再加上"*"表示退市预警，两者一起使用也被称为"披星戴帽"。

再融资： 公司上市后，通过配股、增发、发行可转债等方式继续进行股票融资的行为。

配股：指公司向原有股东以低于市价增加发行股票的再融资行为。一般是按照原有股票的一定比例配股，配股后原股东每股的平均持股成本下降，股票价格会下降。如果老股东没有足够的资金参与配股或者不想参与配股，最好的方式就是配股前卖出，配股后再低价买回，防止不必要的损失。

定增：定向增发的简称，指上市公司向特定的对象小范围增加股票发行，从而募集资金的行为。

发行可转债：向老股东和新股东发行一种带有认购权的债券。该类债券的付息成本低于普通债券，但是允许投资人在指定的时间内以某一价格将债券转换为公司股票。也就是说，可转债＝债券＋股票认购权。

由于股票市场存在牛熊周期，企业一般倾向于在熊市股票很难卖时发行该类可转债，吸引稳健型投资者购买；在牛市股价较高时，促使投资者将债券转为股票，实现变相股票融资的目的。

可转债类产品的特点是"下跌有底，上涨不封顶"。一直持有可以享受债券的"保本＋保息"，以及到期高于面值的赎回价格，这提供了可转债的"底"。上涨时，上涨空间接近股票，理论上不存在天花板。我们可以将可转债交易想象为摘葡萄，站在地面上（股价低于转股价）可以摘到低点的葡萄（享受保底收益），跳起来（股价上涨超过转股价）可以摘到高处的葡萄（赚取股票上涨收益），旱涝保收。

1.2.2　股票交易术语

开户：指投资人通过线上或者线下方式，在证券公司开设账户、绑定银行卡、划入资金后，即可以开始买卖上市公司的股票。

打新：新股上市时，通过证券账户发起"申购"（购买申请），在两个交易日后公布结果，中签者（打新成功）需要按照中签的股票数缴纳资金，证券账户资金够的话，券商会自动冻结该笔资金。由于新股发行定价偏低且上市的股票数量较小，上市后基本都会出现不小的涨幅。对于投资者而言，这部分收益相当于"无风险收益"。新股在上市后，有涨停限制的股票（主板、中小板和创业板）等不再连续涨停时卖出，无涨停限制的股票（科创板）等开盘后选择卖出，即可拿到这部分"无风险收益"。目前打新实行市值配售，每持有上交所的股票市值1万元可获得1 000股的上海市场打新额度，科创板是市值5 000元，获500股的打新额度，每持有深交所的股票市值5 000元可获得500股的深圳市场打新额度。

一手：股票市场的最小买卖单位，A股市场的一手对应100股。中国香港市场和美国市场有差异，中国香港市场每只个股的最小交易单位由发行公司自行设定，有些是100股，有些是400股、1 000股和2 000股。美国市场一手即为1股。

集合竞价：买卖双方提交的买入和卖出报价按照"不高于申买价，不低于申卖价"的规则，进行集中撮合并成交，最大成交量对应的价格为成交价，该时间段的成交价格一致，相对最为公允。目前A股市场交易日的9:15—9:25，以及14:57—15:00为集合竞价时间。交易日的其余时间为**连续竞价**，买方和卖方按每笔分别成交，成交价格会有差异。

T日：一般我们将某一基准时间记为T日（例如新股申购日或者买卖股票日等），之后一个交易日为T+1日，之前一个交易日为T-1日。交易日类似于股票市场的正常营业日，当天可在证券市场买卖股票。在正常工作日，证券市场均可以交易，遇到节假日调休，基本都不交易。A股当前实行"T+1"交易制度，T日买股票，T+1日开始才能卖出；T日卖股票，T+1日才能将资金转出。

股权登记日：指系统确认股东身份、实施股东权益的日期，在此交易日之后买入的公司股票不再享受相应的股东权益。假定某公司确定2019年3月29日为股票分红登记日，在此之后购买的股票都不参与本次分红。

分红：股票可以通过分红的方式，让股东享受已赚取收益的分成，其中股票红利会增加股东的持股数量（简称"送股"），现金红利会增加股东的现金收益（简称"派现"）。由于分红是对公司现有收益的分配，分配后企业股票的价值会下降，产生对应的"除权"和"除息"。其中：

送股除权价＝股权登记日的收盘价/（1+送股比例）

除息价＝股权登记日的收盘价－每股分配的现金股利

上面再融资的配股会导致公司资产增加，对应地，

配股除权价＝（股权登记日的收盘价+配股价×每股配股比例）/
（1+每股配股比例）

估值：指对公司价值的评估。常见的估值方法有市盈率法（PE法）、市净率法（PB法）、市销率法（PS法）、现金流折现法（DCF法）等。其中：

PE＝每股价格/每股净收益，市盈率的倒数表示投资收益率

PB＝每股价格/每股净资产

PS＝每股价格/每股销售收入

DCF＝按照加权资本成本折算的未来各年现金流的当前价值

由于每个行业均有其特色的产品、盈利模式和发展空间，可以参照市场行业估值的平均数或者个股自身的历史估值波动区间，对公司股票进行估值。

例如，其中盈利能力相对稳定的消费、医药等行业及个股适合使用PE法估值。如，贵州茅台的盈利较少受经济影响，最近十年的PE主要波动范围为17.5～33.3，中位数约为25.4，在此之下可以称为"低估"，在此之上可以称为"高估"。

强周期性行业或企业，其盈利能力随着宏观环境的变化而剧烈变化，此时使用PB法进行估值更靠谱。

尚未盈利、盈利较小或者毛利率较低的行业、企业，适合使用PS法进行估值。

以买股票就是买企业的角度看，DCF法是最严谨的估值方法，适用于所有企业和行业。但因其计算非常复杂，超过一定期限的现金流

预计也很困难，该方法较少使用。

基于估值进行买卖是**价值投资**的典型做法，通常在企业被低估时买入，在高估时卖出。

指数：将特定的股票/债券等，按照一定方式加权计算的数值，以反映市场的整体表现。类似于我们用消费者物价指数（CPI）衡量消费品整体的价格涨幅，用平均成绩衡量整个班级学生的学习成绩。股市也常用"**大盘**"来指代指数。

牛市：技术上指常见指数年度涨幅高于20%。牛市的特征是多数股票持续大幅上涨，开户人数急剧增多，很多人都在股市赚到钱，人们在各个场合都很愿意讨论股票。

熊市：技术上指常见指数年度跌幅大于20%。熊市的特征是多数股票下跌，甚至跌幅超过50%（俗称"腰斩"），开户人数急剧减少，很多人亏损累累，人们不愿意讨论股票。其中，股市连续、大幅下跌俗称为"**崩盘**"。

震荡市：技术上指常见指数年度涨跌幅度都未超过20%。震荡市的特征是多数个股涨跌幅度都不大，市场交易相对平稳和平淡。

止损：超过一定的价格后卖出，防止损失进一步扩大。反过来为"止盈"，在赚取一定的利润后卖出，防止股价回落造成利润减少。如果不能及时止损，产生较大的亏损俗称为"套牢"。

换手率：衡量股票/场内基金活跃程度的常用指标，等于某段时间内的成交量/流通总量。对股市而言，熊市时换手率低，牛市时换手率高；大盘股换手率低，小盘股换手率高。通常被看作良性上涨的组合有：股价涨停，换手率非常小；股价和换手率同步上升。该指标还可以作为市场人气指标，监测顶部和底部，A股中换手率低于0.8%的个股占比超过60%时，股市极度低迷，往往对应着股市的大底；而当占比低于5%时，股市火爆，通常对应着股市的阶段性高点。

量比：衡量股票相对活跃程度的指标，等于本交易日平均每分钟的成交量/过去5个交易日平均每分钟的成交量。一般下列组合被看好：股价上涨，量比在1.5～10之间；量比在0.5以下，股价涨跌幅度变小（收窄）。类似的还有"委比"=（委托买入量-委托卖出量）/（委托买入量+委托卖出量），其中委比为负表示卖方较多，有下跌压力，否则说明有上涨动力。

庄家：借用赌场术语，指能控制股票走势的大型投资者。我国法律禁止操纵股价，同时没有机构可以长期控制股价走势。该术语常用于人们幻想中的交易对手。

1.2.3 其他常用术语

蓝筹股：赌场中，蓝筹为最值钱的筹码，蓝筹股代指股市中业绩好、分红高的个股，一般是指数权重股，市值较大。该类个股也被称为白马股、龙头股。但**上涨龙头**则指领涨的个股，不一定是蓝筹股。

看多：指看好未来的市场，预计会上涨。**做多**则指买入股票。反过来，看空、看淡则指不看好未来的市场，预计会下跌。做空指卖出股票，甚至先借股票卖出，再低价买回还掉。

技术分析：基于历史会重演而进行股票价格分析。用股票的历史价格走势、成交量、时间周期等推测未来的可能走势，并指导股票买卖。

趋势线：技术指标术语，连接股票价格近期相对低点或高点的直线，用以指导和预测股价。其中，相对低点的连线称为"支撑线"，相对高点的连线称为"压力线"。在上涨趋势中，个股多数时间在"支撑线"上运行；在下跌趋势中，个股多数时间在"压力线"下运行，但并不绝对。

涨停、跌停：由于我国股市对单个交易日设置涨跌停制度，即涨跌到一定程度就停止交易，其中因上涨而停止交易称为"涨停"，反之为"跌停"。正常个股、场内基金的涨跌停幅度为±10%（科创板为±20%），新上市股票、S股、ST个股等例外，后两者为±5%。由于股票最小报价单位为0.01元、场内基金最小报价单位为0.001元，可能因最小报价因素导致涨跌停的幅度并不严格为10%。

仓位：指买入股票、基金的资金占可投资总资金的比重。如果有

10万元可投资资金,买入5万元股票和基金,仓位=5/10=50%。满仓表示仓位为100%,空仓表示仓位为0。由于心理原因,满仓的投资者会在下跌时陷入恐慌,而空仓的投资者会在上涨中迷茫,普通客户一般建议持有30%~70%的仓位。

1.3 债券常用术语

债券为借款人(如发行人、发行主体)发行的借款凭证,投资人可以通过购买债券借出资金,享受债券利息收入和到期还本权益。根据借款人不同,债券可划分为国债、地方债、企业债、公司债等,详见表1-2。

表1-2 债券的常见分类

	品种	发行主体	监审部门		品种	发行主体	监审部门
利率债	国债	财政部	财政部	信用债	企业债	法人企业	发改委
	地方债	财政部/省市政府			公司债	公司制法人	证监会
	央票	人民银行	人民银行		短融	非金融企业	交易商协会
	政策银行债	政策性银行			中期票据		
	同业存单	商业银行			次级债	商业银行	

资料来源:根据国联证券研究所相关报告整理。

企业债中,城投平台公司发行的债券称为城投债,非城投平台公司发行的债券称为产业债,一般为公用事业、交通运输和采掘等国有企业。

根据投资人的不同,公司债可分为大公募债、小公募债和私募债。其中,普通投资者和合格投资者(有资金门槛限制)均可投资大公募债;小公募债只向合格投资者发行,人数无限制,大公募债降为小公募债,普通投资者只能卖出;私募债只向合格投资者发行,且每次发行的对象不超过200人。

1.3.1 债券发行术语

债券面值：债券发行时注明的票面金额，每张面值一般为 100 元。

市场利率：债券在市场中因供求关系而产生的利率。不同地区和市场的市场利率会存在差异，银行间的中短期借款（同业拆借）利率通常被看成市场利率。

票面利率：债券约定的利率，发行人按照债券票面利率支付利息。与此对应的为**实际利率**，即投资者持有债券期间能获得的利息/投资成本。当债券按照面值交易时，实际利率与票面利率一致，当债券以低于面值交易时，实际利率高于票面利率。

信用级别：衡量债券发行人未来偿还债务可能性的指标。级别越高，未来偿还债务的可能性越大。其中最高级别为 AAA（也称"金边债券"），最低级别为 C。

利率债：发行人为国家、信用级别较高的机构或保障程度较高的债券，该类债券视同为无违约风险，价格主要受市场利率影响。

信用债：发行人信用级别或保障程度较低的债券，有一定的违约风险，其价格主要受利率和信用级别两方面影响的债券。

现值：指未来现金对应的现在价值，例如，市场利率为 10%，1 年后的 1 元现值为 1/（1+10%）。

久期：影响债券价格走势的综合利率指标，相当于债券的到期时间，但与实际到期时间不同，它的公式为

$$D = 1 \times W_1 + 2 \times W_2 + \cdots + n \times W_n$$

其中，D 为久期；1，2，$\cdots$，n 为持有年限；W_1，W_2，$\cdots$，W_n 为持有年限对应的现金流现值跟持有债券获得现值总和的比值，即债券的各年度现金流现值占比。

久期类似于债券的"杠杆"，久期越长，债券的杠杆越大，对市场利率走势越敏感。

1.3.2 债券交易术语

正回购：以债券做抵押物在市场借入资金，承诺到期购回债券的融资交易行为。一般需要达到一定资金规模的个人和企业才能从事正回购。与此相反的是"逆回购"，向市场借出资金，到期收回资金和利息的行为。目前券商客户端都可以直接从事国债逆回购，无须申请开通，直接输入相应的代码即可执行国债逆回购，也是比较常见的短期理财方式。

剩余期限：当前时间距离债券还本日的时间。

短期债券：剩余期限在 1 年以下的债券。剩余期限在 1～10 年的为中期债券，10 年以上的为长期债券。高信用级别非金融企业在银行间市场发行的、期限在 270 天以内的债券被称为短期融资券，风险低，属于货币理财工具。

净价交易：债券买卖时，未到付息期的应计利息不计入报价和成交价格的交易，实际清算/结算时另行支付应计利息。目前国内债券市场都是净价交易，但是清算时使用全价（净价+应计利息）。

应计天数：截至清算/结算日期，本期应计未付利息对应的天数。

到期收益率：按照当前价格买入并持有到期，可以获得的收益率（收益/本金）。

持有期收益率：从买入到卖出，投资人持有期间获得的收益率。

1.3.3 其他常用术语

修正持久期：衡量债券价格对收益率反向变动敏感性的指标，是衡量收益率**升降幅度**对债券价格影响的指标。用公式可表述为

$$价格涨跌百分比 =- 修正持久期 \times 收益率升降幅度$$

修正持久期越大，债券价格对收益率变化越敏感。

凸性：债券的价格变动与利率变化并不是完全呈线性相关，凸性是用来衡量债券利率**升降速度**对债券价格影响的指标。对于凸性大于 0 的债券，利率下降，债券价格加速上升；利率上升，债券价格减速

下跌。用公式可表述为

$$价格涨跌百分比 = -修正持久期 \times 利率升降幅度 + 凸性 \times (利率升降幅度的平方)/2$$

1.4 基金常用术语

很多人喜欢吃鸡肉和鸡蛋，但是并不愿意或者不具备条件养鸡，这时我们会直接购买鸡肉和鸡蛋，相当于委托别人养鸡，我们付一些工钱。股票、债券等也是如此，虽然股票和债券市场机会很多，但普通人并不具备投资所需要的专业知识和技能，也不一定有精力进行研究。此时比较好的方式就是委托专业人士帮助我们投资。

基金就是这样一种被称为"专家理财"的产品。我们购买基金，相当于把资金交给基金经理，让他们用专业技能赚钱，同时支付基金运作的各类"劳务"费用。

按照发行对象不同，基金可分为面向公众发行的公募基金，以及面向特定人群发行的私募基金。此外还有按照投资目的划分的养老基金、社保基金、创业基金等。本书重点以公募基金为研究和介绍对象。

1.4.1 基金发行术语

基金募集期：基金首次对外发行设置的购买期间，最长不超过3个月，一般是1天～1个月。

基金合同生效日：基金完成募集开始运作的日期，这一天开始可以使用资金进行投资。

封闭期：基金成立后，一段时间内不能申购和赎回，这段时间称为封闭期，一般开放式基金的封闭期不超过3个月。在合同期内份额固定不变的称为封闭式基金，会在较长封闭期（常见封闭期为1年、3年和5年）内不能申购和赎回，但是上市后可以在二级市场买卖。

在合同期内份额不固定的称为开放式基金,目前绝大多数基金为开放式基金。

基金类型:根据投资对象不同和仓位不同,公募基金可以划分成不同类型,具体如表 1-3 所示。

表 1-3 常见基金类型

基金类型	股票仓位	债券仓位	货币市场
股票型	≥80%	—	—
债券型	—	≥80%	—
货币性	—	—	100%
混合型	股票、债券及其他投资品		

其中,以不低于 80% 的仓位投资于其他基金的基金称为基金中的基金(FOF)。

此外,股票基金中,还有完全复制指数的交易型开放式指数基金(ETF),将指数作为投资对象的其他指数基金,以及力争跑赢指数的增强型指数基金。其中,ETF 基金可在二级市场买卖。

LOF 基金:上市型开放基金的简称,基金发行期结束后,支持通过证券账户在二级市场进行买卖的基金。该类基金交易价格低于净值时(俗称"折价"),可以在二级市场买入然后转到场外赎回,赚取差价(俗称"套利")。

分级基金:同一基金,按照不同的风险和收益拆分成不同类型的交易子基金,支持各自独立交易。例如,分级母基金可以像普通开放式基金一样申购和赎回;分级 A 类像定期存款一样享受约定的年度收益;分级 B 类享受 A 类分配后的剩余收益,承担产生的全部亏损或超额收益,自身带有杠杆,相当于向 A 类借钱炒股。

1.4.2 基金交易术语

认购和申购:新基金发行期间购买基金,对应收取的费用为认购费;基金正常运行以后的购买称为"申购",对应收取的费用为申购费。

赎回：卖掉基金，拿回资金，对应收取的费用为赎回费。

转换：将一只基金卖掉的同时买入另一只基金，相当于更换持有的基金，对应收取的费用为转换费。在正常情况下，转换费为"转入基金申购费－转出基金赎回费"，即转换的费用差额，小于赎回后再申购的总费用，目前多数限定于同一家基金公司的基金转换。

分红：基金将已经赚取的部分收益以现金的形式返还给投资者。基金分红只是将基金的部分净值切割出来分给投资者，相当于从"基金账户"拿出部分钱放置到"现金账户"，本身并不改变基金的价值，分红后基金净值会下降。不急于用钱的投资者，可以在分红前，将分红方式修改为"分红再投资"，用分红的钱直接购买基金，享受"钱生钱"的复利效应。为了鼓励"分红再投资"，这部分再投资的资金不收取申购费。

1.4.3　其他常用术语

货币市场：到期时间在一年以内的债券、票据、存单等投资品构成的交易市场，其特点是期限短、流动性好、风险低。

七日年化收益率：货币基金最近七日的收益折算为一年对应的收益率，该数值并不稳定，且在基金兑现收益时可能快速上升，随后回落。

累计净值：指基金不分红的情况下，自成立以来的净值总额。累计净值等于总净值加上累计分红。

投资风格：根据基金经理购买的重仓股进行划分，以明确基金经理主要投资何种类型的股票。

保本基金：在合同约定的期限内，对本金提供一定比例保证的基金。该类基金会用绝大部分仓位配置稳健的债权类资产，用少量仓位配置股票类资产，在保证本金安全的前提下赚取收益。

QDII 基金：投资海外股票、债券、基金等资产的基金。

QFII 基金：经批准，可以投资境内股票、债券、基金等资产的境外资金。

1.5 复杂产品专用术语

普通投资者较少接触复杂的金融产品,这里仅提供部分专用术语,方便大家理解。

期货:将指数、股票、债券和商品等做成标准化的合约,约定未来一定时间后交割的金融产品。例如,三个月以后的沪深300指数或棉花价格。到期后,可以选择按照差价交割或者交付实物。

期权:一种标准化合约,约定未来可以按照约定价格买卖一定数量资产的权利。期权交易本身是一种零和交易,买卖双方的盈亏总量为零。

认购权证:约定在未来特定时间按照特定价格买入或卖出一定股票的权利,与期权类似。认购权证需要由股票发行公司发行,数量相对有限,可能影响股本总量,且合约不统一,相当于"私人期权";期权则由授权机构发行,无须上市公司参与,理论上数量无限,且不会影响股本总量,合约高度标准化。

有效业务价值(Value of In Force Business,VIFB):按照保险合同约定,客户未来缴纳保费所贡献的净利润,折算到现在对应的价值。

新业务价值(New Business Value,NBV):保险公司最近一年新增保单未来贡献的净利润折算到现在对应的价值。

第2章
投资为什么
要选基金？

在 2017 年的股东大会上，巴菲特第九次正式推荐指数基金，他说："大部分投资者，包括机构投资者和个人投资者，早晚都会发现**最好的投资股票的方式是购买管理费很低的指数基金**。"

言下之意，普通投资者购买"专家理财"属性的基金，是分享股票市场机遇的稳健投资方式。

《2018 年美国基金业年鉴》显示，美国家庭资产中 23% 为基金资产，13% 为银行存款，基金成为家庭资产配置的重要工具。而中国家庭资产中仅不到 1% 为基金资产，56% 为银行存款，大量人群尚未对基金有足够的重视。

根据证监会发言人透露的信息，1998—2017 年间，偏股型基金年化收益率平均为 16.5%，债券型基金年化收益率平均为 7.2%，业绩非常优异。

在常见的投资品当中，基金的特点突出：

（1）**门槛最低**。甚至一分钱也可以参与投资。

（2）**投资范围广**。基金投资范围涵盖从低风险的货币资产到高风险的股票、房地产、大宗商品等，可以满足绝大部分投资需求。

（3）**专家理财**。基金由专业的机构负责投资管控，公募基金单一个股的最大持仓为 10%，风险相对可控，并提供相对可观的长期收益。

上述特点决定了基金既能服务于广大民众，满足各类投资需求，还能提供不错的风险管控和收益回报，是不可多得的投资佳品。如果能合理利用基金这一理财工具，更多的家庭将实现更好的财富增值。

下面，我们将一起走进基金的世界，了解这一神奇的投资工具。

2.1 基金是什么？

基金是为实现一定目的而设立的资金池，按照合同约定进行投资和运作。通常我们购买的基金是公开发行、以赚钱为目的的基金。

我们申购基金所花的资金会交由基金公司，由专业的基金经理打理。同时，基金公司还会配置投资决策团队、研究团队、交易团队、风险控制团队等提供投资协助，将投资做得更专业、更细致。

此外，基金公司并不会直接接触基金的资金。上述资金由银行负责托管，基金公司只负责日常的交易决策和下发指令，充分保证资金的安全。

小故事：一只"奖金聚宝盆"

瑞典著名的化学家、硝化甘油炸药的发明人阿尔弗雷德·贝恩哈德·诺贝尔在1895年用3100万瑞典法郎设立"诺贝尔奖基金会"，每年授予世界上在物理、化学、生理学或医学、文学、和平五个领域作出重大贡献的人，后期追加了"经济学"奖项。

该奖项在1901年第一次颁奖时，单项奖金为15万瑞典法郎，此后一直攀升至2000年的900万瑞典法郎，是当初的60倍！2000年时仅颁发奖金就需要5400万瑞典法郎，远超过基金刚设立时的3100万瑞典法郎。截至2018年，诺贝尔奖先后908次授予个人，27次授予团队，诺贝尔基金会的资产规模高达40.73亿瑞典法郎。

为什么该基金可以一直源源不断地颁发奖金，而且越发越多呢？

奥秘就在于，基金使用最初的资产进行投资，只用部分利息或投资收益发放奖金，随着基金规模的不断扩大和收益水平的提高，赚的钱越来越多，奖金也就水涨船高。

上面这个"奖金聚宝盆"的小故事告诉我们，如果我们能够合理使用和管理基金，不仅能实现财富的保值，还能实现可观的盈利，让基金成为"理财聚宝盆"。

2.2 基金的优点

作家格拉德威尔在《异类：不一样的成功启示录》一书中提出"一万小时定律"：**一万小时的锤炼是任何人从平凡变成世界级大师的必要条件。**

如果一个人可以每天投入 10 个小时专业研究投资，按照"一万小时定律"也需要将近 3 年的时间。考虑普通人每天只有 2～3 小时空闲用来学习，成为大师的时间会在 10 年以上。

更残酷的是，即便投入一万小时，也未必能成为投资大师，特别是股票投资大师。看看身边的股民，有多少能实现较为稳定的盈利呢？

股市流传"七亏两平一赚"这样的说法，即 70% 的投资者亏损，20% 的投资者不赚不亏，只有 10% 的投资者盈利，充分说明投资盈利的艰巨性。但是通过投资基金，将资金交由专业级的基金经理打理，可以直接达到专业投资的水平。

相对于股票、债券等投资工具，基金投资的优点更突出。

2.2.1 风险可控

基金风险的可控体现在以下几个方面。

一是分散投资。按照相关法规和基金合同，正常情况下，单一基金持有单只股票的最大仓位为 10%，一只基金至少需要持有 10 只股票来分散单一持股的风险。

二是专业投资。基金经理上任前往往要经过层层选拔，从研究员到基金经理助理，再到基金经理。通过选拔的基金经理通常具有较为专业的风险识别能力、风险防控能力和较高的投资水准。

三是专业风控。基金公司会设置专门的风险控制岗位，制定专门的风险防控措施，如不买 ST 股、设置行业投资限额等。部分大型基金公司还会借助大数据技术增强风险识别能力，其配置的研究团队会对负责的行业和个股进行深入研究，进一步提升风险识别能力。在风险控制方面，基金公司显著强于普通散户。

以股票市场大幅下跌的 2018 年为例。2018 年不含新股的 A 股跌幅中位数为 33.95%，同期 877 只股票型基金的跌幅中位数仅为 23.96%，显著小于股票跌幅。即便按照最低 80% 的股票仓位计算，多数基金也跑赢了市场。

2.2.2 收益可观

兴业证券王涵、贾潇君、王轶君等分析师在 2016 年发布的《以史为鉴：回顾百年大类资产表现的启示》研究报告中，对比前 100 年和前 50 年全球大类资产的回报情况，结果显示，在多数国家和地区，股票类资产长期表现最佳。

这背后深层次的原因，笔者认为是股票指数增长的背后对应着企业的发展壮大。而现代经济学界较为一致的观点是"**企业是经济增长的最终推动力**"。股票指数的高回报正是经济"最终推动力"价值的直接表现。

由于股票投资的专业性，普通投资者借助基金投资股市，不仅风险相对可控，收益也不低。根据前文引用的证监会发言人的统计数据，1998—2017 年的 20 年间，偏股型基金的年化收益率平均为 16.5%，比同期的上证综指多 8.8 个百分点，是上证指数年化收益率的 2.14 倍。

银河证券基金研究中心发布的数据显示，2005—2017 年，标准股票型基金（A 类）平均年化收益率为 28.52%，平均持有不到 3 年即可翻倍，各年度涨跌对比情况如表 2-1 所示。

表 2-1 标准股基与上证综指的涨跌对比

年份	标准股基（%）	上证综指（%）
2005	-7.36	-8.33
2006	122.98	130.43
2007	148.48	96.66
2008	-54.92	-65.93
2009	82.46	79.98
2010	-0.34	-14.31
2011	-22.28	-21.68
2012	6.67	3.17
2013	18.94	-6.75
2014	22.20	52.87
2015	49.50	9.41
2016	-12.18	-12.31
2017	16.66	6.56

资料来源：银河证券基金研究中心相关数据。

当然，真实投资中并不是说持有3年资产就一定翻倍，而要看市场周期。由于股市的上涨主要是依靠牛市实现的，所以持有至一轮牛市是翻倍的必要条件。

从表2-1的年度涨跌幅度也能看出，基金有10年跑赢指数，胜率达到76.92%，即平均每四年有三年可以战胜指数。

如果在2005年初将1块钱分别投资于标准股基和上证综指，净值走势如图2-1所示。

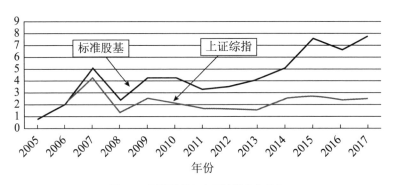

图 2-1 标准股基与上证综指走势对比

资料来源：银河证券基金研究中心相关数据。

13年间,标准股基累计净值增长至7.77,是同期上证综指的3.02倍,累计多赚519.49%。

在实际投资中,很多股民发现自己赚得并不多,这是什么原因呢?

其实赚钱需要两个条件:一是基金赚钱;二是基民(基金投资者)在低点买进。但是从基金销售情况看,熊市基本卖不出去,牛市则会遭到疯抢,基民这种不理性的操作导致真实收益的下降,甚至亏损。

例如,笔者身边的一位朋友在2015年上半年指数已经上涨近乎翻倍后才大量买入,结果直到2017年依然亏损累累。家属意见很大,要求他退出市场并发誓不再玩股票投资,他不得不忍痛亏损卖出。这位朋友的经历,其实也是很多基民投资遭遇的缩影。

中国银河证券基金研究中心发布的基金行业20年利润榜,截取的基金行业年度利润如图2-2所示。

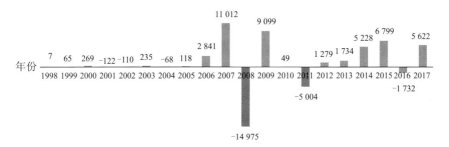

图2-2 1998—2017年公募基金年度利润(单位:亿元)

资料来源:中国银河证券基金研究中心《公募基金20年基金公司旗下基金利润榜单(1998—2017)》。

经过2008年的下跌,上证综指较2005年仍上涨56.82%,但是2008年公募基金亏损了近1.5万亿元,而2006—2007年合计利润仅为1.38万亿元,三年合计亏损0.12万亿元。这些亏损最终都由基民买单,而背后的原因就是2006年上涨之初,大家买入很少,但在大涨之后的2007年买入很多。

如果希望扭亏为盈,我们只需要克服人性"追涨杀跌"的弱点,在股市大跌后买入,在股市大涨后卖出即可。

2.2.3 成本低廉

在可投资股票资产的各类理财工具中，公募基金，特别是指数基金是成本最低的投资工具。

小故事：指数基金与对冲基金的对决

2007年，美国一位对冲基金合伙人与股神巴菲特打赌，从2008年开始，看谁挑选的基金收益率更高、更厉害。前者选择了由5只对冲基金构建的基金组合（对冲基金是一种通过投资期货、期权等复杂金融产品获利的基金），而巴菲特则选择了标普500指数基金。

2008年，全球遭遇金融危机，标普500指数暴跌，其后美国开启大牛市，比赛过程并不是一帆风顺。

巴菲特认为，对冲基金收费高昂，将侵蚀复杂策略的优势。果不其然，在2015年2月12日，对冲基金合伙人提前认输。认输时，巴菲特选择的指数基金累计盈利63.5%，而对冲基金合伙人选择的5只基金平均回报率为19.6%，如果剔除手续费的影响，5只基金的平均回报率为44%。

这则小故事透露出两点信息：一是低费率的基金长期业绩表现更好，毕竟省到就是赚到；二是指数基金的长期业绩惊人，特别是在牛市阶段。

目前的理财产品中，银行理财除收取管理费外，会对超额收益（一般超过4%～5%）加收10%的超额管理费。通过保险机构购买的投连险（一种带有一定保障作用，并主要通过投资获利的产品）除管理费外，会收取5%～30%的初始费用。私募基金通常按照"基金规模2%+基金超额收益20%"的标准收取费用，且分红或退出还需要征收20%的个人所得税。

个人投资者购买公募基金目前免分红税和投资收益所得税，只收取认购费、申购费、管理费、托管费、赎回费等。其中认购费、申购费和赎回费只在买卖环节收取；管理费和托管费按年收取。

股票型基金的认购费率和申购费率通常在 1.2%～1.8%，指数基金的认购费率和申购费率通常在 0.6%～1.2%，只在购买环节收取一次，不少渠道都打一折到六折不等，真实费用更低。

基金的管理费和托管费按年收取，股票型基金的收费在 1.2%～1.8%，指数基金的收费通常在 0.6%～1.2%。

赎回费根据持有的年限不同，在赎回时收取 0～2% 的费用。一般持有时间越长，费率越低。需要注意的是，为了防止短线操作，监管部门要求除货币基金和 ETF 基金外，持有基金时间不足 7 天会被收取 1.5% 的惩罚式赎回费，并将收益计入基金净值。普通人投资基金时，一定要留意这一政策的影响，不要参与短期的炒作。

C 类基金持有一段时间后，一般无认购费、申购费和赎回费，只按年收取服务费，费率通常在 0.2%～0.8%。如果看好某基金的短期表现，持有时间在 1 个月至 1 年，通常选择 C 类份额更划算。

如果使用证券账户投资二级市场的 ETF 基金、LOF 基金或封闭式基金等，买卖费用与股票类似，多数券商可以提供万 2.5[①] 甚至更低的费率。此外，基金买卖不需要缴纳 0.1% 的印花税。如果佣金是万 2.5，买卖一次基金的整体费率（万 5）仅相当于买卖股票的 1/3。

2.2.4　操作便捷

相对于其他理财产品，基金的买卖操作非常方便。

一是买卖渠道多。目前基金的代销渠道非常多，包括银行、券商、第三方平台和基金直销平台等，只要有银行卡即可通过上述渠道购买基金，并在初次购买时，自动开设基金账户。

二是支持 7×24 小时交易。虽然公募基金主要是投资股票和债券等，相应的产品基本上都有特定的交易时间，但是公募基金特殊的机制支持 7×24 小时提交交易请求。只是在相应产品的非交易时间，基

---

① 万 2.5：每笔交易按照交易金额的万分之二点五收取佣金。"万 5" 同理。

金的交易申请会延期处理。投资者可以随时随地发起交易,只要基金不停止申购,均会按照当日(交易日下午 3 点前发起申购)或下个交易日(交易日下午 3 点后发起申购)的净值自动成交。

三是不需要太多知识。如果将挑选股票看成捡芝麻,那么挑选基金则可以被看成捡西瓜,后者的难度要小很多。因为买股票通常需要掌握一定的财务分析知识、行业分析能力和技术分析能力,并关注相应企业的经营动态。买基金则相对轻松很多,只需要找到靠谱的基金经理,或者符合自己风险和收益需求的指数基金,即可平时撒手不管,定期巡检,然后安心听捷报。

2.3　怎样保证投资收益?

知其然还要知其所以然,这样才能心里有底,遇事不慌。既然基金能赚钱,那么基金是怎样帮我们赚钱,并保证投资收益的呢?

如果将公募基金的赚钱能力拆解,主要决定因素可以分为两部分:**一是资产配置**,在不同的时间做不同的仓位管理,类似于通常说的高抛低吸,动态调整组合的预期风险和收益;**二是择优买入**,优选好股票、好债券买入,分享优质资产的成长收益。

"全球资产配置之父"加里·布林森在研究了 91 只大型退休基金数十年的业绩后得出结论:从长远看,资产配置贡献了投资收益的 91.5%。对基金而言,选择基金在不同时间点用做资产配置,能贡献绝大部分收益。虽然多数基金在短期买卖时间点选择(又称"择时")方面没有体现出明显的能力,但是可以借助中长期的资产配置提供相对稳定的回报。

2.3.1　好方法的稳赚、长盈

资产配置并不完全等同于"追涨杀跌做波段",而是根据资产的性价比作动态调整，在某类资产性价比较高时多买，而在性价比较低时少买，这种策略能在资产价格的大幅波动中稳健盈利。下面用两个经典的策略对股票指数进行测试。

策略一：股票指数60%+债券指数40%（简称"6∶4策略"），每年年底动态配置，恢复到该比例。

策略二：熊市年底配置100%的股票指数，之后每年年底观察，如果累计赚取100%以上，调整至股票指数50%+债券指数50%。

其中股票指数用较为均衡的中证500指数代替，债券指数用中证国债代替。假定2008年底分别用1块钱按照上述策略投资于指数和组合，对应的年底净值如表2-2所示。

表2-2 2009—2018年指数及策略累计净值

年 份	中证500	中证国债	策 略 一	策 略 二
2008	1.00	1.00	1.00	1.00
2009	2.31	0.98	1.78	2.31
2010	2.55	1.00	1.90	2.45
2011	1.68	1.07	1.57	2.12
2012	1.69	1.10	1.59	2.13
2013	1.97	1.07	1.73	2.49
2014	2.74	1.18	2.21	3.46
2015	3.93	1.28	2.85	4.95
2016	3.23	1.31	2.58	4.57
2017	3.22	1.29	2.56	4.52
2018	2.15	1.40	2.13	3.96

数据来源：Wind。

可以看出，在2009—2018年的十年间，策略一的累计净值与中证500指数接近，但是整体更为稳健；策略二不仅走势稳健，累计净值比中证500指数高84%，平均年化收益率达到14.75%。

当然，基金在实际运作中，其资产配置技巧比上面的例子更为复杂。这里仅通过测试展示资产配置在控制组合波动、提高长期收益方面的作用。

2.3.2 好资产的保值、增值

长期看,企业的业绩决定了股价的涨幅,基金收益的另一来源为持有好业绩的股票。如果坚定持有盈利能力强劲企业的股票,基金的业绩也会水涨船高。

净资产收益率(ROE)是衡量股东回报率最常用的指标,数值越高,代表企业能帮股东赚到的钱越多。

笔者曾选择大消费行业中长期盈利能力(ROE)较高且稳定的国证白酒、国证家电和国证医药编制了"熊指"指数,每年末恢复至各占 1/3。该指数虽然一直满仓股票类资产,但是依靠相关行业个股强劲的盈利能力和动态平衡策略,长期表现非常优异,可以作为好资产的典型代表。

如果在 2008 年年底将 1 块钱分别投资"熊指"和中证 500 指数,两个策略的净值走势如图 2-3 所示。

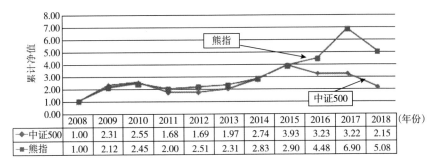

图 2-3 2009—2018 年"熊指"与中证 500 净值走势

数据来源:Wind 数据。

从图 2-3 可见,2009—2018 年间,投资"熊指"的净值多数时间高于中证 500 指数,并随着时间线的拉长逐渐超过中证 500 指数,2018 年年底累计净值比中证 500 指数高 2.93,平均年化收益率达到 17.65%。

从上述演示可以看出,集中于投资优质资产,可以将长期获胜的把握再提升一个层级。

目前多数交易平台会展示基金的重仓股,我们还可以通过基金公司官网、证券交易所、天天基金网和雪球网等渠道,下载基金的半年报或年度报告,查看基金持有股票情况。在多数情况下,基金的重仓股为各行业的龙头股,整体盈利能力靠前,进一步提高了基金的获利能力。

第3章
单只基金的选择

巴菲特曾在2014年的公司年报中透漏自己的资产投资方法——**10%的资产用于购买短期政府债券，其余90%全部购买成本极低的标普500指数基金。**

巴菲特通过实际行动给普通投资者作出表率：一是要构建一个投资组合，用股债作搭配；二是对于普通投资者而言，基金是非常好的理财工具；三是买基金要挑选费率低、风格稳健的指数基金。本章中，我们结合基金投资研究的相关资料，对上述内容展开介绍。

构建基金组合的基础是挑选单只基金。不同类型的基金，潜在收益率和风险特征差异很大，决定其收益的关键因素也不同。在实际投资之前，我们需要通过一系列指标清楚地掌握这些特征，以便挑选到满意的基金。

按照投资的大类资产划分，基金可以分为债券基金、股票基金（此处指以股票为主要获利来源的基金，含股票型基金和混合型基金）、房地产基金和商品基金四类。从国际经验来看，长期收益最好的两类资产是股票和地产，对应的两个基金长期收益也最高。从波动幅度看，最稳健的是债券基金，其次是房地产基金，波动较大的是股票基金和商品基金。

截至2019年发行的5 000多只公募基金中，数量最多的是股票基金。按照天天基金网的数据，股票仓位不低于80%的近千只股票型基金在2012年1月1日至2018年12月31日的牛熊周期中，盈利最高的基金取得了177.58%的高额收益，而表现最差的基金下跌78.98%，选对和选错的结果判若云泥。

需要说明的是，没有一个指标可以选出在各阶段均表现最好的基金，但是掌握一定的方法后，可以规避风险最大的基金，选出中长期业绩靠前的基金,在投资长跑中位居前列。

3.1 评价基金的常用指标

"诗圣"杜甫曾在《前出塞九首·其六》中写道:"挽弓当挽强,用箭当用长。射人先射马,擒贼先擒王。"诗人用干脆利落的语句,指出做事情要抓住核心要点。对于基金评价而言,常用的指标主要包括标准差、夏普比率、特雷诺指数、信息比率、索提诺比率、卡玛比率等,以及综合性较强的机构评级(知名的评级机构包括晨星、银河和天相等)。

标准差(Standard Deviation,SD)是衡量一组数据与均值偏离程度的指标,数值越小表示越稳定。一组数列 X_1, X_2, $\cdots$, X_n 对应的标准差 SD 可以表示为(X 表述数列的数学平均值):

$$SD = \sqrt{\left[(X_1 - X)^2 + (X_2 - X)^2 + \cdots + (X_n - X)^2\right]/n}$$

平常可以直接使用 Excel 中的 STDEVP 函数进行计算。

夏普比率是衡量基金多承担一单位**所有风险**,取得了多少超额回报,指标越高说明基金承担风险获取的收益越大。该指标由诺贝尔奖得主威廉·夏普于 1966 年提出。

$$夏普比率 = \frac{E(R_p) - R_f}{\sigma_p}$$

其中,$E(R_p)$ 表示基金的预期收益率,可以使用基金过去一年或一个月的收益表示;R_f 表示无风险利率,可以使用同期的国债收益率表示;σ_p 表示基金收益的标准差。可以看出,夏普比率测算的风险是指相对于无风险收益之外的所有风险。

天天基金网的基金业绩评价数据中,提供基金的标准差和夏普比率数据,示例见图 3-1。

在所有基金中的风险等级	在同类基金中的风险等级
低 中低 中 中高 **高**	低 中低 **中** 中高 高

基金风险指标	近1年	近2年	近3年
标准差	3.73%	3.35%	2.99%
夏普比率	0.12	0.15	0.18

截至：2019-04-30

图 3-1 基金评价数据

资料来源：天天基金网，示例为易方达消费行业基金（110022）的评价指标。

纵向看，示例所用的易方达消费行业基金（110022）最近一年的标准差为 3.73%，最近三年的标准差为 2.99%，即持有时间越长，整体波动越小。横向看，在所有基金中，该基金因持有较高的股票仓位，波动较大；在同类基金中，因集中持有波动较小的白马股和消费股，该基金的风险等级仅为中等。

从夏普比率看，该基金每多承担一单位的风险，各时间段所获收益均在 0.1 以上，且随着时间的拉长而增高。这说明该基金承担的风险获得了正收益，且能随着时间线拉长不断增加收益，整体业绩较好。

特雷诺指数（Treynor Ratio）由杰克·特雷诺于 1965 年提出，用于衡量基金承担一单位**系统性风险**所获得的超额收益。

$$\text{特雷诺指数} = \frac{E(R_p) - R_f}{\beta_p}$$

其中，分子的含义与夏普比率一致，分母 β_p 表示观察期基金承受的系统风险，一般使用沪深 300 指数收益率相对无风险收益的标准差衡量。

信息比率（Information Ratio，IR）是衡量基金主动承担单位风险（非系统性风险）所获得的超额收益。该指标定义的超额收益 = 基金收益 - 业绩比较基准。业绩比较基准一般用同类基金或市场指数代替，反映的是市场之外的非系统性风险。

$$IR = \alpha / \omega = \frac{E(R_p) - R}{\omega}$$

其中，ω 使用评价时间内超额收益 α 的标准差衡量。

相对于夏普指数,信息比率能够反映主动管理型基金的选股能力。仍以易方达消费行业为例,该基金的业绩基准为"中证消费指数×85%+中债总指数×15%"。易方达消费行业主动配置了格力电器和美的集团等非中证消费行业个股,此时可以使用信息比率对基金的选股能力进行判定。该指标也可以在天天基金网找到,详见图3-2。

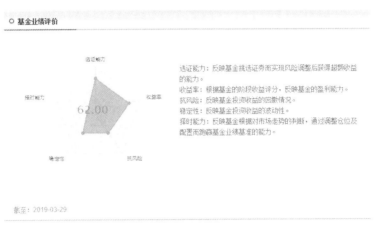

图3-2 基金业绩评价

资料来源:天天基金网,示例为易方达消费行业基金(110022)的评价指标。

索提诺比率(Sortino Ratio,SR)指基金**承担一单位"坏波动"**(收益率下跌)所带来的超额收益。

$$SR = \frac{E(R_p) - R}{\sigma_d}$$

相对信息比率,该指标的分母只计算了收益率下跌的标准差(σ_d),忽略上涨的标准差。

卡玛比率(Calmar Ratio,CR)指承担一单位**最大回撤**所带来的超额收益。

$$CR = \frac{E(R_p) - R}{D_{max}}$$

相对于索提诺比率,卡玛比率的分母 D_{max} 指最高点买入后面临的最大损失绝对值。

上述各指标的特色对比，如表 3-1 所示。

表 3-1 常用基金评价指标对比表

序号	指标	特色
1	标准差	衡量收益稳定性，越小越平稳
2	夏普比率	衡量承担一单位所有风险获得的超额收益，越大越好
3	特雷诺指数	衡量承担一单位系统风险获得的超额收益，越大越好
4	信息比率	衡量承担一单位非系统性风险获得的超额收益，越大越好
5	索提诺比率	衡量承担一单位下行风险（坏波动）获得的超额收益，越大越好
6	卡玛比率	衡量承担一单位最大回撤获得的超额收益，越大越好

上述指标比较专业，列出来主要是方便大家理解，最简洁的方式就是根据基金研究机构的综合评级结果，选择过去三年、五年整体表现较好的基金。

评级机构通常会使用多维度指标对基金进行评价，相对客观和公允。这里以晨星公司为例，该机构首先将基金分类，然后依据晨星风险进行调整后按收益高低进行排序，其中，前 10% 对应 5 星，接下来的 22.5% 对应 4 星、35% 对应 3 星、22.5% 对应 2 星，最后 10% 对应 1 星，星的数量越多表示这只基金越好。

需要注意的是，最近一年评价较高的基金往往具有一定的偶然性，过去三年和五年的参考价值更高，特别是五年数据，基本覆盖了一个相对完整的牛熊周期。此外，主动型基金的业绩主要取决于基金经理，如果基金经理更换，相应数据的参考价值也会下降。如果基金使用稳定的量化策略，业绩受基金经理变动的影响会减少。

3.2 不同基金的投资逻辑

基金的收益主要来自大类资产选择（资产配置）、小类资产选择（择股）和买卖时机把握（择时）。根据"全球资产配置之父"加里·布林森对 91 只大型退休基金 1974—1983 年的实证数据研究，91.5% 的投资收益来自于成功的资产配置,择股贡献了 4.6%,择时贡献了 1.8%,其他因素的贡献占 2.1%。

不同类型的基金对应着不同的资产,它们会在不同的市场环境下表现优异。2004 年,美林证券基于对美国三十多年的经济研究,提出了一个配置各类资产的分析框架——美林时钟。

因股票在企业利润上升期间表现更高,而债券在市场利率下降期间表现更好,前者与 GDP(国内生产总值)增速密切相关,后者与 CPI(居民消费价格指数)增速紧密关联。两者组合,可以得到四种经济周期。

(1)复苏期,GDP 增速上升,CPI 维持低位,股票表现最佳,其次是债券、现金和商品。

(2)过热期,GDP 增速上升,CPI 维持高位,商品表现最佳,其次是股票、现金和债券。

(3)滞胀期,GDP 增速下滑,CPI 维持高位,现金表现最佳,其次是商品、债券和股票。

(4)衰退期,GDP 增速下滑,CPI 维持低位,债券表现最佳,其次是现金、股票和商品。

上述情况简要如图 3-3 所示。

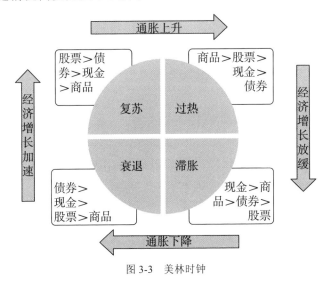

图 3-3　美林时钟

虽然美林时钟不是百分百准确，但是作为一种分析工具，它非常实用，在多数情况下也比较有效。需要说明的是，美林时钟并非严格按照"复苏→过热→滞胀→衰退"的顺序运行，在政策干预下，可能出现逆向或者跳跃式变化，甚至阶段性打乱运行规律。

上述分析框架同时提供了一个基金配置的框架图，即在经济向好或出现向好趋势时，适合多配置股票型基金，反之则多配置债券和现金类（货币）基金；在通货膨胀较高时，可以适当多配置商品类基金，反之多配置债券和现金类基金。

由于商品类基金波动较大，长期收益率偏低，很多组合直接使用股票和债券两大类资产构建组合。下面我们逐一对如何选择不同类型的基金作进一步分析。

3.3 债券基金的选择

相对于股票，决定债券价格走势的因素较少，主要包括债券信用和市场利率。对宏观经济走势研究较为透彻、管理经验丰富的基金经理和团队容易取得较好的成绩，主动管理型的债券型基金往往能长期跑赢债券指数。在这类基金的选择上，可以参照晨星公司公布的历年获奖债券基金，从中选择基金经理未变更的债券基金。

3.3.1 纯债基金的选择

纯债基金是指全部投资于债券的基金，该类基金主要受债券付息率、价格涨跌和信用违约等因素影响，基本不会受到股票市场的直接影响，是较好的防守型配置工具。

按照投资债券的期限进行划分，债券基金可以分为长期纯债基金和短期纯债基金（债券剩余期限不超过一年）。一般长期纯债的收益率和波动性都高于短期纯债，相应长期纯债基金体现出波动大、收益高的特征。如果希望基金走势稳健，或者预计未来利率上升的可能性较大，可以优先考虑短期纯债基金，反之，在利率下行阶段适合配置长期纯债基金。

按照是否可随时赎回，债券基金可分为定开债基（指定开放申赎日期）和普通债基（可随时申赎）。根据《公开募集证券投资基金运作管理办法》，封闭期内纯债基金最高可使用200%的杠杆，且不用为了应对赎回配置短债或预留现金，理论上的可配置仓位更高，而其他债基最多只能使用140%的杠杆。对于较低风险的债券而言，在高杠杆和长久期的合力作用下，定开债基平均的收益率普遍高于其他纯债基金。

在纯债基金的选择上，如果希望资金灵活赎回使用，可以优先选择普通纯债，如果三个月以上不会使用资金，可以考虑配置定开债基。定开债基的期限主要分为三个月、六个月、一年、一年半、两年和三年等，其中一年期最多。

按照投资品种划分，债券基金可划分为投资国债、金融债、信用债、城投债、企业债和可转债等品种的基金，其中可转债基金波动较大，放在激进债基中介绍，其他债券的信用级别依次递减，收益率和波动基本上依次递增。这里通过表3-2比较几个债券指数，来体验上述债券的风险和收益。

表3-2 债券指数的涨跌幅对比　　　　　　　　　　单位：%

年　份	中证国债	中证金融债	中证信用债	沪城投债	中证企业债
2009	-1.83	-0.67	-1.96	-0.26	-1.08
2010	1.93	2.73	4.81	6.74	5.71
2011	6.85	5.14	3.85	2.18	4.95
2012	2.64	2.08	5.26	10.05	6.30
2013	-2.81	-1.81	0.42	4.57	1.51
2014	11.07	11.98	8.98	11.48	10.18
2015	7.87	8.51	8.73	9.61	9.86
2016	2.55	0.55	1.87	5.05	2.9
2017	-1.87	-0.64	0.29	2.18	1.3
2018	8.64	9.89	6.91	7.09	7.95
累计涨幅	39.71	43.45	45.99	75.84	61.29
年化收益	3.4	3.67	3.86	5.81	4.9

数据来源：Wind。

其中性价比相对较高的债券指数为中证金融债和沪城投债。前者收益率高于中证国债，同时跌幅小于中证国债；沪城投债年化收益率高于中证企业债，同时回撤较小。

截至2018年年底，跟踪城投债的ETF基金只有一只——海富通上证城投债ETF（511220）。投资金融债且规模较大的纯债就有博时中债1-3政金债指数（A类006633，C类006634）、富国金融债债券型（006134）、广发中债7-10年国开债（A类003376，C类003377）、建信金融债8-10年（501105）、易方达中债7-10年国开行债券（003358）。

在晨星（中国）2017年、2018年和2019年公布的年度基金奖中，易方达信用债（A类000032，C类000033）分别于2017年和2019年获得晨星年度纯债奖，每年同类基金只有一只获奖，其难度可想而知。

易方达信用债基金将不低于基金净资产的85%投资于风险较低的信用债券，不投资风险较高的可转债，具体投资范围包括"企业债、公司债、金融债（不含政策性金融债）、地方政府债、短期融资券、中期票据、次级债和资产支持证券等除国债、央行票据和政策性金融债之外的、非国家信用担保的固定收益类金融工具"。如果能够识别风险、规避风险，就有机会获取较高的收益，同时承受较低的风险。

从具体持仓来看，易方达信用债基金长期重仓金融债、城投债和企业债等风险偏低、收益较高的品种；从天天基金网展示的季度涨跌数据看，易方达信用债基金2014—2019年最大季度跌幅仅为1.13%，表现优异，详见表3-3。

表3-3 易方达信用债基金季度涨跌幅　　　　单位：%

年 份	一季度涨幅	二季度涨幅	三季度涨幅	四季度涨幅	年度涨幅	同类平均（年度）	同类排名（年度）
2019	1.39	—	—	—	—	—	—
2018	1.87	1.51	1.73	3.01	8.35	4.56	109|1 542
2017	0.57	0.57	0.57	-0.72	0.98	2.54	743|1 334
2016	1.27	0.58	2.32	-1.13	3.04	0.34	90|650
2015	2.09	3.26	4.15	2.69	12.75	11.16	186|570
2014	2.71	3.86	1.86	0.96	9.71	20.06	398|494

数据来源：天天基金网。

该基金的债券杠杆长期在120%以上，在较低风险的前提下，较好地分享了债券的上涨行情。

3.3.2 激进债券基金的选择

激进债基虽然也将不低于基金净资产的80%投资于债券，但是使用了如下两种方式，加大了基金的波动。

（1）主要投资于波动大的可转债；

（2）参与二级市场股票买卖，净值受股票市场影响较大。

2008—2018年间，中证全债指数最大年度跌幅为1.4%，中证转债的最大年度跌幅为32.35%，沪深300指数的最大跌幅为65.95%，后两者的风险显著高于全债指数。

激进债券基金通常在债券市场利率下行且股市走牛期间表现最佳，适合愿意承受一定亏损博取高收益或者对可转债、股票市场有一定把握能力的投资者。

在选择可转债基金时，可以从最近三年或五年涨幅靠前、其间年度跌幅较小，同时基金管理人较为稳定的基金中选择。最近三年或五年涨幅数据可以借助天天基金网的基金排名功能查看，其中五年涨幅需要使用自定义功能进行筛选。下面进行简单举例演示。

（1）进入天天基金网，选择基金排行——债券型——可转债。

（2）在自定义栏目设置五年筛选时间，起始日期为2013年12月31日，截止日期为2018年12月31日，并点击该栏排序，见图3-4。

（3）筛选出来的基金业绩分成几个档次，其中涨幅超过100%的有4只（A类和C类分别计算）；涨幅在50%～100%的有2只；涨幅在30%～50%的有5只；其他基金业绩差距较大，可忽略。

（4）再查看近三年业绩，部分收益为负的基金通常具有一定的原因，从稳妥角度看，可以忽略。当然有兴趣也可以进行具体分析。例如，建信转债增强债券基金（A类530020，C类531020）最近三年业绩不佳，点击查看，会发现基金经理在2016年6月更换，该基金 2016 年、2017 年和 2018 年三年净值均为负，表现一般。

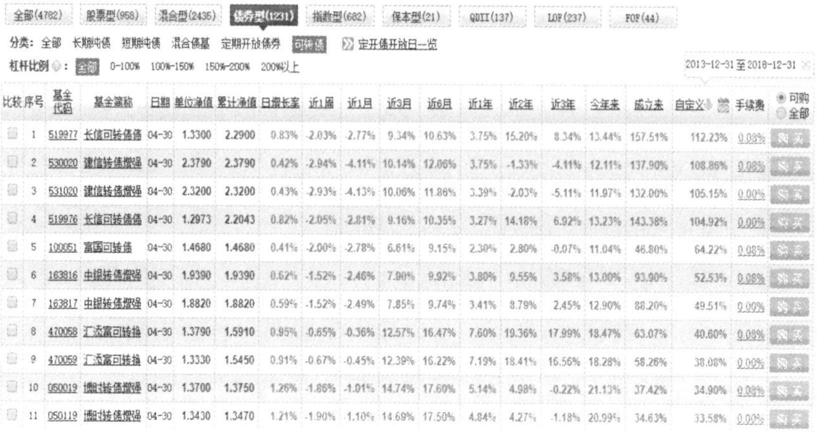

全部(4782)　股票型(958)　混合型(2435)　债券型(1231)　指数型(682)　保本型(21)　QDII(137)　LOF(237)　FOF(44)

分类：全部　长期纯债　短期纯债　混合债基　定期开放债券　可转债　定开债开放日一览

杠杆比例：全部　0-100%　100%-150%　150%-200%　200%以上

2013-12-31 至 2018-12-31

比较	序号	基金代码	基金简称	日期	单位净值	累计净值	日增长率	近1周	近1月	近3月	近6月	近1年	近2年	近3年	今年来	成立来	自定义	手续费	可购 / 全部
	1	519977	长信可转债债	04-30	1.3300	2.2900	0.83%	-2.03%	-2.77%	9.34%	10.63%	3.75%	15.20%	8.34%	13.44%	157.51%	112.23%	0.08%	
	2	530020	建信转债增强	04-30	2.3790	2.3790	0.42%	-2.94%	-4.11%	10.14%	12.06%	3.75%	-1.33%	-4.11%	12.11%	137.90%	108.86%	0.08%	
	3	531020	建信转债增强	04-30	2.3200	2.3200	0.43%	-2.93%	-4.13%	10.06%	11.86%	3.39%	-2.03%	-5.11%	11.97%	132.00%	105.15%	0.00%	
	4	519976	长信可转债债	04-30	1.2973	2.2043	0.82%	-2.05%	-2.81%	9.16%	10.35%	3.27%	14.18%	6.92%	13.23%	143.38%	104.92%	0.00%	
	5	100051	富国可转债	04-30	1.4680	1.4680	0.41%	-2.00%	-2.78%	6.61%	9.15%	2.30%	2.80%	-0.07%	11.04%	46.80%	64.22%	0.08%	
	6	163816	中银转债增强	04-30	1.9390	1.9390	0.62%	-1.52%	-2.46%	7.90%	9.92%	3.80%	9.55%	3.58%	13.00%	93.90%	52.53%	0.08%	
	7	163817	中银转债增强	04-30	1.8820	1.8820	0.59%	-1.52%	-2.49%	7.85%	9.74%	3.41%	8.79%	2.45%	12.90%	88.20%	49.51%	0.00%	
	8	470058	汇添富可转换	04-30	1.3790	1.5910	0.95%	-0.65%	-0.36%	12.57%	16.47%	7.60%	19.36%	17.99%	18.47%	63.07%	40.60%	0.08%	
	9	470059	汇添富可转换	04-30	1.3330	1.5450	0.91%	-0.67%	-0.45%	12.39%	16.22%	7.19%	18.41%	16.56%	18.28%	58.26%	38.08%	0.00%	
	10	050019	博时转债增强	04-30	1.3700	1.3750	1.26%	-1.86%	-1.01%	14.74%	17.60%	5.14%	4.98%	-0.22%	21.13%	37.42%	34.90%	0.08%	
	11	050119	博时转债增强	04-30	1.3430	1.3470	1.21%	-1.90%	-1.10%	14.69%	17.50%	4.84%	4.27%	-1.18%	20.99%	34.63%	33.58%	0.00%	

图 3-4　可转债基金的筛选

数据来源：天天基金网。

（5）对于剩下的基金，我们可以查看年度业绩，进行对比。年度业绩的查询路径是：点击基金名称—年度涨跌。表 3-4 展示了查询基金的年度业绩，其中有 A 类和 C 类份额的，只展示 A 类数据。

表 3-4　典型可转债基金年度业绩　　单位：%

年　　份	长信可转债	中银转债增强	汇添富可转债
2014	95.11	70.40	82.17
2015	26.42	21.02	-14.43
2016	-11.95	-20.39	-9.99
2017	1.25	1.19	11.26
2018	-3.49	-8.19	-9.93

数据来源：天天基金网。

（6）我们可以对上述基金进行排序，年度跌幅最小的靠前。这样排序后依次为长信可转债、汇添富可转债和中银转债增强。从选择的结果看，上述三只基金在 2019 年 1—4 月中表现依旧出色，效果较好。

（7）最后，查看基金的基金经理是否稳定，查看路径是对应基金页面的“基金经理变更一览”（见图 3-5）。长信可转债在 2019 年 1 月底更换了一位基金经理，加上共同管理时间，现任的基金经理从

2018 年 12 月才接手，管理的年限较短，之前的业绩参考意义打折。当然，如果点击现任基金经理"李家春"的姓名，还能看到他之前在交银和东方红等基金公司管理过货币基金和债券基金，但没有可转债基金管理的经验。

任职时间	基金经理	任职天数	任期回报
2019-01-31至今	李家春	91天	9.34%
2018-12-07—2019-01-30	李小羽 李家春	54天	0.80%
2016-12-21—2018-12-06	李小羽	1年又350天	0.94%
2012-03-30—2016-12-20	李小羽 刘波	4年又266天	127.85%

图 3-5　基金经理变更一览

使用同样的方法，可以看到中银转债增强基金经理非常稳定，七年多没有更换；汇添富可转债基金领衔的基金经理最近六年未变，中间更换过共同管理的基金经理，最近三年多未变。从该角度看，中银历史数据参考意义最大，其次是汇添富，最后是长信。稳健的投资者可以优先考虑业绩出色、人员较为稳定的汇添富可转债。

其他可参与股票市场交易的债基，也可以参照上述方法进行选择。此外，还可以借助第三方的评选数据进行筛选。例如，在 2017 年、2018 年和 2019 年的激进债基中，工银瑞信双利债（A 类 485111，B 类 485011）一次获奖，一次获提名；易方达增强回报债（A 类 110017，B 类 110018）一次获奖，同公司名下的"易方达信用债（A 类 000032，B 类 000033）"两次获纯债基金年度奖，另一只债券基金"易方达稳健收益债（A 类 110007，B 类 110008）"获得激进型债券基金提名奖。上述成绩都是基金经理和相关团队能力的体现，可以作为备选标的。

3.3.3　类债券的选择

有一些投资产品虽然不是债券，但是具有类似债券保本收息的特征，目前主要是分级 A 类产品。

分级产品是指一只基金通过约定收益分配构建两种收益和风险完全不同的产品，其中一种具有债券的保本收息特征（A 类）；另一种具有杠杆投资特征（B 类）。

例如，银华深证 100 分级（161812）母基金，按照 1：1 拆成分级 A 类银华稳进（150018）和分级 B 类银华锐进（150019）。母基金是跟踪深证 100 的指数基金，分级 A 约定年基准收益率为"一年期同期银行定期存款利率（税后）+3%"，基金的剩余收益归分级 B 所有。

每年第一个工作日，银华稳进把上年末净值超过 1 的部分转为母基金，相当于收到"利息"，对这部分"利息"，投资人可以选择赎回，也可以选择继续持有。

银华稳进的投资风险有三点：

一是银行的一年定期存款利率下降，下期约定的收益率也同步下降。

二是收到"利息"的是母基金，如果遇到市场快速下跌，这部分"利息"在赎回前会遭受损失。

三是遇到极端情况，母基金净值下跌到 0.25，银华稳进会有部分净值折算为母基金，净值随指数变化，可能遭受损失。当然，这种情况相当于提前收到"利息"，如果遇到基金折价，相当于提供了一次将部分份额（折算为母基金的部分）按净值赎回的机会，收获折价对应的收益。在 2015 年，部分折价分级 A 折算后获得了 30% 以上的收益。

其中，前两个因素相当于降低了约定收益，第三个因素相当于"违约"，会产生信用风险。

该品种的特点是，利率上升期间，因为约定的收益率上升，其跌幅会小于同类型的长债。如果股市暴跌，付息的违约概率增大，价格也有走低的压力。最合适的投资时机是股票市场上行，同时长期利率处于下行期。大家可以通过表 3-5 银华稳进与中证 10+ 债（10 年期以上债券指数）的价格涨跌幅对比感受一下风险收益特征。

表 3-5　银华稳进与中证 10+ 债价格涨跌幅对比　　　单位：%

年　份	中证 10+ 债	银华稳进
2011	7.44	-8.57
2012	2.15	16.06
2013	-6.85	10.38
2014	21.26	9.25
2015	13.39	9.43
2016	2.94	9.86
2017	-6.37	-5.45
2018	16.29	12.02
累计涨幅	57.55	62.94
年化收益	5.85	6.29

数据来源：Wind 和通达信数据。银华稳进为使用通达信软件前复权后的涨跌幅。

可以看出，在股市暴跌的 2011 年和长债指数暴跌的 2017 年，银华稳进均表现不佳。而在股债双牛的 2014—2015 年，银华稳进表现相对出色。当然，实际价格还取决于折溢价情况，折价较高的情况下，潜在收益率会提高，后期更容易上涨。

从 2011—2018 年的数据看，银华稳进取得了超越中证 10+ 债指数的年化收益率，长期的投资价值较大。此外，银华稳进阶段性下跌至 0.85 元以下，此后都提供了阶段性的高收益。

按照国家政策要求，分级基金将在 2020 年年底前转型，未来这类产品更为稀缺。但是这种产品设计的思路未来仍可能出现。分级 A 的走势给出了较好的投资参考。

3.4　股票基金的选择

这里所讲的股票基金指可以将 20% 以上仓位用来投资股票的基金，包括股票型基金和混合型基金。该类基金的投资收益主要由择时、选股和行业配置等因素决定，主要特征是短期波动大，长期收益高，下面将逐一介绍相应类型基金的选择要点。

3.4.1 指数基金的选择

指数基金是指基金的主要资产按照指数权重配置指数成份股，走势与指数紧密相关的一类基金。股票指数基金的一大特征就是长期维持高仓位，用基金净资产的 80%～100% 购买股票。

对一个股票指数而言，股票指数的收益 = 指数估值收益 + 指数成长收益 + 指数分红收益。

"指数估值收益"指指数估值变动提供的收益，取决于市场情绪，在估值的相对低点买进，在估值的相对高点卖出，收益更高。由于每个指数的成份股规模、盈利能力、成长空间和投资者结构不同，不同的指数估值差异比较大。比较常见且有效的方式是将指数当前的估值与历史上的所有估值进行比较，判断当前估值处于什么水平，该方法叫作"分位数估值法"，又称"相对估值法"。雪球网和天天基金网均提供常见指数的绝对估值以及相对估值。

需要说明的是，沪深 300、中证 500 等指数适合查看市盈率的绝对估值；中证银行、证券公司等周期性行业适合查看市净率的相对估值。

目前的估值分位数基本都是按照当前估值在历史所有数据中的排列位置，并不是在估值最大和最小之间的相对位置。对于估值区间跨度大、极端估值时间少和历史数据少的强周期行业或小市值指数，估值分位数的参考价值会打折扣。

例如，证券行业在以往牛市中的 PB 最大值都会超过 5，但是那段时间占比非常小，行业指数的 PB 中位数只有 1.89，80% 分位数为 2.13。如果认为达到 2.13 就高估，会过早卖出，少赚一大截利润，详见图 3-6。

此外，当市场环境发生变化后，指数 / 个股的估值区间也会发生显著变化，需要区别对待。例如，证券行业指数在 2017 年前的市净率最小值为 1.61，但是在 2018 年去杠杆的背景下，很多证券公司持有的抵押股违约，存在巨额损失。市场在该情况下，给予行业的最悲观市净率（PB）估值达到 1.02 倍。

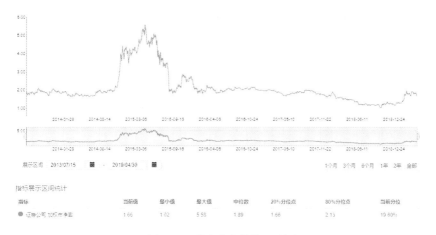

图 3-6　证券行业指数的 PB 波动

数据来源：果仁网，2019-04-30。

"指数成长收益"取决于成份股的盈利能力和市场空间。从行业特征看，白酒、食品、家电和医药等行业的盈利能力较强（可以使用行业 ROE 衡量），且具备较强的稳定性。信息技术、人工智能和生物医药等行业市场空间较大，成长性较好，该类行业的市盈率一般维持在较高水平。

"指数分红收益"取决于成份股的市场竞争状况，处于稳定期、成熟期、再投资需求较少的企业或行业倾向于多分红。目前银行、食品饮料、家电和水电等行业的分红率较高。

有个公式可以测算盈利稳定指数/股票的潜在收益率。

假定市净率（PB）保持不变，或者买卖时间点的 PB 保持一致。

股价（P）= 每股净资产（B）× 市净率（PB），买点标识为 0 期，对应的股价为 P_0，每股净资产为 B_0。

$$净资产的涨幅 = ROE \times (1-分红率)$$

分红收益率 = 分红/股价 = $B_0 \times ROE \times$ 分红率 $/P_0$ = ROE× 分红率 /PB= 分红率 /PE

持有一年的预期收益率 = 股价涨幅 + 分红收益率 = 净资产的涨幅 + 分红收益率 = ROE×（1- 分红率）+ 分红率 /PE

即：

投资年化预期收益率 =ROE×（1- 分红率）+（1/PE）× 分红率

需要说明的是，该公式对于 ROE、分红率稳定、估值波动区间稳定的指数或个股测算效果较好，对于盈利不稳定的强周期行业指数或个股效果不佳。

3.4.2　指数增强基金的选择

指数增强基金是一类追踪指数的基金，同时借助小部分仓位实施灵活的主动管理，追求持续战胜指数。按照金融学的理论，当市场充分有效，价格能反映各类市场信息时，任何主动型的投资和管理都跑不赢业绩基准。当然，这是最理想的情况。

现实情况是，市场信息的传播需要时间，范围也是由小到大。人们会放大短期的恐惧和兴奋，短期行为更为不理性。上述情况会造成股价对市场信息的准确反映需要一段时间。指数增强基金就是利用这些信息反馈时滞（时间滞后）以及估值高低进行择时，优选基本面更好的个股进行超配（配置超过指数标准权重的仓位，即买得更多），借助打新、期货期指贴水套利等获取超越指数的超额收益。

从历史数据看，多数 A 股的指数增强基金能够取得一定的超额收益。由于市场不断变化，原先可以获取超额收益的增强方法未来可能失效，这需要相应的基金经理和研究团队进行持续的跟踪，不断调整增强策略。很多基金公司同时监测多个增强策略，当使用的增强策略落后一定程度时就切换策略，以提高增强的稳定性。根据历史数据，量化增强基金在单边牛市的增强效果一般，甚至可能跑输指数，但是在震荡市和熊市的增强效果比较好，多数能跑赢指数。

在指数增强基金的选择上，有如下几个选基策略可供参考。

一是优选基金经理和管理团队实力强、历史业绩优异的指数增强基金。例如，富国基金、华泰柏瑞基金和景顺长城基金的增强团队实力比较强，历史业绩优异，相应公司旗下的指数增强基金可以作为选择对象。

二是按照量化策略实施筛选。动量策略是一个比较有效的量化策略，大意是选择近期表现强势的个股或指数，未来一段时间延续强势的概率比较大。在指数增强基金的选择上，可以利用上述策略。选择上一年四季度或本年一季度表现最好的指数增强基金，持有一年，然后再重复上述策略实施调仓。根据笔者测算，上述选基策略的累计投资收益接近期间最牛的指数增强基金，好于平均水平，可以避免买到业绩较差的基金。

需要说明的是，基金增强策略中的打新和套利等有一定的资金规模限制，当指数增强基金的规模过于庞大时，增强效果必然要打折扣。在其他影响因素基本一致的情况下，可以优先选择规模稍小的指数增强基金。

3.4.3 量化基金的选择

量化基金是使用特定策略运行，力求获取较好投资回报的基金。基金的量化模型需要研究人员基于数据和理论开发投资模型。一旦投资模型测试通过后，会像指数基金一样进行被动的管理和运作，基金经理只需要观察和监测。理论上，任何一种策略均可能出现阶段性或长期失效，只有具备理论基础、能够经受逻辑检验，并在历史数据测试和实际运行中表现稳定的量化策略，才是实用性较好的策略。

截至 2019 年，被证实广泛有效的量化因子有价值（低市净率）、红利（高股息率）、低波（低波动率）、质量（高 ROE）、市值（小市值）等。量化基金一般使用多个因子构建策略，进一步提高策略的稳定性。

前面提到的指数增强基金属于量化技术的一个应用，只是用来做量化操作的仓位较少。多数量化基金普遍将仓位配置在上百只个股中，每只个股的占比不高，依靠广种薄收，积小胜为大胜。该类基金在流动性好、市场震荡大、小市值策略表现出色的年份曾长期表现靠前，但自 2017 年市场风格转向大盘蓝筹股后整体表现一般。

例如，我国第一只量化基金——光大量化股票（360001）成立于2004年8月底，表现最出色的年份分别是2006年、2007年、2009年、2013年和2015年，均对应市场相对活跃、小市值表现较好的年份。

另一只业绩曾经非常优异的量化基金——长信量化先锋混合（A类519983，C类004221）在2013—2016年间表现最佳，而在2017—2018年小市值策略落后的年份表现靠后。

当然，量化仅仅是工具，适合市场策略的量化基金依然会取得较为优异的成绩。例如，嘉实基本面50指数（A类160716，C类160725）成立于2009年底，跟踪由营业收入、现金流、净资产和分红等四个量化因子构成的中证锐联基本面50指数在2011年、2012年、2014年、2016—2017年等白马股表现较好的年份，涨幅靠前。

从历史数据看，在牛市和熊市均能大概率超越指数的因子为红利因子，相应的红利基金也是量化基金中表现最为稳定的一类基金。关于该理论，美国基金经理迈克尔·希金斯提出"道狗理论"。如果每年年末等权重持有道琼斯指数中股息率最高的10只个股，每年重复该策略。那么在1957—2003年间，组合的平均收益率为14.3%，比同期的道琼斯指数高3.3个百分点。该理论背后的原因主要是高股息的个股通常估值偏低、现金流较高，未来能够获得业绩增长、估值回升和高股息率三重收益。

经过不断地改进，我国市场的各类红利策略和对应的基金比较多。这里挑选最常见、最典型的红利指数作介绍和对比，详见表3-6。

表3-6 典型红利策略指数基金表现

指数	2018年年底	2015年年底		2013年年底		2008年年底	
		点位	至今涨幅（%）	点位	至今涨幅（%）	点位	至今涨幅（%）
沪深300	3 010.65	3 731	-19.31	2 330.03	29.21	1 817.72	65.63
中证500	4 168.04	7 617.69	-45.28	3 829.1	8.85	1 939.43	114.91
中证红利	3 836.87	4 375.17	-12.30	2 273.68	68.75	1 711.02	124.24
上证红利	2 486.08	2 784.95	-10.73	1 681.46	47.85	1 448.16	71.67
深证红利	6 476.04	6 535.61	-0.91	3 744.18	72.96	2 889.04	124.16
标普红利	7 330.67	9 538.07	-23.14	4 653.55	57.53	2 254.18	225.20

续表

指　　数	2018年年底	2015年年底		2013年年底		2008年年底	
		点位	至今涨幅(%)	点位	至今涨幅(%)	点位	至今涨幅(%)
红利低波	7 293.04	7 881.53	-7.47	4 637.5	57.26	2 436.58	199.31
港股高息	4 757.16	3 044.14	**56.27**				
港股高息精选	2 658.1	2 583.03	2.91				

数据来源：Wind。"至今涨幅"为当年年底至2018年底的涨幅。

从过去三年、五年和十年的数据看，红利基金多数时间段跑赢沪深300和中证500等宽基指数，其中最近十年里表现最优异的为标普红利，最近五年里表现最优异的为深证红利，最近三年里表现最优异的为港股高息。

标普红利的特色是按照股息率进行个股加权，且要求成份股过去三年盈利正增长，最新一年的每股盈利为正，单一行业权重不超过33%，单一个股权重不超过3%。该指数除了对红利有要求，对增长也提出要求，风格上偏向中小盘价值。追踪该指数的基金为华宝标普中国A股红利（A类501029，C类005125）。

深证红利的特色是按照流通市值加权，大市值白马股所占权重更高，在白马股领涨的年份表现靠前，风格上偏向大盘价值。追踪该指数的基金为工银深圳红利（ETF159905，联接基金481012）。

港股高息的特色是按照股息加权，在中证香港300样本股中选择过去三年连续分红且股息率大于0（即要求每年盈利），取过去三年平均现金股息靠前的30名，集中于大市值的金融地产股。追踪该指数的基金为汇添富中证港股通（A类501305，C类501306）。

对于量化基金，可以选择红利基金进行定投或长期持有，也可以阶段性持有契合市场风格的量化基金。

3.4.4　主动基金的选择

主动型股票基金的业绩主要取决于基金经理的投资理念和投资经

验。虽然从单个年度看,夺取前十的主动型股票基金风云变幻,但是拉长时间看,具有正确投资理念和丰富投资经验的基金经理会取得更为优异的成绩。由于我国股市波动较大,市场有效程度低,混合型股票基金能够在估值明显偏高时适当降低仓位,并优选个股投资,更容易取得较好的长期业绩。

根据银河证券基金研究中心发布的公募基金历史年度业绩数据,在 2005—2017 年间,标准股基的复合年化收益率为 17.08%,落后于混合偏股型基金 17.84% 的收益率。由于历史原因,老的封闭股基最大股票仓位只有 80%,上述限制也制约了封闭股基在牛市的涨幅,该类型基金的历史年化收益率为 13.55%,在股票型基金中处于靠后位置,详见表 3-7。

表 3-7　2005—2017 年股票基金和偏股基金的表现　　单位：%

年 份	标准股基	混合偏股	封闭股基
2005	-7.36	7.25	3.66
2006	122.98	133.80	106.49
2007	148.48	132.39	118.10
2008	-54.92	-51.82	-46.09
2009	82.46	71.52	62.82
2010	-0.34	3.09	4.55
2011	-22.28	-25.09	-21.90
2012	6.67	5.51	4.15
2013	18.94	16.47	11.71
2014	22.20	26.06	22.77
2015	49.50	48.70	39.55
2016	-12.18	-14.45	-16.61
2017	16.66	15.33	-6.15
累计收益	676.53	745.19	421.96
年化收益	17.08	17.84	13.55

数据来源：银河证券基金研究中心。

根据历史经验,主动型基金中最容易犯的错误就是在牛市选择了当时市场行情下表现最佳的股票,其后该类股票暴跌,损失惨重。

由于市场风格经常变化，只有仓位高且持股契合当时行情的基金才容易出现好行情。当市场风格转变时，这种高仓位且持有"过时股"的基金通常会面临较大的损失。

典型案例是易方达新兴成长灵活配置基金（000404）。该基金重仓创业板新兴成长个股，2014年年底股票仓位甚至达到100.13%，2015年年底仍高达94.27%，当年该基金以171.78%的涨幅位居股票型基金第一位。在其后的2016年，市场风格转变后，该基金暴跌39.83%，2018年又暴跌32.54%。

比较稳健的方式是参照纯债基金方式，挑选横跨一个牛熊周期，长期业绩出色，认同基金经理的投资理念，同时回撤控制较好的基金持有。也可以参照基金评级机构的数据，特别是在最近5年、3年等时间段均为五星级，且基金经理没有变更的混合型基金。如易方达中小盘混合（110011）基金经理任职6年多，坚持优选护城河宽、业绩稳定增长的个股长期持有，各阶段业绩均相对出色。

3.4.5 另类股票基金的机会

另类股票基金是指与普通股票基金风险收益特征有显著差异的基金。比较有特色的基金有封闭式基金和分级B类基金。

1. 封闭式基金

封闭式基金是指在特定封闭期内不允许申购和赎回，只能在二级市场进行买卖的基金。该类基金的优点是封闭期内没有申赎资金干扰，基金经理可以使用更高的仓位配置股票资产，获取高收益的可能性较大。此外，封闭上市交易期间，基金普遍存在一定的折价（价格小于基金净值），购买还有机会获取折价缩小的超额收益。

由于该类基金的净值走势与股票市场密切相关，最适合在市场估值低点购买折价较大的基金，或者封闭期临近结束时，购买到期收益率较高的基金。部分走势与指数相关性较强的封闭式基金，还可以用来与股指期货构成套利组合，即买入折价封闭式股基，然后卖出对应的股指期货，赚取折价部分利润。

2. 分级 B 类基金

该类基金是指从母基金分拆出来，约定不同收益特征的基金，其中 B 类获取偿付 A 类的约定收益后的全部母基金收益，类似于 A 份额持有人借钱给 B 份额持有人炒股。B 类基金的特征是波动大，在牛市阶段涨幅惊人，适合对市场行情把握较好的投资者。

分级 B 类风险也非常大，遇到市场暴跌，其跌幅会加倍。如果母基金触发下折（一般为 B 类净值下跌至 0.25 时触发），B 类会按照净值折算为 1。普通的分级基金 B 类，此时会将折算前的 4 份合成 1 份，杠杆从 5 倍下降为 2 倍。其后即便母基金再涨回去，B 类基金依然亏损累累。

折算过程演示（假设两份母基金按照 1 : 1 拆分为 A 类和 B 类份额，为简单计算，不考虑 A 类约定收益）：

折算前，A 份额净值为 1，B 份额净值为 0.25，母基金净值为（1+0.25）/2=0.625，B 的杠杆为（1+0.25）/0.25=5。由于初始时，母基金、分级 A 和分级 B 的净值均为 1，此时母基金的跌幅为 37.5%（即 0.625/1-1），B 份额的净值跌幅为 75%（即 0.25/1-1）。

折算后，A 类、B 类和母基金净值均为 1，但是各自的总资产不变。折算前 4 份净值为 0.25 的 B 类份额合成折算为 1 份净值为 1 的新 B 类份额。这个过程 B 类的资产不会下降，但是折算后的杠杆为（1+1）/1=2。

其后母基金上涨 60%（即 1/0.625-1）便可恢复初始资产。但是对应 B 类的涨幅大约为 120%（即 60%×2），净值仅能增长至 2.2 元，而折算时是 4 份原净值为 1 的基金，即对应的原资产为 4 元，B 类份额仍较原资产下跌 45%（即 2.2/4-1）。

由于 A 股的波动剧烈，B 类份额不适合一直持有，只适合在母基金上涨较快时阶段性持有。例如，2017 年，中证白酒上涨 77.29%，招商中证白酒上涨 74.92%，对应的白酒 B 类却上涨了 194.03%。

此外，如果该类母基金价格[（A类+B类）/2]小于母基金净值，也可以在二级市场买入数量相等的A类和B类，通过合并后赎回，赚取其中的差价。

最后再次提示，分级B类基金只适合在母基金上涨阶段持有，并不适合长期持有。

3.5 房地产投资信托基金的选择

3.5.1 什么是房地产投资信托

房地产投资信托（Real Estate Investment Trust，REIT，多个信托则简称REITs）是指接受委托人的委托，把资金投资于房地产领域的一种信托。简单点儿说，REITs就是募集资金，然后从事炒房、租房、房屋贷款等房地产领域的投资，赚取利润后分配给投资人。多个国家和地区规定REITs每年要将不低于利润的90%拿出来分红，整体的分红收益率较高。

REITs的优点如下：

（1）分红收益率高，能提供稳定的现金流收入；

（2）在二级市场交易，买卖方便，流动性好；

（3）在通胀时期，能够享受租金和房价上涨的收益；

（4）由专业团队管理，省时省力享受地产行业收益；

（5）享受税率优惠，美国等国家和地区对REITs的投资行为给予一定的税收优惠，比个人直接投资地产的税收低；

（6）信息披露制度较好，便于了解运行情况。

从历史数据看，不少地区的REITs收益和波动介于股票和债券之间，合理纳入投资组合可以降低组合的波动，提高整体收益。

房地产信托基金则是募集资金，专门投资于房地产信托，获取相应投资回报的基金。

3.5.2 房地产投资信托的涨跌特征

根据富时的研究资料，富时全美REITs综合指数在2016年7月21日之前的40年中，取得了年均11.92%的复合收益率，其中3.72%来自于价格上涨，另外8.2%来源于分红及分红再投资。

2009—2018年，标普500房地产信托指数上涨146.71%，略小于标普500指数177.54%的涨幅，期间年度最大跌幅为5.64%，小于标普500指数6.24%的跌幅。富时全美REITs指数期间涨幅为175.07%，最大年度跌幅为4.96%，表现更为出色。期间房地产信托龙头西蒙地产（SPG）价格大涨351.9%，年度最大跌幅仅为5.5%，表现更为优异。

我国因税收、法规和商业地产回报率低等原因，REITs一直未能正式推出和上市。但是我国香港市场已经有多个房地产信托上市，比较知名的是越秀信托。

由于投资行业和管理水平的差异，不同的房地产信托收益率差异比较大。长期收益率较高的房地产信托通常具备资产整合能力，会借助行业周期在低点融资买入优质资产，为未来的盈利奠定基础，同时适度出售物业回笼资金。表3-8展示了几只REITs和相应指数的年度涨跌数据，可以更清晰地看出该类资产的涨跌差异。

表3-8 REITs指数与股票指数的年度涨跌对比　　　　单位：%

年份	恒生指数	恒生REITs	标普500	标普500REITs
2009	52.02	53.51	23.45	20.79
2010	5.32	37.18	12.78	28.03
2011	−19.97	−12.68	0.00	7.94
2012	22.91	35.94	13.41	16.22
2013	2.87	−3.42	29.60	−1.53
2014	1.28	9.66	11.39	26.14
2015	−7.16	0.69	−0.73	1.24
2016	0.39	4.69	9.54	0.01
2017	35.99	21.41	19.42	7.17
2018	−13.61	−2.91	−6.24	−5.64
累计涨幅	79.66	228.96	177.53	146.73
年化收益率	6.03	12.65	10.75	9.45

数据来源：Wind。

从 2009—2018 年的数据看，恒生 REITs 指数年化收益率为 12.65%，为同期恒生指数的两倍多，同时在股票指数年度下跌期间，跌幅明显偏小，体现了高分红指数的抗跌特征。同期标普 500REITs 的年度涨幅为 9.45%，略低于标普 500 指数，跌幅也小于股票指数。

3.5.3 房地产投资信托基金的选择

国内有推出多只投资境外 REITs 的基金，成立时间较早的房地产信托基金如表 3-9 所示。

表 3-9 国内成立较早的 REITs 基金概要

基金代码	基金简称	投资范围	成立时间	2014—2018 年涨幅（%）
000179	广发美国房地产	美国 REITs	2013 年 8 月 9 日	45.09
206011	鹏华美国房地产	美国 REITs	2011 年 11 月 25 日	16.27
320017	诺安全球不动产	全球 REITs	2011 年 9 月 23 日	40.05
070031	嘉实全球房地产	全球 REITs	2012 年 7 月 24 日	29.11

数据来源：天天基金网。

其中投资美国 REITs 的基金中，广发美国房地产表现较好；在投资全球 REITs 的基金中，诺安全球不动产表现靠前。

广发美国房地产为 QDII 指数型基金，追踪 MSCI 美国 REITs 指数。截至 2019 年一季度末，该基金规模为 1.07 亿元，年度管理费和托管费为 1.1%，处于偏低水平。受汇率因素影响，在 2018 年的年报中，该基金透露过去三年累计跑输业绩基准 3.27%，过去一年跑输业绩基准 1.31%。

诺安全球不动产为主动管理型 QDII，截至 2019 年一季度末，该基金规模为 0.77 亿元，年度管理费和托管费为 1.85%，处于偏高水平。相对于业绩基准富时全球 REITs 指数，该基金 2018 年的年报显示，过去三年累计跑输 20.46%，过去一年跑输 6.08%。

虽然上述两只基金业绩相对靠前，但是较高的管理费和汇率因素，成为拖累该类基金业绩的主要因素。从分红数据看，广发美国房地产

2016—2018年每份分红0.328，提供了相对较好的现金流，更适合持有。此外，由于房地产回报与当地的经济发展密切相关，根据富时提供的研究数据，相对于其他国家，美国的REITs长期回报率占据鳌头。

2017年10月，南方基金公司推出了跟踪道琼斯美国精选REITs指数的基金——南方道琼斯美国精选（A类160140，C类160141，LOF），年度管理费和托管费率为1.05%，持有成本低，也是不错的选择。

3.5.4 房地产投资信托龙头企业简介

由于房地产信托本身就是一个组合，借助基金投资房地产信托在分散风险的同时，也增加了持有成本。对于开通美、港股账户的投资者，可以直接选择优质的房地产信托龙头企业股票代替相应的基金。

下面简要介绍美股和港股的龙头房地产信托。

1. 西蒙地产

西蒙地产（SIMON PROPERTY，交易代码：SPG）是美国最大的综合性房地产公司，经营的地产包括区域购物中心、奥特莱斯购物中心、Mills购物中心、社区时尚生活中心及国际商业地产项目，追求"在最好的市场拥有最佳的商场"。西蒙地产于1993年12月在纽交所上市，上市后快速实施全国扩张，重点是对购物中心进行并购、持有或整合出售非核心资产，营业收入和净利润快速增长。研究显示，可出租面积增长贡献了营业收入增长的95%，并购贡献了可出租面积增长的70%以上。2009—2018年，该公司营业收入增长50.18%，净利润增长409.18%，公司的ROE从11.31%攀升至65.92%，每股价格则上涨351.90%。与此同时，2018年每股现金派息提高至7.9美元，并每季度稳定地派息，股息率接近5%。

2. 领展房地产基金

领展房地产基金（交易代码：00823）是亚洲最大的房地产信托基金，于2005年11月在中国香港上市，主要经营香港和内地一线城市的购物中心、商场、写字楼和停车位。该企业通过装修提升扩展可出租面积,提高租金收入,变卖物业购置更为优质的资产等方式获取稳健发展,并利用闲余资金回购 REITs 份额,促进价格回升。2009—2018 年,该公司营业收入增长 112.07%,净利润增长 841.04%,公司的 ROE 从 17.24% 攀升至 30.15%,领展房地产基金价格增长 836.25%。与此同时,2018 年,每股现金派息提高至 2.22 港币,并每半年稳定地派息一次,股息率接近 3%。

3.6 商品基金的选择

商品基金是指借助实物、基金、期货、股票等投资黄金、白银、石油、天然气等商品领域的基金。由于商品与股票、债券具有较弱的相关性,且抗通胀效果较好,理论上纳入该类资产配置可以降低投资组合的波动,改善组合的收益。接下来,我们将分类对现存商品基金作介绍。

1. 石油基金

截至 2019 年,有 8 只基金跟踪石油主题(基金简要信息见表 3-10,运作概况见表 3-11),其中,华宝油气、华安石油和广发石油为股票指数基金,直接投资海外石油主题相关的企业股票,其业绩不仅受石油价格影响,也受美股市场牛熊影响,走势更为复杂,理论上波动会高于普通的石油基金。

表 3-10 石油主题基金简要信息一览表

序号	代码	简称	成立时间	类型	业绩基准(指数)	投资范围
1	162411	华宝油气	2011 年 9 月 29 日	股票指数	标普石油天然气上游股票	追踪指数的成份股和备选成份股
2	160416	华安石油	2012 年 3 月 29 日	股票指数	标普全球石油	
3	162719	广发石油	2017 年 2 月 28 日	股票指数	道琼斯美国石油开发与生产	

续表

序号	代码	简称	成立时间	类型	业绩基准（指数）	投资范围
4	161129	易方达原油	2016年12月19日	FOF指数	标普高盛原油商品	原油主题相关的基金
5	501018	南方原油	2016年6月15日	FOF指数	WTI原油价格收益×60%+BRENT原油价格收益×40%	
6	160216	国泰商品	2012年5月3日	FOF主动	国泰大宗商品配置	商品类基金
7	160723	嘉实原油	2017年4月20日	FOD主动	WTI原油	原油主题相关的基金
8	163208	诺安油气	2011年9月29日	FOF主动	标普能源行业	石油天然气等能源行业基金

资料来源：天天基金网。

易方达原油和南方原油使用基金跟踪原油价格收益指数，为FOF指数型基金，与原油的价格走势最为密切，主要受原油涨跌影响。

国泰商品、嘉实原油和诺安油气则是借助基金实施主动管理，力求跑赢大宗商品、原油和能源等指数。其中，国泰商品以原油配置为核心，也参与钢铁、铜等其他商品交易；嘉实原油则主要投资原油主题行业，与原油走势更为密切；诺安油气同时参与石油和天然气投资，范围稍广。

从配置范围看，国泰商品最广，其次是华宝油气、广发石油和诺安油气，再次是华安石油、易方达原油、南方原油和嘉实原油，投资范围越广，影响因素越多，其走势更不容易把握，特别是主动型基金。

在投资石油领域的基金中，华宝油气和广发石油侧重于上游产业链，波动更大；华安石油、易方达石油和南方石油侧重于产成品，波动相对较小。

表 3-11 石油主题基金运作概况表

序号	代码	简称	基金规模（亿元）	年运作费	累计跟踪偏差	2016年	2017年	2018年
1	162411	华宝油气	21.69	1.28%	-23.45%	44.24%	-15.41%	-23.84%
2	160416	华安石油	2.34	1.28%	-0.34%	31.24%	-4.29%	-6.83%
3	162719	广发石油	0.38	1.30%	2.34%	—	—	-15.20%
4	161129	易方达原油	1.21	1.25%	10.17%	—	5.76%	-13.99%
5	501018	南方原油	4.12	1.28%	-14.05%	6.72%	-2.40%	-13.55%
6	160216	国泰商品	1.7	1.85%	-30.71%	13.32%	-2.56%	-14.25%
7	160723	嘉实原油	1.14	1.28%	5.84%	—	10.17%	-12.98%
8	163208	诺安油气	0.78	1.85%	-38.97%	33.88%	-8.91%	-16.00%

资料来源：根据天天基金网数据整理，基金规模为2019年一季度末数据，累计跟踪偏差取自基金年报，为基金成立之日至2018年底的累计数据。

从基金规模看，广发石油和诺安油气规模偏小，流动性相对较差；华宝油气、南方原油和华安石油规模偏大，流动性较好。

从跟踪偏差看，聚焦原油领域的基金跟踪偏差相对较小，投资范围广的国泰商品、诺安油气和华宝油气等跟踪偏差较大。

从2016—2018年的原油先涨后跌的波动小周期看，聚焦上游产业链的油气波动较大，聚焦原油领域的基金波动较小。

最后做个小结：只希望把握原油涨跌机会的投资者，可以考虑南方原油和易方达原油；希望同时分享油气行业股票行情的投资者，可以考虑华宝油气。从分散大类资产风险的角度看，南方原油和易方达原油更加适合投资。

2. 黄金基金

截至2019年，有8只基金跟踪黄金（见表3-12），其中4只黄金实物ETF，4只QDII。跟踪实物的ETF基金走势主要受境内金价影响，影响因素少，走势相对稳健，最适合作为投资对象；QDII截至2019年均为主动管理型，除易方达黄金可投资部分黄金股票外，其余3只主要通过基金投资实物黄金和实物贵金属，可投资黄金股票的基金理论上波动幅度更大，会受到股票市场的一定影响，对于分散组合的风险作用较小。上述基金的概况详见表3-13。

表 3-12 黄金主题基金一览表

序号	代码	简称	成立时间	类型	业绩基准（指数）	投资范围
1	518880	华安黄金	2013年7月18日	黄金ETF	黄金9999	黄金现货
2	518800	国泰黄金	2013年7月18日	黄金ETF	黄金9999	黄金现货
3	159934	易方达黄金	2013年11月29日	黄金ETF	黄金9999	黄金现货
4	159937	博时黄金	2014年8月13日	黄金ETF	黄金9999	黄金现货
5	320013	诺安黄金	2011年1月13日	主动FOF	伦敦金	全球实物黄金ETF
6	160719	嘉实黄金	2011年8月4日	主动FOF	伦敦金	全球实物黄金ETF
7	164701	添富贵金	2011年8月31日	主动FOF	伦敦金	实物金ETF不低于70%，其他实物贵金属ETF不高于30%
8	161116	易方达黄金	2011年5月6日	主动管理	国际现货黄金	黄金ETF及黄金股票

资料来源：天天基金网。

表 3-13 黄金主题基金概况表

序号	代码	简称	基金规模（亿元）	年运作费	累计跟踪偏差	2016年	2017年	2018年
1	518880	华安黄金	65.38	0.60%	-3.13%	18.15%	3.31%	3.64%
2	518800	国泰黄金	6.04	0.60%	-3.75%	18.43%	3.26%	3.59%
3	159934	易方达黄金	10.24	0.60%	-2.00%	18.18%	3.25%	3.49%
4	159937	博时黄金	23.63	0.60%	1.51%	18.87%	3.20%	3.60%
5	320013	诺安黄金	5	1.26%	-8.95%	13.80%	3.39%	1.77%
6	160719	嘉实黄金	1.44	1.26%	-10.10%	13.17%	3.83%	1.42%
7	164701	添富贵金	1.57	1.26%	-14.13%	12.77%	4.12%	0.82%
8	161116	易方达黄金	2.53	1.80%	-18.47%	14.61%	2.44%	-0.42%

资料来源：根据天天基金网数据整理，基金规模为2019年一季度末数据，累计跟踪偏差取自基金年报，为基金成立之日至2018年底的累计数据。

从基金规模看，4只黄金ETF规模较大，华安黄金和博时黄金流动性最好；后4只QDII规模明显偏少，流动性相对较差。

从跟踪偏差看，4只ETF跟踪误差较小，博时黄金取得正收益，跟踪效果最佳；4只QDII跟踪偏差较大。

最后做个小结：只希望把握黄金实物涨跌机会的投资者，可以考虑博时黄金和华安黄金。从分散大类资产风险的角度看，上述的这两只黄金 ETF 也更加适合投资。

市场也有跟踪白银、商品股票等类型的基金，行情更难把握，从资产配置角度出发，重点关注上述原油和黄金即可。具体投资方法上，除了常见的资产配置外，还可以在相应的贵金属价格进入明显的低点时适当多配置。

由于国际黄金和原油（黑金）主要采用美元（美金）计价，这三者合称"三金"，前两者与美元走势多数时间相反（负相关）。除了高通胀和美元贬值阶段会让黄金、原油的价格容易上涨外，战争和区域关系紧张也会引发避险需求，刺激两者价格的上涨。两者的区别是：石油与生产需求有关，多数时间与全球经济走势密切相关，且存在被新能源替代的风险；黄金供应稳健，基本不存在替代产品，保值作用显著，在避险方面的作用更大，这也是"乱世买黄金"的由来。

业界也流行使用伦敦现货一盎司黄金价格与美国原油一桶价格的比值（金油比），计算两者的相对价值。过去的三十多年中，金油比极限波动范围为 5～35，中值约为 15.7，当低于该数值时买入黄金卖出原油容易获得均值回归的收益。由于大宗商品价格回归时间漫长，保险的措施是在比值低于 10 以后多配置黄金，在比值高于 25 以后多配置原油，可以更稳健地获取均值回归的收益。

第4章
如何选择行业
指数基金

俗话说"男怕选错行，女怕选错郎"。不同的行业盈利模式不同，赚钱能力也千差万别。对于投资者而言，除了选择沪深300、中证500等宽基指数外，还可投资食品、医药、科技等行业指数基金，分享相应行业的成长红利。

查理·芒格说："我们宁愿以合理的价格购买好企业，也不愿以

表4-1 中证行业指数对应关系

行　业	行　业　小　类
能源	能源设备与服务、石油、天然气与消费用燃料
原材料	化学制品、建筑材料、容器与包装、金属与采矿、纸类与林业产品
工业	航空航天与国防、建筑产品、建筑与工程、电气设备、机械制造、工业集团企业、贸易公司与经销商、商业服务与商业用品
	航空货运与物流、航空公司、海运、公路与铁路、交通基础设施
可选消费	汽车与汽车零部件、家庭耐用消费品、休闲设备与用品、纺织品、服装与奢侈品、酒店、餐馆与休闲、综合消费者服务、媒体、经销商、百货商店、专营零售
主要消费	食品与主要用品零售、饮料、食品、家常用品、个人用品
医药卫生	医疗保健、设备与用品、医疗保健提供商与服务、制药、生物科技
金融地产	银行、保险、资本市场、房地产管理和开发
信息技术	软件与服务、技术硬件与设备、半导体产品与设备
电信业务	综合电信业务、无线电信业务、通信设备
公用事业	电力公用事业、燃气公用事业、复合型公用事业、水公用事业

数据来源：中证指数公司。

注：行业小类按照如下方式进行划分。

（1）如果公司某项主营业务收入占公司总收入的50%以上，则该公司归属该项业务对应的行业；

（2）如果公司没有一项主营收入占到总收入的50%以上，但某项业务的收入和利润均在所有业务中最高，而且在公司总收入和总利润中的占比均在30%以上，则该公司归属该业务对应的行业；

（3）如果公司没有一项业务的收入和利润占到30%以上，则由专家组进一步研究和分析确定行业归属。

便宜的价格购买差企业。"通过了解各行业的盈利模式、供需特征和产业周期，我们很容易排除差行业，选出好行业，在长期投资中赚取更为丰厚的利润。

参照国际行业分类，中证指数公司将沪深300指数进一步细分成一级、二级和三级行业指数，而将中证全指细分成一级、二级、三级和四级行业指数。其中一级行业与二级、三级和四级的对应关系如表4-1所示。

除了中证指数公司以外，目前基金公司推出的行业指数基金中，跟踪比较多的行业指数分别为国证指数、申万指数、上证指数和万得指数等，各家指数的行业分类大同小异，只是编制人不同，这里不再一一赘述。

4.1 主要消费和白酒行业

传说很久以前牛是天上的神仙，一次玉皇大帝让牛给人类传一道圣旨——人们可以睡三天吃一餐。牛没有听清楚，传下来的旨意是人们一天吃三餐睡一次。结果人们每天一睁开眼，就要忙忙碌碌地干活，以挣到填饱肚皮的三餐。牛的疏忽大意犯了众怒，玉皇大帝为了平息民愤，让牛下凡到人间帮人们耕地干活。

上面的故事暗含了一个简单的道理：**大家每天不得不面对吃饭问题！**

主要消费指数就是投资吃喝相关行业个股的指数，具体包括食品、饮料、消费零售、家常用品和个人用品等细分行业。该行业指数在多数国家均呈现长牛特征，背后的深层次原因有哪些呢？

4.1.1 主要消费行业的特性

作为与消费者密切相关的产品，主要消费商品具有必需消费、高频消费和重复消费等特征（见图4-1），决定了对应的行业指数具有稳赚、多赚、长赚和安全四大特征。

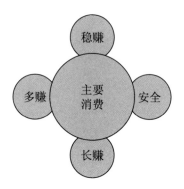

图4-1　主要消费行业的四大特征

接下来具体看看相应特征的含义和背后逻辑。

一是稳赚。对于主要消费品而言，买卖双方在讨价还价上处于不对等的地位，双方都知道这东西肯定卖得出去，无非是价格高一点还是低一点。由于消费者（买方）的购买有时间限定，例如每次吃饭前需要先买食品，而销售者（卖方）并不一定要立马销售，最终的成交价会保证销售者能够拿到相对合理的利润。

必需消费品不容易受外部经济环境周期变化的干扰。历史规律显示，贸易摩擦或者海外经济危机等对主要消费行业的影响显著小于其他行业。

以该类指数的龙头企业贵州茅台为例。在2008年经济危机期间，茅台公司主打的53°飞天茅台零售指导价逆势上调30%；在2018年去杠杆、贸易摩擦、经济下滑等影响下，零售指导价格依然逆市上调13%以上，且主流品种供不应求。1981—2018年，该产品零售价格从7元/瓶涨价到1 699元/瓶，整体上涨了242倍！

再比如主要消费行业的代表指数食品饮料（申万）。该行业指数2008—2018年营业收入的中位数为15.42%，最低增速为0.7%，净利润增长的中位数为29.66%，最低增速为-14.82%。同期沪深300指数营业收入的中位数为12.86%，最低增速为-3.41%，净利润增长的中位数为13.6%，最低增速为-23.07%。食品饮料（申万）相应的业绩稳定性显著高于沪深300指数。

二是多赚。多数主要消费品行业的门槛不高，可以赚取正常的社会平均利润。但是部分企业会寻找差异化定位，通过产品品质塑造自身品牌，形成重复购买和口碑宣传，在人群中持续扩散，占领消费者的心智，形成"老字号"，获取更高的品牌溢价收益，促使行业利润加快向少数龙头企业集中。

有个小故事可以从一个侧面说明知名消费品在社会中的影响力和社会关注度。

读书期间，笔者曾和一位朋友去北京"穷游"。回来后，朋友的父亲问我们三个问题：有没有去长城？有没有去故宫？有没有吃北京烤鸭？当他得知我们竟然没有吃北京烤鸭，一个劲地为我们惋惜，说下次一定记得吃。后来才知道有句广为人知的"宣传语"：**不到长城非好汉，不吃全聚德烤鸭真遗憾！**如果每位到北京旅游的朋友都要吃一只全聚德烤鸭，这生意会有多好？2018年年报显示，全聚德毛利率为60.03%，即卖100元的烤鸭可以赚60.03元。

最能体现企业综合盈利的指标为净资产收益率（ROE），可以拆解为总资产净利率和权益乘数，前者又可拆分为销售净利率和总资产周转率。也就是说，企业的盈利最终取决于销售净利率（与产品定价权成正比）、总资产周转率（与产品生产销售周期成反比）和权益乘数（与负债率成正比），具体展示如图4-2所示。

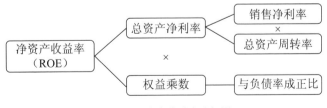

图4-2 净资产收益率分解图

对于主要消费品而言，掌握定价权的企业能够保持稳定或持续提升的销售净利率，重复购买和品牌效应助推企业的总资产周转率保持较高水平，企业不需要投入太多即可源源不断地赚钱，上述两大因素推动企业的综合盈利能力保持在较高水平。

例如，巴菲特最钟爱的喜诗糖果过去35年价格平均每年提高5.58%，销量平均每年增长1.74%，企业的综合盈利能力ROE从6.65%逐步提升至19.84%。A股的海天味业依靠1左右的总资产周转率、20%以上的净利润率和1.3以上的权益乘数保持了约30%的ROE；伊利股份依靠1.5以上的资产周转率、约9%的净利润率和约为2的权益乘数保持了20%以上的ROE。

主要消费行业的代表指数食品饮料（申万），2008—2018年ROE的中位数为16.9%，沪深300指数净资产收益率中位数为14.69%，前者较后者高出2.29个百分点，体现出多赚的特点。

三是长赚。长赚是指主要消费行业的稳赚和多赚具有长期稳定性和地域上的普遍性。在人类的各大需求中，主要消费行业对应的企业可以满足吃、喝、用等基本需求。需求的长期存在保证了相应行业可以稳步发展。

我国商务部在2006年《商务部关于实施"振兴老字号工程"的通知》及2011年《商务部关于进一步做好中华老字号保护与促进工作的通知》中，先后确定了两批中华老字号名录，这些企业总计有1 128家。从行业分布来看，主要消费对应的食品加工、餐饮服务和零售服务在名录中合计占比达60.2%，居绝对领先地位。

对于主要消费指数中的权重股，很多家公司有上百年的发展历史，美食和白酒甚至形成了一种消费文化。例如，贵州茅台酒是酱香型白酒的权威，距今有八百多年的历史；海天味业可溯源至清朝乾隆年间的佛山酱园，距今有三百年的历史；中炬高新起源于清末的香山酱园，距今也有一百多年的历史；口子窖酿造技术可追溯至春秋战国时期，有长达两千七百多年的历史。

图4-3展示了2018年底中证行业全指对应的点位。

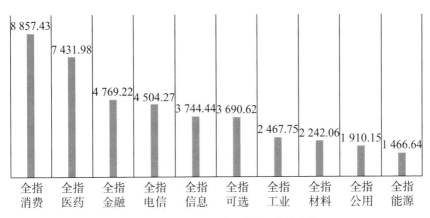

图 4-3 2018 年底中证全指各行业指数点位

从图 4-3 可以看出，全指消费点位最高，成立以来累计涨幅最大，对应的年化收益率（不含分红）为 16.86%，同期沪深 300 指数只有 8.19%，即全指消费长期的收益率是沪深 300 指数的两倍多。

此外，在截至 2018 年底的标普各国家或地区行业指数中，主要消费指数点位在欧洲和英国居第一位，在日本居于第二位，在美国则落后于信息技术、医疗保健、可选消费和工业，居中游位置。

迈克尔·莫布森在 2014 年的论文《长期视角下的短期化倾向》中统计了 2013 年美国各行业公司的平均资产寿命，其中主要消费品对应的日常消费行业为 15.1 年，处于较长水平，也从一个侧面印证了主要消费行业的"长赚"特点。

四是安全。 主要消费行业的安全性体现在两点：一是行业本身事关消费者的身体健康，安全是必备的前提；二是行业的业绩稳定决定了资产在熊市中相对抗跌，在投资中相对安全。

回顾主要消费行业的历史，几次大的危险和机会都与安全密不可分，例如 2008 年奶粉业的三聚氰胺事件。

> ▶**案例** 三聚氰胺事件与伊利股份的弯道超车
>
> 2008 年 5 月 20 日，网友王远萍在天涯发帖，称 13 岁的女儿每次睡前喝三鹿儿童高钙配方奶粉，第二天小便会浑浊，甚至拉

肚子。随后投诉三鹿奶粉质量问题的家长越来越多。直至2008年9月11日,三鹿集团才发表声明,确认经过自检发现部分批次的婴幼儿奶粉受三聚氰胺(一种有害的化学物质)污染。6天后三鹿集团的董事长兼总经理被捕,一年后企业被三元股份收购。其间蒙牛、伊利、雅士利、圣元和施恩等22个厂家、69个批次的产品被检测出三聚氰胺。国内整个奶粉行业产生信用危机,很多家长海淘奶粉或到中国香港购买奶粉,一度造成中国香港奶粉短缺。

在三聚氰胺事件中,多数企业经营遭受重创,伊利股份当年因巨额存货报废和计提跌价准备,巨亏17.37亿元,股价最大下跌73.50%。但是从中国产业信息网公布的历年数据看,作为必需品的婴幼儿奶粉市场规模仍在持续增长(见图4-4),只是企业占比发生变化,未受信任危机影响的海外奶粉品牌快速抢占市场。有媒体统计,2017年,一二线城市进口奶粉销售额占比一度高达84.5%。

图4-4　2006—2015年我国婴幼儿奶粉市场规模

数据来源:产业信息网。

伊利股份抓住机会,一方面加强产品质量管控;另一方面持续加大宣传投入,先后赞助2008年北京奥运会和2010年上海世博会，树立品牌的健康形象，伊利股份的销售规模和盈利能力快速提升，最终成功从行业第二攀升至行业第一，实现弯道超车。

伊利股份业绩的改善也促进了股价的增长。2018年底，伊利股份前复权股价较2008年底上涨了18.90倍！2009—2018年的10年中，仅2018年下跌。也就是说经过2008年的暴跌之后，伊利股份连续上涨了9年。

其他食品安全事件中，2011年的双汇瘦肉精事件和2012年的白酒行业塑化剂事件，虽然在中短期（通常在一年左右）内对相关行业或企业造成重创，但是也为注重安全的企业提供了纠错和弯道超车的机会，并未改变相关行业和优秀企业的长期增长趋势。

从年度涨跌来看（见表4-2），全指消费的稳定性也显著好于普通宽基。例如，2005—2018年，沪深300指数有5年的年度跌幅超过10%，对应的年度全指消费的跌幅均小于沪深300指数，充分体现了主要消费行业的抗跌性。

表4-2 全指消费与沪深300年度涨跌表　　　　　　　　单位：%

年份	全指消费	沪深300	年份	全指消费	沪深300
2005	-1.19	-7.65	2012	-1.78	7.55
2006	175.82	121.02	2013	1.32	-7.65
2007	153.22	161.55	2014	17.09	51.66
2008	-55.51	-65.95	2015	34.27	5.58
2009	96.85	96.71	2016	-1.90	-11.28
2010	18.14	-12.51	2017	29.21	21.78
2011	-19.72	-25.01	2018	-21.82	-25.31

数据来源：Wind，有底色部分表示年度领涨或抗跌。

对比各年度涨跌会发现，全指消费还体现出弱周期和晚周期特征。

弱周期表现在全指消费行业较少受经济周期的影响，指数的下跌年份占比小，例如，2005—2018年间，全指消费年度跌幅超过10%的仅有3年，时间占比仅为21.43%，即其余多数年份指数都在上涨。

晚周期体现在指数在牛市中后期表现更为突出。例如，全指消费在 2005—2018 年中，平均每年跑赢沪深 300 指数 8.11 个百分点，其中超越沪深 300 指数 10 个百分点以上的年份分别为 2006 年（54.8%）、2008 年（10.44%）、2010 年（30.65%）和 2015 年（28.69%），后两次均是在牛市第一波上涨结束之后的牛市中后期。

中证行业指数中，中证消费与全指消费对应的都是消费行业，中证消费又简称为"主要消费"，具体包括食品饮料、消费零售、家常用品和个人用品等细分行业，其中需求最稳定、竞争格局最好、盈利能力最强的是食品饮料。

从 2018 年食品饮料子行业的发展情况看，白酒、乳制品、软饮料、调味品和食品综合等处于量价齐升阶段，收入增速更为稳定，肉制品、葡萄酒、啤酒、黄酒和其他酒类等收入增长的驱动力相对较弱，增长不稳定。食品饮料各子行业的收入驱动因素如表 4-3 所示。

表 4-3　2018 年食品饮料行业收入驱动表

子　行　业	量　　增	价　　增	收入增速提高
白酒	√	√	√
乳制品	√	√	√
软饮料	√	√	√
调味品	√	√	√
食品综合	√	√	√
肉制品	√	×	√
葡萄酒	√	×	×
啤酒	×	√	×
黄酒	×	√	×
其他酒类	×	×	×

资料来源：中原证券研究报告《民生基础消费仍具有增长力》。

通过"销售费用/销售收入"指标可以判断出，低于 15% 的行业处于相对垄断竞争阶段，食品饮料子行业中的白酒、调味品、肉制品和黄酒等处于该阶段。

同时具备良好竞争格局和收入增长驱动的白酒、调味品未来的增长更为确定。

4.1.2 主要消费行业的相关指数

截至 2019 年，跟踪主要消费相关行业的指数基金如表 4-4 所示。

表 4-4 主要消费行业相关指数基金汇总表

序号	指数名称	指数代码	成份股数量	跟踪基金	基金代码	规模(亿元)
1	中证消费	000932	38	消费 ETF	159928	15.26
2	上证消费	000036	30	消费行业	510630	1.6
3	消费 80	510150	80	消费 ETF	510150	1.13
4	国证食品	399396	41	国泰国证食品饮料行业指数	160222	15.03
5	CS 食品饮	930653	85	天弘中证食品饮料 A	001631	2.65
6	中证白酒	399997	17	招商中证白酒指数	161725	61.44
7	中证酒	399987	27	鹏华酒分级	160632	3.86

注：数据取自中证指数公司和天天基金网，时间截至 2018 年 12 月 31 日。

由于指数基金主要跟踪指数，其长期业绩主要由指数成份股决定，下面看看各指数的成份股选股范围和历史业绩表现，具体见表 4-5。

表 4-5 消费指数基金的成份股及历史表现

序号	指数名称	成份股范围	指数基期	截至 2018 年底涨幅	2009—2018 年涨幅	涨幅排序
1	中证消费	中证 800 中的主要消费上市公司	2004 年 12 月 31 日	878.82%	224.43%	3
2	上证消费	上海交易所主要消费行业上市公司	2003 年 12 月 31 日	634.91	203.21%	5
3	消费 80	上证全指中的可选消费、主要消费和医药卫生行业上市公司	2003 年 12 月 31 日	256.53%	157.63%	6
4	国证食品	沪深两市总市值、平均流通市值和平均成交额等权重加权平均靠前的 50 只食品饮料股，不足 50 只则全选	2004 年 12 月 31 日	988.81%	262.87%	2

续表

序号	指数名称	成份股范围	指数基期	截至2018年底涨幅	2009—2018年涨幅	涨幅排序
5	CS食品饮	中证全指中属于饮料、包装食品与肉类行业的上市公司	2004年12月31日	853.14%	219.52%	4
6	中证白酒	中证全指中涉及白酒生产业务相关的上市公司	2008年12月31日	337.87%	337.87%	1
7	中证酒	中证全指中涉及白酒生产业务的上市公司	2008年12月31日	156.98%	156.89%	7

沪深300指数2004年底—2008年底累计上涨201.07%，2009—2018年累计上涨65.63%。上述消费类指数在对应时间段的涨幅均显著好于沪深300，背后的原因主要是成份股长期业绩优异，且增长较为稳定。

上述指数中，只有消费80成份股包括可选消费、主要消费和医药卫生三个一级行业，其他指数均选自主要消费行业。由于主要消费行业长期业绩优于其他行业，导致消费80指数整体的业绩表现靠后。

如果取2009—2018年各指数均成立的共同时间段，表现最好的为中证白酒，其次是国证食品和中证消费。其中，中证白酒将单独在本书4.1.3中介绍。接下来重点介绍中证消费和国证食品。

1. 中证消费

中证消费以中证800为选股空间，挑选属于主要消费行业的个股，按照调整后的市值进行加权，构成中证消费指数，每年6月、12月的第二个周五的下个交易日进行定期调整。

指数以2004年12月31日为基期，以1 000点为基点，2009年7月3日正式对外发布。截至2018年底，该指数收于9 788.24点（不含分红），成立以来年化复合收益率为17.7%。

2018年12月指数调整后，其十大重仓股如表4-6所示。

表4-6 中证消费指数十大重仓股　　　　　单位：%

序号	股票名称	权重	序号	股票名称	权重
1	贵州茅台	15.43	6	永辉超市	3.53
2	伊利股份	15.30	7	泸州老窖	3.49

续表

序 号	股票名称	权 重	序 号	股票名称	权 重
3	五粮液	11.56	8	双汇发展	2.73
4	洋河股份	6.69	9	海大集团	2.15
5	海天味业	6.53	10	牧原股份	2.11

数据来源：中证指数公司。

截至2018年底，主要消费的样本股共有38只，按照指数编制规则，每次调整后单只股票的权重上限为15%，其间股价变动可能会导致单只股票的权重突破15%，表4-6显示的重仓股贵州茅台和伊利股份就属于这种情况。

指数前十大重仓股合计权重为69.52%，其中白酒和奶业两个子行业分别占27.17%和15.3%，是指数的主要持仓行业。调味品龙头海天味业、生鲜农超龙头永辉超市、肉制品龙头双汇发展、水产品饲料龙头海大集团和生猪养殖龙头牧原股份均为指数重仓股。

表4-7 跟踪中证消费的指数基金概况表

基金简称	基金代码	2018年底规模（亿元）	年运作费	年 度 涨 跌			
				2018	2017	2016	2015
消费ETF	159928	15.26	0.60%	-22.20%	59.52%	2.16%	24.58%
主要消费	512600	0.06	0.60%	-23.61%	55.89%	2.27%	23.97%
消费联接	000248	15.08	0.60%	-20.61%	55.65%	1.91%	—

数据来源：天天基金网。

目前跟踪中证消费的指数基金共有3只，其中规模较大的为消费ETF（159928）和消费联接（000248），基金概况如表4-7所示。主要区别是消费ETF会将99%以上的仓位按照中证消费的权重复制指数，直接购买对应的股票。而消费联接基金则是募集资金后，90%以上的资金购买对应的ETF基金，并保留不低于5%的现金应对日常赎回。

由于消费联接基金仓位低于消费ETF，涨跌的幅度会小于对应的ETF基金，长期业绩通常跑输对应的ETF基金。

综上，对于看好中证消费的投资者，通过证券账户直接购买消费

ETF 基金（159928）更佳；未开通证券账户的投资者可以通过银行、第三方平台等投资消费联接基金（000248）。

2. 国证食品

国证食品由主要消费行业中成长更为确定的食品和饮料两个子行业构成。该指数从最近 6 个月个股平均总市值占比、平均流通市值占比和平均成交金额占比三个维度，按照 1∶1∶1 加权，再从高到低排序并选择最靠前的 50 只个股构建指数。

国证食品指数以 2004 年 12 月 31 日为基期，以 1 000 点为基点，每年 1 月、7 月的第一个交易日实施调整，按照派氏加权法[①] 计算，每只股票的最高权重为 15%。2018 年底，该指数收于 10 709.87 点（不含分红），年化复合收益率为 18.46%。

国证食品前十大重仓股如表 4-8 所示，合计权重 71.56%，比中证消费指数更为集中。其中，白酒、奶业和调味品三个子行业分别占 42.32%、15.28% 和 8.85%，是指数的主要持仓行业。肉制品龙头双汇发展和保健品龙头汤臣倍健也是指数的重仓股。

表 4-8 国证食品指数前十大重仓股

代码	名称	行业	上市交易所	权重（%）
600519	贵州茅台	主要消费	上海	15.89
600887	伊利股份	主要消费	上海	15.28
000858	五粮液	主要消费	深圳	12.95
002304	洋河股份	主要消费	深圳	7.22
603288	海天味业	主要消费	上海	6.54
000568	泸州老窖	主要消费	深圳	4.39
000895	双汇发展	主要消费	深圳	3.29
600872	中炬高新	主要消费	上海	2.31
603589	口子窖	主要消费	上海	1.86
300146	汤臣倍健	主要消费	深圳	1.83

数据来源：国证指数公司，2019 年 1 月。

截至 2019 年 1 月，跟踪国证食品指数的基金仅有一只，该基金的主要情况如表 4-9 所示。

---

① 按照一定规则调整后用成份股自由流通市值进行加权计算。

表 4-9 国证食品指数基金概况表

基金简称	基金代码	2018年底规模(亿元)	年运作费	年度涨跌			
				2018	2017	2016	2015
国证食品	160222	15.03	1.20%	−19.13%	57.90%	5.85%	19.90%

数据来源：天天基金网。

该基金的规模、业绩跟消费 ETF 基金较为接近，年运作费高出 0.6%；年度涨跌的稳定性稍高于主要消费基金，2015—2018 年的累计收益率比中证消费 ETF 基金高出约 4%。

由于该指数选择的是主要消费行业中竞争格局和成长性更好的子行业（白酒、奶业和调味品），可以将之视同为主要消费行业的收益增强指数。

4.1.3　中国白酒行业的辉煌

有研究称，世界上最容易上瘾的五种物质分别为海洛因（毒品）、可卡因（毒品）、尼古丁（香烟）、巴比妥类药物（镇静剂）和酒精。这些物质的上瘾特点，决定其消费黏性特别强、企业利润特别高。

19 世纪 40 年代，英国政府及其控制的英印政府、东印度公司等，依靠鸦片贸易每年从当时的清政府赚取白银 600 万两，一度造成大清帝国财政枯竭、国库空虚，市场上流通的白银严重短缺。在清政府实施禁烟（鸦片）运动后，英国不惜发动战争以维护其利益，充分展现了资本嗜血的本质。

上述容易上瘾的物质中，合法存在的是毒品以外的后三者。这里取最常见的烟酒行业龙头企业作对比，详见表 4-10。

表 4-10 烟酒龙头企业财务指标对比　　　　　　单位：%

企　业	2018 年			
	毛　利　率	净　利　率	净资产收益率	股利支付率
奥驰亚	48.31	27.47	46.17	81.30
贵州茅台	91.14	51.37	34.46	51.89

数据来源：Wind。

从全球最大的烟草公司奥驰亚（MO）和我国白酒行业龙头贵州茅台的财务数据对比看，贵州茅台的毛利率更可观。稍微逊色的是净资产收益率和股利支付率，因香烟负债率和股利支付率更高，对应的资产收益率更高。

强劲而稳健的业绩，支撑了企业股价长期走牛。2001年年底至2018年年底，奥驰亚前复权股价上涨1.57倍，贵州茅台前复权股价上涨109.28倍，均显著跑赢对应市场的指数。

国内的香烟企业是垄断经营，没有上市企业，而具备类似特征的白酒上市企业很多，从而让投资上瘾型消费品成为一种可能。下面我们先一起看看中国白酒的辉煌历史吧。

白酒是以高粱、大麦、小麦、大米等粮食以及发酵剂为原料，经过蒸煮、糖化、发酵、蒸馏、陈酿和勾兑等环节酿造而成的中国特色蒸馏酒，为世界六大蒸馏酒之一。

白酒的主要成分是酒精，适度饮酒可以加快血液循环，促进神经活跃，起到缓解疲劳、增进食欲、抵御寒冷、活跃氛围等效果，过量饮酒则容易伤害神经、损害肝脏、引发肠胃疾病等。

最早的酿酒技术据说为"猿猴酿酒"，野外的猿猴将吃不完的果子放在石洼、山洞中，随着时间的流逝，腐烂的果实在自然界野生酵母菌的自然发酵下生成酒浆，香气四溢。进山的樵夫尝了尝，感觉美味可口，随后开始有意识地模仿酿造。

从考古学提供的证据来看，大约在6 000年前，人类开始掌握酿酒技术。初期因技术粗糙，酿制的酒度数低、口味淡。唐朝时期出现了简单的蒸馏技术，酒的度数开始升高。元朝时，白酒的酿造技术已经非常普及和高超。清朝时期，知名的白酒酿造地基本成型，主要有盛产酱香型白酒的贵州、盛产浓香型白酒的四川、盛产清香型白酒的山西和盛产淡雅香型白酒的江淮区域（集中于安徽和江苏）。

白酒特有的促进神经兴奋的效果，既适合在喜庆的背景下把酒言欢、活跃气氛，也适合在悲伤的情况下借酒浇愁、平息情绪。自古白酒就是各类政治枭雄、文人骚客的必备之物，也是商业宴请和民间聚会的桌上常客,成为重视面子和品牌的"精神消费品"。

由于酿造白酒需要使用大量的粮食,流传有"3斤粮食1斤酒"的说法。根据当前的工艺测算,不同度数和香型的白酒,酿造使用的粮食数量也不尽相同。例如,酿造1斤53°的白酒,浓香型大约需要2斤粮食,酱香型大约需要5斤粮食。白酒的这种特性决定了它的定价不会太低,消费者主要是生活相对富裕的人群,高端消费者能够树立白酒的品牌形象。

首先,从最高端的"宫廷消费"来看,历史上记载有多款名酒。**一是古井贡酒**。东汉建安年间(196—220年),曹操曾将家乡所产的九酝春酒(即古井贡酒)献给汉献帝,成为当时的贡品,明朝万历年间,古井贡酒也曾作为美酒上贡给皇帝。**二是山西汾酒**。南北朝时期(420—589年),杏花村汾酒成为宫廷贡酒。**三是贵州茅台**。贵州茅台酒产于赤水旁,在红军长征四渡赤水期间获得很好的声誉,被多次用于招待外宾。陈毅有诗云:"金陵重逢饮茅台,万里长征洗脚来。深谢诗章传韵事,雪压江南饮几杯。"其他名酒中,曾被列为贡品的还有杜康酒、洋河大曲、西凤酒和剑南春等。

其次,从文化层面(类似于"商务消费"和"大众消费")看,历代诗人称颂过的名酒也为数不少,其中知名度相对较高的酒有以下几种。

(1)**杜康酒**。最知名的要属曹操在《短歌行》中的诗句:何以解忧?唯有杜康。诗句中盛赞杜康酒是"解忧"的佳品。唐朝诗圣杜甫亦有诗:杜康偏劳劝,张梨不外求。前村山路险,归醉每无愁。用来描述杜康酒被用来款待客人,喝后一身轻松的良好感觉。

(2)**剑南春**。相传李白来到四川绵竹时,为了喝到美酒"剑南烧春",不惜卖掉皮袄买酒豪饮,留下"解貂赎酒"的佳话。宋代文豪苏轼也曾写《蜜酒歌》称"百钱一斗浓无声,甘露微浊醍醐清"。清朝乾隆年间的太史李调元曾赋诗"天下名酒皆尝尽,却爱绵竹大曲醇",以此来表达对剑南春的喜爱。

(3)**山西汾酒**。山西汾酒旗下有汾酒、杏花村和竹叶青三个白酒子品牌。与其相关知名度最高的诗是唐代大诗人杜牧的《清明》,

该诗后两句家喻户晓："借问酒家何处有？牧童遥指杏花村。"透过诗句可以看出妇孺皆知杏花村酒。宋代诗人何应龙也在《老翁》一诗中写道："杏花村酒家家好，莫向桥边问牧童。"

（4）泸州老窖。泸州古称江阳，自古有"江阳古道多佳酿"的美称，北宋著名文学家、书法家黄庭坚曾写诗称"江安食不足，江阳酒有余"，描写当地人对酒非常偏爱，遍种高粱，家家酿酒。有"小东坡"之称的北宋诗人唐庚也写诗"百斤黄鲈脍玉，万户赤酒流霞"，描写城中遍地酒楼，说不尽的繁华与热闹。明代诗人杨慎写诗："玉壶美酒开华宴，团扇熏风坐午凉""江阳酒熟花如锦，别后何人共醉狂"等诗句，表达对泸州美酒的赞誉。清代著名诗人张问陶曾写诗："城下人家水上城，酒楼红处一江明。衔杯却爱泸州好，十指寒香给客橙"。用诗歌盛赞对泸州老窖的喜爱。

（5）洋河大曲。明朝时期，民间有诗句"白洋河中多沽客"，形容洋河镇当地白酒很受欢迎，清代初期更有"福泉酒海清香美，味占江淮第一家"的赞誉。

（6）西凤酒。唐代贞观年间（627—649年），民间有诗"开坛香十里，隔壁醉三家"形容西凤酒。唐代吏部尚书裴行俭在护送波斯王子回国时，路过凤翔县，曾作诗："送客亭子头，蜂醉蝶不舞。三阳开国泰，美哉柳林酒。"称赞西凤酒（原称柳林酒）的美味。

为了对白酒的品牌有个综合和客观的评价，我国举办过多届评酒会，历次被评出的知名白酒品牌如表 4-11 所示。

表 4-11 我国历届名酒评选结果

评奖届数	评选结果	品　　牌
一	四大名酒	茅台酒、汾酒、泸州大曲酒、西凤酒
二	八大名酒	茅台酒、汾酒、泸州大曲酒、西凤酒、五粮液、古井贡酒、全兴大曲酒、董酒
三	八大名酒	茅台酒、汾酒、泸州大曲酒、五粮液、剑南春、古井贡酒、洋河大曲、董酒
四	十三大名酒	茅台酒、汾酒、五粮液、洋河大曲、剑南春、古井贡酒、董酒、西凤酒、泸州老窖特曲、全兴大曲酒、双沟大曲、特制黄鹤楼酒、郎酒

续表

评奖届数	评选结果	品牌
五	十七大名酒	茅台酒、汾酒、五粮液、洋河大曲、剑南春、古井贡酒、董酒、西凤酒、泸州老窖特曲、全兴大曲酒、双沟大曲、特制黄鹤楼酒、郎酒、武陵酒、宝丰酒、宋河粮酒、沱牌曲酒

其中五次评选均入围的品牌有：**茅台酒、汾酒和泸州大曲酒**，其中五粮液因战乱导致生产中断，未参与第一届白酒评选。目前业界广为流传的评选结果是第三届"八大名酒"。

由于白酒是人们解决温饱之后的高层次需求品，高端白酒属于典型的奢侈品，中低端白酒属于轻度奢侈品。从消费需求看，商务消费是高端和次高端白酒的主要需求，约占总需求的六成；大众消费是中端白酒和低端白酒的主要需求，占总需求的七成以上，详见表4-12。

表4-12　白酒不同需求占比及市场集中度　　　　　单位：%

细分市场	政务消费占比	商务消费占比	大众消费占比	CR3[①]
高端	2	60	38	95
次高端	7	58	35	40
中端	5	25	70	4.90
低端	0	15	85	4.60

数据来源：中国产业信息网。

这种需求结构决定了高端和次高端白酒的消费取决于商务需求的强弱，与 **GDP 增速、固定资产投入增速** 等关系较为密切。从历史上看，虽因政策影响，白酒行业的业绩增速与 GDP、固定资产投入的增速走势并不完全一致，但是大的拐点基本同步。例如，1993 年开始 GDP 增速下滑，白酒行业的销量增速也随即开始下滑。

政策也是影响白酒行业中短期走势的重要因素之一，历史上政务消费曾经占据重要地位。2012 年政务消费约占据白酒消费总量的四成，与商务需求接近，但随着反腐力度加大、限制三公消费等政策的实施，政务消费急剧下降，到 2017 年，政务消费已经萎缩到 5% 附近。历史上，政府还曾在 1989 年和 1996 年明确规定公款不能用于购买白酒，在短时

---

① 指该细分市场前三大企业的市场份额。

间内对白酒的销量产生较为明显的不利影响。此外，1994年起对白酒征收消费税、1998年白酒广告宣传费不允许在税前扣除、2001年实施消费税从价和从量结合的复合型计税，均对行业中短期发展产生较为明显的影响。对于这类政策影响，投资者需要做好心理准备。但上述政策没有改变白酒容易上瘾和精神消费的特征，从中长期角度看基本没有什么大的干扰，白酒行业依然走出长牛行情。因为白酒企业能够逐步调整价格，在保证利润的前提下，经过一段时间的磨合恢复常态化的稳步增长。

中低端白酒主要的消费群体是大众，决定其增长空间的主要是**居民可支配收入和年龄结构**。从居民可支配收入看，白酒行业的营业收入增速与居民可支配收入走势较为一致。凌通团队曾经以存在时间较长的大单品飞天茅台为例，统计了1950—2013年间飞天茅台价格与全国人均月工资之间的比例，发现该数值长期在1/3～1/2之间波动。年龄方面，前瞻产业研究院统计显示，在白酒重度消费人群中，25～54岁年龄段的消费占比超过八成，其中35～44岁年龄段的人群贡献白酒消费的30.7%。上述年龄段的人群处于收入上升的职场黄金阶段，商务需求和社交需求最为旺盛。

站在长期角度看，一个国家的GDP、固定资产和人均可支配收入等会随着社会的进步波动向上，白酒的消费和价格也会呈现类似的走势。图4-5展示了53°飞天茅台的价格走势图，从中可以看出上述规律。

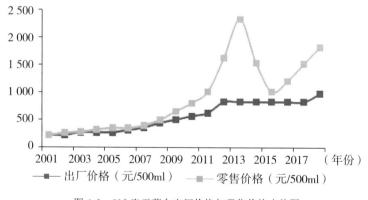

图4-5　53°飞天茅台出厂价格与零售价格走势图

资料来源：Wind，民生证券研究院。

其实，以飞天茅台为首的高端白酒还有另一种需求——投机需求，即为了获取产品未来价格上涨的收益或者抵消未来消费的购买支出，渠道商或消费者提前购买囤货的需求。在人类天生容易恐慌的背景下，这类需求往往在价格上涨或下跌阶段充当助推力量，加剧产品价格的波动，如图4-6所示。

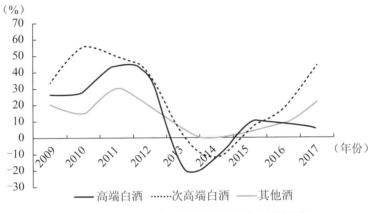

图4-6　2009—2017年不同档次白酒的收入增速变化

数据来源：中国产业信息网。

从中国产业信息网统计的高端白酒、次高端白酒和其他酒的对比看，前两者的收入增速波动更为剧烈，其中部分影响可以归功于投机需求的干扰。

具体到企业层面，管理水平和品牌运作对企业的盈利影响显著。白酒行业，不同的管理层和管理策略往往能起到扭转乾坤的作用。例如，在中央电视台收视率称霸的时代，孔府宴酒和秦池酒都曾凭借央视广告打响品牌，快速抢占市场。

洋河股份在20世纪末完成企业改制，在2002年和2006年实施两次改制，实现管理层和经销商持股，推出"蓝色经典"系列产品，抓住白酒口感的空白点实施"绵柔型蓝色经典系列"的大规模营销和高端媒体宣传，成功抢占次高端市场，实现规模和效益的双重攀升。洋河股份摇身一变，从2001年的营业收入2亿元，濒临破产，转变为2018年营业收入242亿元，净利润81亿元的行业"白马"。

古井贡酒于 1996 年上市，上市之初的规模居行业前三。但在随后的亚洲金融危机、经济疲弱和行业调整中，古井贡酒未能采取有效的应对措施，深陷多元化布局、产品结构不合理和营销手段单一等困局。其间企业还经历了体制改革失败、税务风波和高管收受贿赂等各类危机，2006 年，企业营业收入虽有 9.64 亿元，但净利润仅有 0.13 亿元，毛利率为 32.64%，净利率为 1.38%。

2007 年，古井贡酒管理层调整后，实施企业改制、人员优化、增强激励、回归主业、聚焦中高端产品（推出年份原浆）、实施扁平化营销等一系列措施，产品的销售规模快速扩大，企业的盈利能力显著改善。2018 年，古井贡酒实现营业收入 86.86 亿元，净利润 17.41 亿元，毛利率攀升至 77.76%，净利率攀升至 20.04%。12 年间，企业收入增长 8 倍，净利润增长 133 倍，出现了脱胎换骨的变化。

企业发展受到的影响因素非常多，如果投资行业指数，只需要关注被投资行业的估值和所处周期即可，不用考虑复杂的管理和营销策略，大大简化了投资。

从表 4-13 国证白酒、全指消费和沪深 300 的年度涨跌对比可以看出，2005—2018 年较好的盈利能力促使国证白酒在一半的年份内领涨另外两个指数。14 年间，国证白酒累计上涨 22.17 倍，显著高于沪深 300 的 2.01 倍和全指消费的 7.89 倍，印证了业绩是驱动股价长期上涨的决定因素。

表 4-13　全指消费、沪深 300 和国证白酒年度涨跌对比　　　　单位：%

年份	全指消费	沪深 300	国证白酒	年份	全指消费	沪深 300	国证白酒
2005	-1.19	-7.65	16.59	2012	-1.78	7.55	2.08
2006	175.82	121.02	313.17	2013	1.32	-7.65	-43.25
2007	153.22	161.55	169.26	2014	17.09	51.66	44.02
2008	-55.51	-65.95	-60.37	2015	34.27	5.58	22.19
2009	96.85	96.71	101.40	2016	-1.90	-11.28	27.72
2010	18.14	-12.51	13.56	2017	29.21	21.78	96.16
2011	-19.72	-25.01	0.56	2018	-21.82	-25.31	-23.24

数据来源：Wind。

从过往的指数走势看，指数和企业的估值、业绩增速密切相关，业绩增速较高的时期往往也对应着较高的估值水平。民生证券研究院统计了贵州茅台的业绩与PE（市盈率），发现按季度观察，本年累计业绩增速低于30%时，PE的平均值在18～33之间；业绩增速为30%～60%时，PE平均值在28～34之间，详见表4-14。

表4-14 贵州茅台业绩增速与PE的对比表

累计利润增速	频次	平均PE	PE值所处区间
<10%	15	18	10～35
10%～20%	12	25.5	9～40
20%～30%	9	32.22	13～66
30%～40%	12	28.38	16～61
40%～60%	14	33.63	17～82
60%～100%	6	48.4	26～102
>100%	1	41.28	40～50

资料来源：Wind，民生证券研究院。

也就是说，从中短期看，当企业或行业的利润增速下降时，股价和指数下跌的压力比较大。而在企业或行业利润增速提高时，股价和指数上涨的动力更足。

中原证券统计了各年度白酒行业的市盈率，发现白酒行业的估值水平多数时间在15～30之间，如图4-7所示。在2013年企业业绩下降的极度恐慌下，行业的估值低点曾经跌到9倍。从静态估值的角度看，行业估值在20附近进入投资价值区域，超过30则进入相对的高估区域。

图4-7 2008—2018年白酒行业PE变动

数据来源：Wind，中原证券。

从国证白酒指数的历史走势上看，2008年、2013年和2018年均对应着GDP增速下滑的宏观环境以及白酒行业增速的下降，只是股价往往滞后于GDP增速下降，提前于行业业绩增速下降。

综上，从择时角度而言，白酒行业指数在PE估值达到20倍附近，经济增速/行业利润触底反弹时，是最佳的投资时机；反之，在PE估值超过30，经济增速/行业利润触顶回落时，是最佳的撤退时机。

截至2018年底，市场上跟踪白酒行业的指数基金只有一只——招商中证白酒指数分级（161725）。该基金成立于2015年5月12日，业绩基准为"中证白酒指数收益率×95%+金融机构人民币活期存款基准利率（税后）×5%"。

该基金的年管理费率为1%，年托管费率为0.22%，处于中等水平。从基金运作情况看，基金净值与业绩基准走势一致，跟踪效果较好。

4.1.4　中证白酒指数介绍

中证白酒指数（399997）成立时间较短，基准日（相当于起点时间）为2008年12月31日，基点（起点）为1 000点。指数在最近一年（新股为上市以来）日均成交额从高到低前80%的A股股票中，选取涉及白酒生产业务的上市公司，按照最近一年日均市值从高到低排序，取前面50只，不足50只全部作为样本股。截至2018年底，中证白酒的总样本股只有18只。每年6月、12月的第二个星期五的下个交易日实施样本股调整，按照调整市值进行加权计算，单只股票最高权重不超过15%。

2019年6月，中证白酒指数成份股的总市值为2.3万亿元，指数市值为0.35万亿元，成份股平均的市值为1 279亿元，属于大中盘市值的指数，其十大权重股如表4-5所示（由于取数时间点与样本股调仓时间点不一致，部分权重股的权重超过15%）。

表4-15　2019年6月中证白酒十大重仓股

代码	名称	行业	上市交易所	市值（亿元）	权重（%）
000568	泸州老窖	主要消费	深圳	1 184	15.50
000858	五粮液	主要消费	深圳	4 578	15.29
600519	贵州茅台	主要消费	上海	12 361	14.71
002304	洋河股份	主要消费	深圳	1 832	13.96
000860	顺鑫农业	主要消费	深圳	346	6.95
603589	口子窖	主要消费	上海	387	6.66
600809	山西汾酒	主要消费	上海	602	5.18
603369	今世缘	主要消费	上海	350	4.02
000596	古井贡酒	主要消费	深圳	455	3.91
600779	水井坊	主要消费	上海	248	3.56

数据来源：中证指数公司。

由于高端、次高端和中端白酒的盈利能力远强于其他白酒，相应股票的市值占比也比较大，指数的持股相对集中。表4-15中，前五大重仓股的合计权重为66.41%，前十大重仓股的合计权重为89.74%，持股集中度非常高。

跟踪中证白酒指数的招商中证白酒指数分级基金不仅是一只指数基金，还同时是一只分级基金母基金。子份额中，A类基金（150269）每年享受固定收益"一年期定期存款利率（税后）+3%"，B类基金（150270）享受基金的剩余收益。母子基金2015—2018年间的累计净值如表4-16所示。

表4-16　招商中证白酒三类基金2015—2018年累计净值

年份	母基金	A类	B类
2015	0.844	1.031	0.736
2016	1.016	1.076	0.956
2017	1.677	1.121	2.233
2018	1.407	1.166	1.648

数据来源：天天基金网。

从基金净值数据看，A类基金相当于每年付息的"债券"，B类基金相当于一只付费的杠杆基金，净值波动较大。

此外，2019年发行的鹏华中证酒ETF（512690）投资于中证酒指数，成份股多数是白酒酿造企业，也包括了啤酒和葡萄酒等酿造企业，盈利能力稍弱于白酒指数，此处不再展开介绍。

4.2 可选消费和家用电器行业

马斯洛需求理论将人类的需求从低到高划分为生理需求、安全需求、社交需求、尊重需求和自我实现需求。正常情况下，人类只有在较低层次的需求被基本满足后，才会追求更高层次的需求。

在行业划分中，如果说主要消费对应人类的低层次需求，那么可选消费则对应稍高层次的需求。一般在人们生活水平达到一定层次后，对可选消费的需求逐步旺盛，带动相应的细分行业和企业业绩快速增长。

例如，每个年代的结婚彩礼都有人们津津乐道的"三大件"。其中，20世纪70年代是自行车、缝纫机和手表，80年代是冰箱、洗衣机和彩色电视机，90年代是空调、计算机和录像机，到21世纪转变为房子、车子和票子。上面提及的绝大多数"大件"都可以划分为可选消费品。

按照国际行业划分惯例，中证指数公司将汽车和汽车零部件、家庭耐用消费品（大小家电）、休闲设备及用品、服装及奢侈品、酒店餐饮、媒体、经销商、百货商店和专营零售等细分行业归入可选消费行业。

日常我们提到的衣食住行中，衣（服装）和行（汽车）等属于可选消费，食（餐饮）和住（酒店）的部分消费属于可选消费，娱乐、旅游和教育基本都属于可选消费。

在我们熟悉的企业中，美国的电子商务公司亚马逊、娱乐龙头迪士尼、餐饮龙头麦当劳、酒店龙头万豪、服装龙头耐克、奢侈品龙头Coach（蔻驰）和汽车龙头通用汽车等都在可选消费行业。我国的家电龙头格力电器、美的集团，汽车龙头上汽集团、比亚迪，汽配龙头福耀玻璃、华域汽车，旅游龙头中国国旅，传媒龙头分众传媒和家电销售龙头苏宁易购等均在可选消费行业。

4.2.1 可选消费行业的特性

可选消费行业的特征可以概括为周期短、竞争强、易变化和成长好,如图 4-8 所示,具体分析如下。

图 4-8 可选消费行业的特征

一是周期短。 相对于主要消费行业,可选消费的刚性不强,人们在收入减少时会率先砍掉对应的支出(如推迟换车、停止购买奢侈品等),造成行业受经济变化的影响更为强烈,体现出明显的周期性。但是可选消费的产业链条相对较短、单价相对较低,一旦经济好转,人们的需求又会快速恢复,相对于其他强周期行业又体现出明显的短周期特征。

例如,2005—2015 年间,我国"汽车工业产值 /GDP"呈现周期性变化(见图 4-9),在 GDP 快速下降的 2008 年,上述比值也出现下降,这是其周期性的体现。但从长期看,受益于居民收入的增长,该产品整体的增长速度快于 GDP 增速,两者的比值在波动中不断向上。

体现在行业的指数上,汽车指数(882221)在 2008 年下跌 70.27%,2018 年下跌 31.87%,均高于上证指数,但在 2007 年和 2009 年的牛市中,涨幅也高于上证指数。拉长时间看,2006—2018 年,汽车指数上涨了 7.55 倍,而上证指数同期仅上涨 1.15 倍,前者的整体增速显著快于后者。

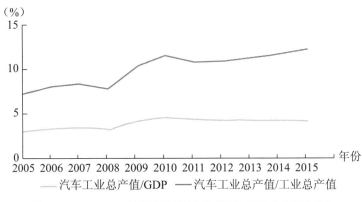

图 4-9　2005—2015 年我国汽车工业总产值的 GDP 占比逐步攀升

数据来源：中国产业信息网。

二是竞争强。 可选消费是人类发展到一定阶段的产物，相应的产品生产技术不断进化，较难形成壁垒。基本所有的可选消费产品均存在多家生产企业，市场会经历一番漫长的厮杀才能逐步形成相对稳定的竞争格局。

以交通工具为例。人类一直期望获得更快、更省事的移动方式，最早依靠马、骡子等动物作为交通工具。蒸汽机出现后，人类开始思考如何将之应用在交通工具上。1769 年，法国人尼古拉·约瑟夫·居纽制造出蒸汽机驱动的汽车，1803 年，英国人特里维西克设计出蒸汽机驱动的火车雏形，1807 年，美国人罗伯特·富尔顿成功用蒸汽机驱动轮船航行……汽车刚开始出现时，就像在一把大型的椅子下面安装了蒸汽机和轮子，后来经过不断地改进和完善，逐步制作出类似移动房子式的现代汽车。

在汽车的发展历史中，最初是欧洲垄断了生产技术，但是在 20 世纪初期，福特依靠流水线作业，大幅降低了汽车的生产成本，将汽车从贵宾们的奢侈品变成大众日常用品，成为新的行业霸主。20 世纪后期，日本凭借小型节能汽车，在石油价格高企的背景下一举夺得汽车霸主地位。2009 年，我国汽车产销量双双突破 1 000 万辆，成为全球第一大汽车市场。随后不久，新能源汽车开始普及，自 2015 年以来，我国新能源汽车的产销量位居世界第一。从汽车行业的霸主迭代中，我们可以看到汽车行业的竞争从来没有停止。

> ▶ **案例** 通用汽车的兴衰史①
>
> 通用汽车诞生于1908年,注重研发和设计,开始阶段通过美观的设计、灵活的价格、多品牌运作、一体化价值链的经销模式和汽车金融服务创新等机制取得快速发展,于1927年超越福特汽车成为美国汽车的龙头老大。"二战"后随着美国经济的腾飞和汽车市场的飞速发展,其市场份额一度达到51%,占据半壁江山。但是在两次石油危机导致紧凑车型井喷时没有及时跟上市场发展,最终在次贷危机和债务危机的双重打击下,于2009年申请破产保护。

三是易变化。 由于可选消费本身是科技和时代的产物,随着科学技术的进步和时代的变迁,必将产生较为明显的变化。例如上面提到的汽车,最初只是"椅子+蒸汽机",后来变成"房子+发动机",现在的新能源汽车则为"房子+电池",未来的智能汽车则是"房子+电脑"。

即便是在同一历史时期,可选消费品也会因为某些相对细微的创新对市场产生较为明显的冲击。例如,福特的机械化流水线作业大大提高了生产效率,降低了单车生产成本,让汽车能够以较低的价格销售,推动行业快速成长。在1921年的美国经济危机期间,福特汽车的产销量仍逆势上升。其后封闭式车身的出现让汽车成为全天候的交通工具,通用汽车依靠低端汽车封闭式车身的设计,在短短几年间击退福特的廉价T型车冲击,获得产品销量的大幅增长。在石油价格快速攀升、物价持续快速上涨的背景下,通用汽车未能及时跟上时代需求的变化,在紧凑型、经济型汽车的竞争中落败,加上公司战略的接连失误,最终导致企业被迫申请破产保护。

可选消费的这种易变性,降低了企业未来业绩持续的可预测性,投资单一企业的风险远大于投资行业指数。好比柯达胶卷虽然质量上乘,但数码相机的出现使其失去销路;诺基亚手机性能优良,但智能手机的

---

① 根据招商证券研究报告《通用汽车:百年繁荣与衰落》整理。

大规模应用使其走向没落；沃尔玛超市管理精细，但电子商务的快速普及导致其发展滞缓。在上面的技术和时代变迁中，人们的需求并没有产生变化，市场甚至还会扩大，但大部分市场被新的技术和产品所取代。

以至于诺基亚CEO在企业被微软收购的记者招待会上感慨："我们并没有做错什么，但不知为什么，我们输了。"现场几十位诺基亚的高管不禁潸然泪下。事后这句话成为商界的经典名言。

在可选消费的细分行业中，技术变化缓慢的行业，竞争格局更为稳定，相应企业的盈利能力也好于其他可选消费子行业。比较典型的是"白色家电"空调，其技术变化较小，龙头企业盈利能力强劲；而"黑色家电"彩色电视机，技术不断变化，需要持续进行技术升级和迭代，一旦判断错误或行动迟缓，竞争格局就会变化，龙头企业不断更换，整体盈利能力偏弱。

四是成长好。 由于可选消费代表着更高层次的需求，能够改善生活质量，提高生活的舒适感，在人们的生活水平达到一定层次后会出现阶段性的爆发式增长，相关子行业此起彼伏，行业规模总量与GDP占比同步提升。

方正证券在研究报告《全面看多可选消费》中提及，人均GDP突破5 000美元是可选消费爆发式增长的一个临界点。美国1970年人均GDP突破该点后，珠宝销售额快速攀升，在美国消费中的占比也同步提升；日本1976年人均GDP突破该点后，汽车和空调保有量出现了翻倍式的增长。

历史上，美国汽车行业也曾出现过两个阶段的跨越式增长，第一次在1910—1929年间，汽车产量从18.7万辆增长至533.7万辆；第二次在1946—1955年间，汽车产量从310万辆攀升至920万辆。其后汽车年产量趋于稳定，跟随经济周期呈现区间波动。

在最近二十年间，美国的教育支出和医疗保健支出异军突起，在细分行业中处于领涨态势。我国人均GDP在2011年突破5 000美元，从近年的行业发展看，也和上述国家具有很多相似点，汽车、空调、教育和医疗等行业均经历了一段时间的快速成长。

4.2.2 可选消费行业的成长空间

可选消费的另一个代名词是"品质消费"和"升级消费",细分行业中**汽车、酒店、家电、家居、博彩和旅游对经济变化的反应相对敏感**,而餐饮、服装、健康和教育等对经济变化的反应相对迟钝。

从影响可选消费增长空间的因素看,最主要的是**人均可支配收入增长、消费者信心、中产阶层人群扩大和消费刺激政策**。其中,支配收入与经济增速成正比,与房价上涨成反比;消费者信心与GDP增速、股市涨势成正比,内外部经济形势的不稳定会打击消费者信心;中产阶层人群与城市人口占比、经济增速成正比;消费政策中的减税、补贴等对刺激消费作用显著。在上述影响因素中,影响较为直接且容易查询的数据为消费者信心指数。

从东方财富网展示的消费者信心指数看(见图4-10),可选消费指数几次大的底部也对应历史上股票指数的底部,两者较为接近。

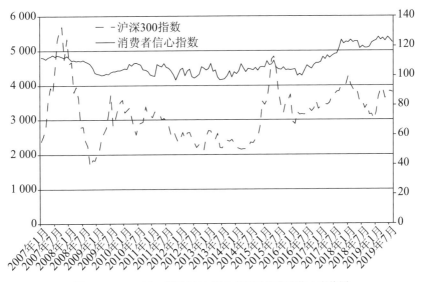

图4-10 2007年1月至2019年7月我国消费者信心走势图

下面挑选可选消费行业的几个细分行业,看看其未来的成长空间。

1. 汽车

2001年以来,我国汽车的总销量先后经历两个增长高峰,2011

年之后进入低速增长阶段，产业进入相对成熟阶段。考虑到我国东西部公路网密度差异巨大，在基础建设没有大的改善之前，中国产业信息网预测，未来汽车销量将维持中低速，销量上限将在4 000万辆左右，这是汽车行业中短期的发展水平。

如果考虑居民的可支配收入情况，参照美国、日本和德国等发达国家的千人汽车保有量，我国汽车行业的发展空间依然巨大。2018年底，我国千人汽车保有量为170辆，远低于美国的800辆、日本和德国的600辆。随着我国城市化进程的加快和居民收入的日益增长，汽车行业的增长空间依然不小。

自2009年我国实施新能源汽车补贴以来，新能源汽车销量快速增长，2017年销量达到77.7万辆，在乘用车市场的渗透率超过2%，补贴政策逐步退出后，市场力量仍推动着该细分行业快速发展。中关村创蓝清洁空气产业联盟发布的《2030清洁空气市场展望报告》预测，2018—2030年，新能源乘用车和大中型客车的市场空间将达13.9万亿，到2030年，新能源汽车的销售量将达到汽车总销量的40%，完全自动驾驶车辆的市场占有率将接近10%。

可以看出，在中短期汽车总销售量增长缓慢的情况下，新能源汽车和自动驾驶汽车仍存在非常大的发展机会。

2. 家电

家电是家用电器的简称，相当于家庭机器人，代替人类从事温度调节、影视播放、食物存储和衣物洗涤等各类工作。随着科技的发展，家电的品类日渐丰富，人们的需求也稳步增加。2018年，我国家用电器的行业销售收入达到1.55万亿元，前瞻产业研究院预计2023年家用电器市场规模将稳步攀升至1.75万亿元。

从人均用电指标看，2017年，我国人均年用电量不足4 000千瓦，大约是日本的1/2、美国的1/3，我国生活和工作中潜在的用电量存在一倍以上的增长空间，对应的电器需求量也存在一倍左右的增长空间。

从家电保有量角度看，以日本2014年的数据为参照，2015年底我国城镇和乡村的空调、电视机、冰箱、洗衣机等大家电与日本存在较大的差距，具体见表4-17。其中空调行业差距最大，城镇保有量的可提升空间为55%，乡村保有量的提升空间为83%。其余家电的改善空间从大到小依次为电视机、冰箱和洗衣机。

表4-17 我国与日本家电市场渗透率的对比表

家电名称	日本每百户拥有	渗透率	日本100%渗透百户拥有量	中国城镇保有量	中国乡村保有量	中国城镇提升空间	中国乡村提升空间
空调	237.6	86.4	275	123.7	47.6	55%	83%
电视机	191.3	96.9	197	122.3	118.8	38%	40%
冰箱	116.8	98.1	119	96.4	89.5	19%	25%
洗衣机	103.5	97.7	106	94.2	84	11%	21%

资料来源：中国产业信息网。

此外，随着智能化的快速崛起，智能家电未来也面临着非常广阔的增长空间。

3. 旅游

旅游被称为"没事找事"的行业。近年来随着人们生活水平的提高，对旅游的需求呈现稳定增长态势。根据文化和旅游部的数据，2018年国内旅游人数为55.39亿人次，同比增长10.8%，全年实现旅游收入5.97万亿元，同比增长10.5%，对GDP的综合贡献度占比为11.04%。旅游行业的增长速度显著快于GDP增速，显示出可选消费轻度奢侈品的增长特征。

考虑到居民对生活品质的要求，预计未来旅游整体的市场仍将维持高于GDP增速的增长，其中亲子旅游和出境游的发展速度相对较快。

4. 教育

我国历来崇尚教育，从世界强国的发展历程看，教育的作用不可谓不大。在实际的消费支出中，教育属于相对高端的支出。根据统计局的居民恩格尔系数（食品支出占消费总额的比值，越小代表生活水平越高），我国居民在2001年进入富裕阶层（恩格尔系数低于39%），在2017年进入最富裕阶层（恩格尔系数低于30%），在此阶段，代表高端消费的教育呈现快速发展态势。2011年以来的恩格尔系数逐年走低，走势如图4-11所示。

图4-11 2001年以来我国居民的恩格尔系数走势

资料来源：国家统计局。

根据教育部公布的数据，2018年，我国年度教育经费总投入达4.61万亿元，同比增长8.39%，其中财政性教育经费为3.7万亿元，同比增长8.13%，占GDP的4.11%。结合统计局数据，我国年度教育经费已经连续12年上涨，且占GDP的比重维持稳步攀升态势，预计未来一段时间仍将维持高于GDP的增速。

按照联合国教科文组织倡导的教育支出占GDP的比重，4%为最低标准，2015年全球各国的中位数为4.7%，欧洲和北美为5.1%。对照上述标准，我国教育经费的支出预计仍将维持较高的增速。

从人均年度教育总开支来看，2015年，我国该项人均指标为2 226美元，显著低于美国的5.2万美元、英国的4.9万美元和德国的3.6万美元，也低于东亚中的日本（3.7万美元）和韩国（2.6万美元），未来的增长空间依然很大。

从教育的细分行业看，早幼教市场和K12（学前教育至高中教育）市场增速较快。中国产业信息网预测，我国早幼教市场2017—2021年间年均复合增长率达14.3%，2021年达9 200亿元；K12课外辅导市场2017—2020年间年均复合增长率达22.8%，2020年市场规模达到1.04万亿元。

5. 娱乐

从美国的情况来看，人均GDP达到5 000美元附近后，人均文化娱乐消费将快速增长。我国 2011 年人均 GDP 突破 5 000 美元。以下挑选娱乐行业最具代表性的影视和游戏，看看未来的市场空间。

影视方面，2006—2016 年，我国观影次数从 1 亿攀升至 13.7 亿，年均复合增长率达 26.86%，年人均观影次数达到 0.99 次。同期美国、韩国、澳大利亚和日本的年人均观影次数分别为 4.07 次、4.27 次、3.76 次和 1.42 次。从观影对比看，该行业将很有可能维持较高的增速，存在一倍以上的增长空间。

游戏方面，我国 2016 年游戏市场规模超越美国，居全球第一。2017 年，我国游戏市场规模达 325 亿美元，占全球的 1/4，超过美国的 254 亿美元。但我国人均游戏产值为 23.55 美元，美国为 76.25 美元，不到美国的 1/3，日本和韩国的人均游戏产值大约是我国的 5 倍，这方面也存在较大的增长空间。

4.2.3 可选消费行业的主要指数

截至 2019 年 1 月，跟踪可选消费的指数基金中，ETF 有一只，联接基金 A 类和 C 类各有一只。与可选消费行业密切相关的指数基金较多，这里重点搜集了较有特色的汽车指数、智能汽车、新能源汽车、家用电器和中证传媒等指数及跟踪基金的信息，具体如表 4-18 所示。

表 4-18 可选消费指数及相关基金概况表

序号	指数名称	指数代码	成份股数量	跟踪基金	基金代码	规模（亿元）
1	全指可选	000989	455	可选消费（ETF）	159936	2.26
				可选消费（A 类）	001133	2.33
				可选消费（C 类）	002977	0.07
2	汽车指数	931008	36	全指汽车（A 类）	004854	0.16
				全指汽车（C 类）	004855	0.13
3	CS 智汽车	930721	24	富国智能汽车	161033	0.53
4	CS 新能车	399976	25	富国新能源汽车	161028	16.52
5	家用电器	930697	49	家用电器（A 类）	005063	0.38
				家用电器（C 类）	005064	0.37
6	中证传媒	399971	50	传媒 ETF	512980	6.85
				中证传媒（A 类）	004752	2.86
				中证传媒（C 类）	004753	0.61

资料来源：中证指数公司，天天基金网，截至 2018 年底。

其中规模较大、流动性较好的基金为中证传媒ETF（512980）和富国新能源汽车（161028）。

全指可选消费2018年年底的前十大重仓股如表4-19所示。

表4-19 全指可选消费前十大重仓股

序号	股票名称	权重	序号	股票名称	权重
1	格力电器	8.45%	6	比亚迪	2.28%
2	美的集团	8.41%	7	分众传媒	1.89%
3	上汽集团	4.60%	8	苏宁易购	1.81%
4	中国国旅	2.89%	9	福耀玻璃	1.57%
5	青岛海尔	2.49%	10	华城汽车	1.43%

资料来源：中证指数公司。

全指消费前十大重仓股合计权重为35.82%，持股相对分散。重仓股分别来自家用电器、汽车、旅游、传媒和零售等细分行业，其中家用电器和汽车占比最高。

跟踪可选消费的指数基金中，ETF流动性较差，大额买卖较为困难，联接基金中A类（001133）规模偏大，更适合投资。

表4-20 可选消费及相关指数概况表

序号	指数名称	成份股范围	指数基期	截至2018年底涨幅	年化收益	年化排序
1	全指可选	中证全指可选消费股	2004年12月31日	269.06%	9.78%	4
2	汽车指数	中证全指汽车行业股	2004年12月31日	351.82%	11.37%	3
3	CS智汽车	中证全指中为智能汽车提供终端感知、平台应用的公司，以及受益于智能汽车的公司	2012年6月29日	122.57%	15.66%	1
4	CS新能车	中证全指中涉及锂电池、充电桩、新能源整车等业务的上市公司	2011年12月31日	39.20%	4.84%	5
5	家用电器	中证全指中家用电器行业的股票	2004年12月31日	588.89%	14.78%	2
6	中证传媒	从可选消费和信息技术中选择与传媒相关的公司股票构成成份股	2010年12月31日	8.85%	1.07%	6

资料来源：Wind，中证指数公司。

从可选消费及相关指数成立以来的年化收益率看（见表4-20），CS智汽车、家用电器和汽车指数涨幅靠前，领先于可选消费指数。由于相关的指数均是在2004年及之后出现的，从一个侧面说明2004年以来我国的家用电器和汽车取得飞跃式发展。中证传媒指数回报率非常低，主要原因是行业竞争激烈，重仓股整体盈利能力不稳定，频繁开展的高价并购损害了二级市场股东的利益。

家用电器指数及基金在下一节中会做详细介绍，接下来重点介绍汽车行业指数和中证传媒指数。

1. 汽车指数

汽车指数由汽车行业相关的36只成份股组成，其中约八成为整车生产公司，其余为汽车服务公司。截至2018年12月，指数前十大重仓股如表4-21所示，成份股权重分布如下：沪市占比64.5%，深市占比35.5%。成份股总市值为7 544亿元，指数覆盖的市值为2 007亿元，成份股平均市值为210亿元，属于偏中盘风格的指数。

表4-21 汽车指数十大重仓股

序号	股票名称	权重	序号	股票名称	权重
1	上汽集团	16.80%	6	广汽集团	4.75%
2	比亚迪	14.09%	7	福田汽车	4.23%
3	宇通客车	7.84%	8	长城汽车	3.36%
4	长安汽车	6.40%	9	庞大集团	3.26%
5	广汇汽车	4.99%	10	江淮汽车	3.18%

资料来源：中证指数公司。

指数前十大重仓股合计权重为68.9%，持股非常集中。前三大重仓股分别为乘用车龙头上汽集团、新能源整车龙头比亚迪和客车龙头宇通客车。

我国乘用车销量经过两轮快速的增长，其中2000—2006年销量年复合增长率为33.9%；2007—2016年销量年复合增长率为16.2%；2019年已经进入平稳增长阶段。该行业的市场集中度也在持续攀升，龙头股上汽集团2016年的市场份额已达23.1%。

我国客车的产销量连续13年居世界第一，截至2019年，占据着全球客车市场49%的份额。在行业内部，竞争格局也基本稳定。例如,在大中型客车中,2016年宇通汽车一家公司的市场份额就达到24%,其净利润占上市客车企业的99%。

比亚迪汽车2015—2017年连续三年居全球新能源汽车销量第一,占据国内插电式混合动力乘用车市场份额的60%,市场地位较为稳固。

稳定的市场格局为企业稳定盈利奠定了基础。汽车指数权重股分红比例较高,指数的分红收益率较高,2018年底,指数的股息率达到4.39%。

历史上,该指数的长期投资收益率高于沪深300指数,但是波动性也较大,适合在熊市中后期或牛市初期投资。

2. CS智汽车

CS智汽车是中证智能汽车指数的简称。该指数在中证全指样本股中,剔除最近一年最低日均成交额最低的20%,然后按照市值从大到小选取80只(不足则全部为成份股)为智能汽车提供终端感知、平台应用的公司以及受益于智能汽车行业发展的公司,按照调整市值进行加权计算,属于主题指数。该指数在每年的3月、6月、9月、12月的第二个星期五收盘后的下个交易日调整样本股。

该指数并不严格属于可选消费,更偏向于信息技术行业。从指数前十大重仓股看(见表4-22),电信业务和信息技术行业占比较多。

表4-22 CS智汽车指数的前十大重仓股

序号	股票名称	权重	序号	股票名称	权重
1	光迅科技	5.39%	6	沪电股份	5.14%
2	华域汽车	5.31%	7	中兴通讯	5.01%
3	海格通信	5.30%	8	宏发股份	4.97%
4	烽火通信	5.29%	9	汇川技术	4.91%
5	东软集团	5.19%	10	千方科技	4.90%

资料来源:中证指数公司。

该指数2015年8月5日才对外发布,基期为2012年6月29日,从历史走势看,在信息技术行业表现强势的2013年和2015年表现靠前,年度涨幅分别达到60.8%和91.63%。

投资智能汽车主题的基金中,严格跟踪指数的只有富国中证智能汽车(代码:161033,LOF)一只。其余的基金中,银华智能汽车量化股票发起式(A类005033,C类005034)和嘉实智能汽车(002168)的业绩比较基准对应中信汽车行业指数,国泰智能汽车股票(001790)的业绩比较基准对应中证新能源汽车指数。

3. CS新能车

CS新能车是中证新能源汽车指数的简称。该指数的构成方式与CS智汽车类似,只是选取的股票范围限定于涉及锂电池、充电桩、新能源整车等业务的上市公司。样本股每半年调整一次,在每年的6月、12月的第二个星期五的下个交易日调整。

该指数2014年11月28日发布,基准日为2011年12月31日。指数的总成份股市值为9 298亿元,指数覆盖市值1 562亿元,成份股平均市值为372亿元,偏中盘指数。

指数的前十大重仓股详见表4-23。由于成份股中锂电池和充电桩等相关个股主要在创业板和中小板,该指数在中小盘个股领涨的年份表现更好。

表4-23 CS新能车指数前十大重仓股

序号	股票名称	权重	序号	股票名称	权重
1	上汽集团	5.78%	6	宁德时代	4.97%
2	宇通客车	5.32%	7	格林美	4.94%
3	先导智能	5.24%	8	比亚迪	4.85%
4	宏发股份	5.12%	9	三花智控	4.82%
5	汇川技术	5.05%	10	华友钴业	4.69%

资料来源:中证指数公司。

投资新能源汽车主题的基金较多,其中指数基金中规模较大的主要是富国中证新能源汽车指数(代码:161028,2018年底规模为16.52亿元)和国泰国证新能源汽车指数(代码:160225,2018年底规模为3.38亿元)。

4. 中证传媒

中证传媒成份股的选股方式与CS智汽车类似,只是数量为50只,成份股选股范围为可选消费和信息技术行业中涉及广播与有线电视、出版、广告、电影、娱乐、家庭娱乐软件等传媒业务的上市公司。指数基期为 2010 年 12 月 31 日，每年 6 月、12 月的第二个星期五收盘后的下个交易日调整样本股。

指数前十大重仓股详见表 4-24。该指数成份股总市值为 9 909 亿元，指数覆盖市值 4 105 亿元，成份股平均市值为 198 亿元，也偏中盘风格，但成份股多数为创业板和中小板，在中小盘个股表现好的年份涨势更佳。

表 4-24　中证传媒前十大重仓股

序　号	股票名称	权　重	序　号	股票名称	权　重
1	东方财富	9.93%	6	二三四五	2.80%
2	分众传媒	9.35%	7	网宿科技	2.79%
3	东方明珠	5.14%	8	国新健康	2.78%
4	巨人网络	2.87%	9	启明星辰	2.70%
5	光环新网	2.85%	10	芒果超媒	2.68%

资料来源：中证指数公司。

跟踪中证传媒指数的指数基金中，广发中证传媒 ETF（512980）、广发中证传媒 ETF 联接 A（004752）和鹏华传媒（160629）三只基金规模相对较大，流动性较好。

附可选消费相关指数的年度涨跌情况，详见表 4-25。

表 4-25　可选消费相关指数年度涨幅对比图　　　　　　　　单位：%

年份	沪深300	全指可选	汽车指数	CS智汽车	CS新能车	家用电器	中证传媒
2005	-7.65	-11.72	-19.62	—	—	-22.18	—
2006	121.02	106.60	117.83	—	—	73.86	—
2007	161.55	164.12	180.04	—	—	147.19	—
2008	-65.95	-62.78	-68.68	—	—	-54.77	—
2009	96.71	136.29	235.57	—	—	160.07	—
2010	-12.51	-1.09	-11.84	—	—	13.82	—
2011	-25.01	-28.75	-30.28	—	—	-33.78	-22.10
2012	7.55	-1.48	13.73	-1.73	1.67	2.70	-2.57
2013	-7.65	23.32	27.12	60.80	19.83	47.14	101.93
2014	51.66	25.50	29.46	27.30	29.71	14.99	18.99
2015	5.58	52.61	27.91	91.63	74.53	56.84	69.35
2016	-11.28	-18.27	-9.15	-19.93	-19.78	-3.12	-32.32
2017	21.78	0.41	1.79	12.14	4.30	36.16	-17.72
2018	-25.31	-35.05	-35.57	-35.63	-38.16	-34.81	-36.92

资料来源：Wind，涨跌幅不包括指数分红数据。

4.2.4 家用电器行业

家用电器也被简称为"家电",是代替人力工作、娱乐人类生活的各类电器的统称。一般分为大家电(不便移动的电器,又分成白色家电和黑色家电)和小家电(方便移动的电器,如收音机、电熨斗、电热毯、剃须刀、微波炉、电饭煲、净水器等)。

白色家电指能够代替人的体力劳动,解放人力的家庭用机器人。例如,能帮助降温的空调、电扇,能帮助洗衣的洗衣机,能帮助制冷的电冰箱等,因为这类电器刚问世时主要外形为白色,由此得名。

黑色家电指能为人类提供娱乐的家庭用机器人,例如,电视、录音机、家庭音响和摄像机等,这类电器因刚问世时主要外形为黑色而得名。

可见,家电主要作用是代替人力劳动、为人类提供休闲娱乐,是家庭"机器保姆",这类设备虽说是可选消费,但只要人们有消费能力,绝对属于"必需消费"。

想想如果没有空调、冰箱、洗衣机、电饭煲、油烟机,生活会变成什么样子?

我国的家电行业经历过激烈的市场竞争后,细分行业的市场份额逐步集中,进入低速增长、稳健盈利的阶段。根据全国家用电器工业信息中心数据,2018年空调市场排名前三的品牌零售市场份额合计为73.6%,较上年提高1.5个百分比;冰箱市场排名前三的品牌零售市场份额合计为58.7%,较上年提高2.9个百分点;洗衣机市场排名前三的品牌零售市场份额合计为64.5%,较上年提高4.3个百分点。买入白色家电前三大企业(美的集团、格力电器和海尔智家),相当于买下了中国白色家电行业的半壁江山。

较好的竞争格局造成上述三家企业不用互相厮杀也能分享不错的行业利润。ROE(净资产收益率)是"股神"巴菲特最为看重的财务指标,2018年格力电器、美的集团和海尔智家三家企业的ROE(加权)分别为33.36%、25.66%和21%,平均为26.67%,是A股上市公司平均水平的3倍多,是上证50指数的2倍以上。

较好的盈利能力推动企业股价和家用电器指数的长期走牛。2009—2018年底的10年，格力电器前复权股价上涨10.6倍，海尔智家上涨6.36倍，家用电器指数上涨3.59倍。而同期沪深300指数仅上涨65.63%，中证500指数仅上涨114.91%。

家电龙头企业和家用电器指数也用实践证明——业绩长牛决定了股价和指数长牛。

家电行业本身依托科技，天生不带有垄断基因，但是在行业集中度提升至一定层次后，龙头企业开始享有规模化生产和品牌效应带来的垄断收益。

以电饭煲为例，中商产业研究院数据显示，2017年前，三大企业线上的合计市场份额达到88%，线下的合计市场份额达到71.1%，竞争格局非常稳定。中国产业信息网发布的电饭煲均价显示，产品的均价自2010年以来保持持续上升的态势，如图4-12所示。

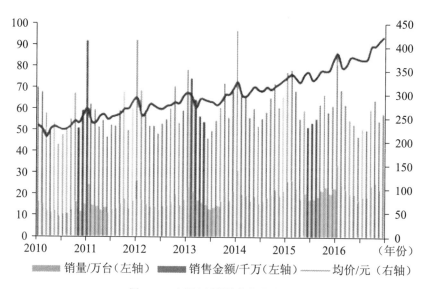

图4-12 中国电饭煲均价持续攀升

资料来源：中国产业信息网。

接下来再以格力电器为例，看看在不同的竞争阶段，家电行业盈利能力和股票价格的表现，数据详见表4-26。

表 4-26 格力电器在不同竞争阶段的盈利和股价表现

年份	营业收入（亿元）	净利润（亿元）	ROE（摊薄）(%)	前复权股份（元）
1999	43.27	2.31	21.68	0.43
2000	61.78	2.59	15.75	0.46
2001	65.88	2.77	15.82	0.46
2002	70.3	3.01	16.17	0.4
2003	100.42	3.36	15.53	0.44
2004	138.33	4.29	17.24	0.51
2005	182.48	5.17	18.72	0.55
2006	263.58	7.02	20.18	1.24
2007	380.41	12.87	22.56	5.16
2008	422	19.92	26.79	3.07
2009	426.37	29.32	29.22	6.93
2010	608.07	43.03	32.14	6.67
2011	835.17	52.97	29.74	6.45
2012	1 001.1	74.46	27.59	9.75
2013	1 200.43	109.36	31.43	12.98
2014	1 400.05	142.53	32.06	15.5
2015	1 005.64	126.24	26.37	19.68
2016	1 101.13	155.25	28.63	23.51
2017	1 500.2	225.09	34.15	43.7

数据来源：Wind。

在 2000—2005 年，空调行业竞争激烈，格力电器在此期间的 ROE（摊薄）在 20% 以下，虽然营业收入增长 195.37%，但是利润仅增长 99.61%，前复权股价仅增长 19.57%。

2006 年开始，空调行业的竞争格局开始逐步稳定，作为龙头企业的格力电器一方面享受着规模化生产带来的边际成本下降；另一方面开始拥有较强的产品定价权，ROE（摊薄）呈现逐年攀升的态势。其间虽因为行业的周期变动，盈利能力减弱，但是 ROE（摊薄）从未低于 20%。2006—2017 年，格力电器营业收入增长 722.12%，但是利润增长 4 253.77%，股价增长 3 424.19%，充分享受到竞争格局稳定后的高收益。也就是说，在行业竞争格局稳定的情况下，龙头企业依靠行业增速和市场份额集中，其收入、利润和盈利仍能保持更快发展，推动股价大幅上涨。

据新浪家居整理的奥云维网（AVC）线下监测数据（见表4-27），各细分行业CR3（规模最大的三家企业品牌市场份额占比）均超过50%，空调、洗衣机和冰箱等细分行业的CR3分别达到73%、75%和61%，且集中度继续攀升。良好的竞争格局，让家电行业的盈利能力维持在较高水平，2018年底，家电行业整体的ROE达到21.71%，在细分行业中仅次于白酒。

表4-27　2018年家电品牌集中度及较前一年变化　　　单位：%

品　　类	CR3	较前一年变化	CR5	较前一年变化
空调	73	1	83	1
冰箱	61	2	81	3
洗衣机	75	3	85	2
电饭煲	88	0	93	0
油烟机	63	-1	76	-1
电热水器	59	-2	67	-2

数据来源：新浪家居，奥云维网（AVC）线下监测数据。

从家电的需求层面看，家电需求可以分成三部分：一是新增商品房或新装修需求；二是存量家电的更换需求；三是出口需求。

观研网展示的2000—2017年商品住宅销售面积与大家电销量走势呈现明显的相关性，如图4-13所示。

图4-13　2000—2017年商品住宅面积与大家电销量关系

资料来源：观研网。

观研天下在《2018—2023年中国家电行业市场需求现状分析及未来发展前景预测报告》中发现，新增商品房对洗衣机、电冰箱、空调和洗衣机的需求约占总出货量的30%，对油烟机的需求占比约为58%，如表4-28所示。由于我国多数地区的商品房采取预售制，商品房从销售到交楼的周期约为一年，家用电器的销售高峰一般比商品房滞后一年左右。

表4-28　商品房销售对家电需求的影响测算　　　　单位：%

家　　电	2012年	2013年	2014年	2015年	2016年	2017年
洗衣机	29	26	30	28	28	30
电冰箱	18	18	22	22	24	30
空调	35	32	33	35	38	30
彩电	24	22	27	26	25	30
油烟机	75	56	53	52	51	58

资料来源：观研网。

存量家电的需求与家电寿命和政策刺激密切相关。从家电安全使用年限看，多数集中在10年左右（见表4-29），即每十年会迎来家用电器的更新换代高峰。为刺激消费，财政上曾多次实施家电消费刺激政策。

其中，2007年年底试点推广家电下乡，2009年2月全国推广家电下乡，2013年初开始退出。2009年6月试点"以旧换新"政策，2010年6月全国推广，2011年底退出。2009年启动高效节能空调补贴，2011年5月底退出。相关的政策均对家电消费产生了较好的刺激作用。2019年，国家开启又一轮的家用电器刺激政策。根据中金公司的研究，考虑家用电器的更新换代，彩电、冰箱、洗衣机和电热水器的更新需求占比约为70%，空调的更新需求约为40%，而厨电的更新需求仅有20%。

表4-29　家用电器安全使用年限

空　调	洗衣机	冰　箱	彩　电	油烟机
8～10年	8年	12～16年	8～10年	8～15年
电热水器	电饭煲	微波炉	吸尘器	电剃须刀
8年	10年	10年	8年	4年

资料来源：中国产业信息网。

家电的出口需求主要受全球经济形势、汇率和贸易政策等影响。我的钢铁网《2017年家电行业回顾和2018年展望》研究报告数据显示,当时我国白色家电出口占销量的30%～40%,2017年我国空调、冰箱和洗衣机的出口量分别占总销售量的37%、40%和31%。小家电方面,我国的出口量居全球第一,其中微波炉超过70%出口,空气净化器近60%出口,受国外市场影响也比较大。

在成本方面,原材料普遍占家电行业总成本的85%～90%,其中,钢材、铜和铝三种原材料加起来分别占空调、洗衣机和冰箱原材料总成本的50%、47%和27%。相关原材料的走势对家电行业的盈利也有较大的影响。

家用电器指数特征

家用电器指数是"中证全指家用电器指数"的简称,为中证全指的四级行业指数。家用电器指数是在中证全指中选择不多于50只行业个股,按照调整市值法进行加权计算,每半年调整一次,单只股票的权重不超过15%。该指数2015年7月7日发布,以2004年12月31日为基准日,截至2018年年底共有49只成份股,前十大重仓股如表4-30所示。

表4-30 家用电器指数前十大重仓股

序号	股票名称	权重	序号	股票名称	权重
1	青岛海尔	15.66%	6	苏泊尔	4.24%
2	格力电器	15.16%	7	华帝股份	3.07%
3	美的集团	15.14%	8	九阳股份	2.42%
4	老板电器	4.72%	9	奥佳华	2.21%
5	小天鹅A	4.70%	10	欧普照明	2.08%

资料来源:中证指数公司。

表4-30中,家用电器前十大重仓股合计权重为69.4%,集中度堪比各细分行业销售额。其中,盈利能力靠前的白色家电三巨头青岛海尔(现更名为"海尔智家")、格力电器和美的集团合计权重达45.96%,占据近半壁江山。

从家用电器指数的走势看,指数成立14年以来,中间仅有5年下跌,呈现"慢牛+长牛"走势,其中,2005年最低点至2017年底,受益于行业集中度的提升和盈利的加速增长，家用电器指数的最大涨幅达到 17.26 倍（见图 4-14）。此外，家用电器指数每次年度大幅下跌以后，均会持续上涨并创出新高，长牛特征明显。

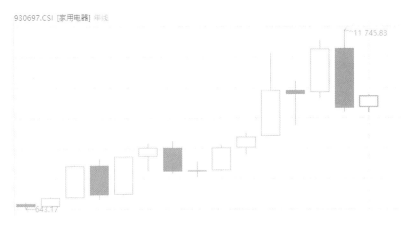

图 4-14　2005—2019 年家用电器指数年线走势

资料来源：Wind。

从家用电器指数季度涨跌幅表现看，2005—2018 年，家用电器指数基本每个季度涨跌幅的均值均为正，其中一季度和四季度的平均收益较高，一季度相对沪深 300 指数获取的超额收益最明显；二季度和四季度也能获取超额收益，但是三季度例外。具体数据详见表 4-31。

表 4-31　2005—2018 年家用电器指数季度涨幅及超额收益　单位：%

时　间　段	一　季　度	二　季　度	三　季　度	四　季　度
季度涨幅	8.64	3.24	0.76	9.79
超额收益	5.16	1.47	−0.75	1.06

资料来源：Wind。

目前跟踪家用电器的指数基金仅有一只，A 类代码为 005063，C 类代码为 005064。该基金成立于 2017 年 9 月 13 日，成立时间偏短，成立后因指数表现一般，规模也不大。该基金年度管理费率为 0.5%，托管费率为 0.1%，在指数基金中处于较低水平。从收费策略看，在 A 类基金打折的情况下，持有时间在 6 个月以内，买 C 类基金比较划算，否则买 A 类基金整体费率更低。

4.3 医药卫生、生物科技和医疗服务行业

4.3.1 医药卫生行业的特性

2008年,在美国次贷危机的影响下,我国出口急剧恶化,珠三角和长三角沿海地区的中小企业出现停产和倒闭潮,很多农民工开始成批返乡,已经处于熊市的A股情况变得更加恶劣,前三个季度上证指数暴跌56.4%。

笔者当年在国庆期间乘火车外出,对面坐着一位在东莞工作的女士。闲聊中,我问她的工作会不会受到当地企业倒闭的影响。没想到她很轻松地回答:没有感觉到。再进一步咨询,得知她在医院工作,笔者恍然大悟——医药卫生行业确实是较少受到经济危机影响的行业之一。

当年,上证指数下跌65.39%,医药生物(申万)指数下跌43.35%。同样的事情还发生在美国,当年标普500指数下跌38.49%,而标普医药卫生行业指数只下跌24.48%。

如果拉长时间、扩大观察的范围,我们会发现,医药卫生行业的表现不仅是在熊市中少跌,而且会在漫长的岁月中均处于领涨位置。图4-15展示了成立时间较长的标普全球1200指数中,各行业指数在1995—2018年间的累计涨幅情况。各行业中,医药卫生行业指数累计涨幅为715.46%,领先信息技术行业高居榜首。

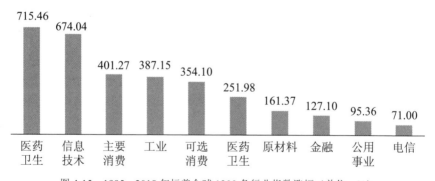

图4-15 1995—2018年标普全球1200各行业指数涨幅(单位:%)

数据来源:Wind。

医药卫生行业指数强势背后的逻辑是什么呢？

归纳一下，医药卫生行业具有如下四大特点（见图 4-16）。

图 4-16　医药卫生行业的四大特征

一是必需品的稳。人一生逃不开生老病死。从出生到死亡，逃不开的消费就包括就医、吃药，并且消费量会随着人口增多、年龄的增长和生活水平的改善而不断提高，不易受经济周期干扰，属于典型的弱周期行业。这也体现在医药企业的业绩上，医药行业的企业 ROE（净资产收益率）特别稳定。

根据果仁网提供的数据，2008—2018 年，医药生物（申万）指数的 ROE 方差为 1.25%，同期沪深 300 的方差为 2.02%。医药生物（申万）指数净利润增长的中位数为 23.45%，最低值为 -1.01%，同期沪深 300 净利润增长的中位数为 15.78%，最低值为 -14.81%，详见表 4-32。医药生物行业表现出更低的波动、更高的业绩增速和更稳定的业绩增长。

表 4-32　医药生物（申万）指数与沪深 300 盈利及增速对比　　　单位：%

年　份	净资产收益率（ROE）		净利润同比增幅	
	医药生物	沪深 300	医药生物	沪深 300
2008	10.64	15.50	76.43	27.67
2009	12.75	11.69	41.67	-14.81
2010	15.25	15.96	65.75	70.92
2011	13.57	16.71	18.83	25.90

续表

年　份	净资产收益率（ROE）		净利润同比增幅	
	医药生物	沪深300	医药生物	沪深300
2012	10.93	14.64	-1.01	2.33
2013	11.57	14.75	20.68	15.78
2014	11.82	14.69	23.45	10.72
2015	12.04	12.63	28.07	2.53
2016	11.74	10.96	22.83	-3.13
2017	11.63	11.06	28.71	16.19
2018	11.36	11.44	18.36	15.84
方差	1.25	2.02	22.24	22.23

数据来源：果仁网。

业绩的稳定增长在复利的作用下，长期盈利效果显著。如果在2008年初分别投资1元在医药生物（申万）指数和沪深300指数上，单纯依靠利润增长，2018年底，投资医药生物（申万）指数的资产增长至17.40元，而投资于沪深300指数的资产仅增长至4.10元。10年后，前者的资产增长是后者的4.24倍。

价值投资鼻祖格雷厄姆说："股票短期是投票机，长期是称重机。"

虽然在2007年底，经历两年大牛市的A股整体估值较高。但在业绩的驱动下，上述指数取得的收益差异明显。2007—2018年的11年间，医药生物（申万）指数上涨79.71%（不含分红，下同），而沪深300指数甚至下跌43.60%。

二是奢侈品的狠。路易威登（LV）、爱马仕、古驰、香奈儿等奢侈品在人们的心目中具有高端、品质绝伦的特征，医药能与这个沾边吗？

其实，医药行业中的品牌中药、仿制药和创新药等定价能力较强，堪比奢侈品。从衡量企业定价权的毛利率指标看，生产奢侈品的路易威登集团2017年的毛利率为65.3%（2018年数据暂缺），片仔癀2018年肝病用药的毛利率为83.02%，华东医药公司制药部分业务的毛利率为86.94%，恒瑞医药毛利率为86.6%（其中抗肿瘤药毛利率为93.35%），赚钱能力丝毫不亚于奢侈品。

奢侈品的狠决定了当人们收入提高时,这些医药品能够通过更快的提价保持更高的盈利增长,为股价的上涨提供源源不断的动力。

中国医药企业管理协会会长郭云沛在 2018 年 3 月底组织的行业座谈会中透露:行业协会此前做的改革开放白皮书显示,1978 年,全国整个医药工业销售额为 72.8 亿元,2017 年工信部统计全国的医药工业总销售收入达 2.96 万亿元。**40 年时间,行业销售额增长 406 倍**。

美国标普十大一级行业中,标普医疗保健指数自成立以来的 30 年中(1989—2018 年),累计涨幅居第二,仅次于信息技术行业。我国申万 28 个一级行业中,医药生物(申万)指数自成立以来的 19 年中(2000—2018 年),累计涨幅居第二,仅次于食品饮料(申万)指数。

表 4-33 选取了 2000 年底、2008 年底和 2018 年底三个时间点,对比中美两国医药行业与普通宽指的涨幅。

表 4-33 中美医药指数与宽指比较

指　　数	2018 年底	2008 年底		2000 年底	
	点位	点位	至 2018 年底涨幅	点位	至 2018 年底涨幅
标普 500	2 506.85	903.25	177.54%	1 320.28	89.87%
标普医疗保健	987.48	309.41	219.15%	442.92	122.95%
万得 A 股	3 244.9	1 430.79	126.79%	1 571.39	106.50%
医药生物(申万)	5 840.92	1 841.15	217.24%	1 714.62	240.65%

数据来源:Wind。

可以清晰地看出,医药行业确实在较长的观察期中跑赢普通宽指,取得了优异的涨幅。这背后主要由行业的定价权和业绩决定。

三是生态品的多。医药行业细分开来,包罗万象,构成了一个多样化的生态圈。从产业链自上而下看,医药行业可以划分为原料企业(生产制造原材料)、生产企业(研发和生产)、流通企业(批发和运输)、医院(治疗和处方药)、零售(非处方药)以及其他医疗服务(体检、保健等)。其中,制造业(原料企业、生产企业)和医疗服务(医院、其他医疗服务)居多,专业性较强;商业流通企业(批发和零售)居少,专业性较弱,但也有进入门槛。

从行业细分角度，医药行业可以划分为化学药、中药、生物制品、医疗器械、保健品、医药流通和医疗服务七个子行业，其中前五个均属于制造业，具体的分类见图4-17。

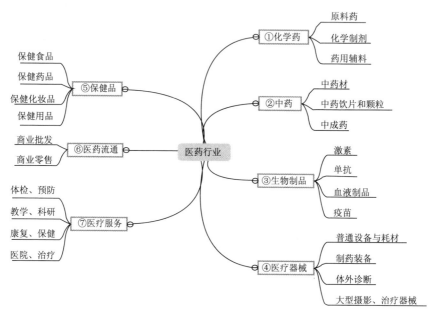

图4-17 医药行业分类

中投元邦研究部根据中金公司的数据，制作出药品细分行业的价值链（见图4-18）。

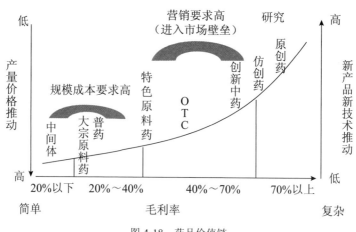

图4-18 药品价值链

资料来源：中金公司，中投元邦研究部。

从图 4-18 可以看出，不同细分行业的盈利能力千差万别，随着生产复杂性的提高和产品壁垒的增强，产品的毛利率显著提高，研发驱动的原创药和仿制药占据价值链的最高端。

医药卫生不同细分行业的业绩受到的影响因素也有较大区别。例如，维生素、青霉素等大宗原料药整体需求增长非常缓慢，通常年度增长在 10% 以内，企业毛利率在 20% 以内，由于毛利率偏低，企业业绩对产品价格、原材料价格反应特别敏感。

以维生素行业为例。该产品生产环节大致是石油—石化—VE、VA 单体合成—添加剂预混料—饲料，国内的新和成和浙江医药主要负责第三、第四环节。因该行业投入大、建设期长、盈利偏弱，维生素的产能逐步集中到几家大企业手中。

2007 年，受益于下游需求旺盛，维生素 E 和维生素 A 的价格持续提升。当年新和成营业收入同比增长 8.59%（大部分涨价体现在次年，次年营收大幅增长 89.6%），净利润当年增长 128.28%，次年增长 16.83 倍；股价则提前反应，2007 年上涨 547.61%。盈利能力原本偏弱的浙江医药变动更为明显，2007 年营业收入同比下降 0.53%，次年转为同比增长 70.27%，2007 年净利润同比下降 3.25%，次年同比增长 16.18 倍，股价 2007 年上涨 343.66%。在 2009—2015 年间，因产品价格回落，上述企业业绩也出现大幅下降。新和成 2015 年的净利润比 2008 年下降 70.76%，浙江医药净利润降幅更是达 83.34%。

除需求因素外，由于行业集中度日趋提升，竞争对手的各类减产也会刺激相应产品价格攀升。该类企业生产过程中排污较多，也比较容易受到环保政策的影响。

对于中成药，特别是品牌中药而言，生产成本占比相对较小，由于品牌的稀缺性和需求的相对刚性，企业盈利能力主要取决于提价能力和品牌延伸能力。例如，定位于清热解毒、凉血化瘀、消肿止痛的片仔癀被誉为"中国特色抗生素"，为中国仅有的两个绝密品种之一。1999年3月，每粒片仔癀药片出厂价为110元，依靠持续的品牌宣传、推广和强大的品牌实力，2005年之后片仔癀频繁上调售价，经过14次调价，2017年5月底上调至530元/粒，18年间上涨3.81倍。其间，公司通过开设片仔癀体验馆、片仔癀国药堂进行国内外推广，进军化妆品和牙膏等日化品领域加大销售力度。2018年，公司营业收入达47.66亿元，比2004年增长17.76倍，净利润达11.29亿元，比2004年增长25.88倍，其间股价上涨47.16倍！2018年，片仔癀整体的产品毛利率达42.42%，加权净资产收益率达24.98%。

原创药和部分仿创药竞争对手有限，利润较为丰厚，其增长主要取决于相应领域的市场空间、增长速度和研发的持续性。例如，恒瑞医药专注于肿瘤、麻醉用药、手术用药和心脑血管用药等领域。相关领域市场空间广阔，随着人口老龄化的攀升和生活方式的改变，肿瘤和心脑血管等领域的疾病发病率快速攀升。2018年恒瑞医药年报显示，抗肿瘤产品占营业收入的42.5%，毛利率为93.35%；麻醉用药占比26.74%，毛利率为90.93%；造影剂占比13.36%，毛利率为70.08%。企业拥有20多个销售过亿元的大单品，并有多款重磅药品将在2018年后陆续上市。恒瑞医药持续加大研发投入，2018年研发投入26.70亿元，同比增长51.81%。研发投入占营业收入的比重从2014年的8.75%，攀升至2018年的15.33%，保障了后期产品线的供应。恒瑞医药也非常重视营销推广，按照事业部的架构进行分线销售，并在各省市陆续设置区域管理中心，2018年的销售费用达64.64亿元。2006—2018年的13年间，恒瑞医药的营业收入增速有10年维持在20%以上。其间净利润增长25.38倍，股价上涨66.41倍。

结合华创证券和中投元邦研究部等机构的研究报告以及个人对行业的理解，笔者整理出医药各子行业利润的主要驱动因素，如表4-34所示。

表 4-34　医药子行业的利润驱动因素

细分领域		原料价格	产品价格	销售	品牌	研发	医保报销	政策	规模	环保
化学药	化学制剂		✓	✓		✓	✓			
	原料药	✓	✓						✓	✓
中药	中药材	✓	✓						✓	
	中药制剂	✓		✓	✓	✓	✓			
生物制品				✓		✓	✓	✓		
保健品				✓	✓				✓	
医疗器械				✓		✓				
医疗流通								✓	✓	
医疗服务				✓						

医药子行业的多样性和丰富性为投资获利提供了多种模式。例如，原料药可以在产品价格攀升期间投资，品牌中药可以在估值偏低时投资，创新药和研发类企业可以在重磅药品上市前投资等。

四是民生品的管。医药事关人民的健康、生命和生活满意度，历来是社会关注的焦点。2018 年大部制改革后，医药管理部门形成三权分立的格局。其中，国家市场监督管理局辖属的国家药品监督管理局负责药品的监管（生产制造和流通环节）；国家卫生健康委员会负责医疗服务的监管；国家医疗保障局负责医保支付的监管。

政府的监管不仅体现在对医药的生产、销售、流通和服务等环节的进入有严格限制，还体现在对产品的销售价格有较为严格的管制，特别是医保用药。粗略统计，1998 年 5 月—2012 年 3 月，发改委先后下发 34 次药品降价通知，平均每年下调两次药品价格。

2018 年 9 月，国家医疗保障局主导的医药带量采购开始推广，该模式通过竞标筛选具备生产能力的企业，明确采购的药品规格和采购数量，以量换取价格的下降。首批在北京、上海、天津和重庆 4 个直辖市以及广州、深圳、沈阳、大连、西安、成都和厦门 7 个一二线城市推广，通过一致性评价的 31 种仿制药采购价平均降幅为 52%，约影响全国 13% 的药品销售额。

对于违法违规的企业，政府监管处理也非常严厉。2018年10月16日，国家药品监督管理局和吉林省食品药品监督管理局联合对长春长生违法违规生产狂犬疫苗做出处罚，罚没企业91亿元，其高管不得从事药品生产经营。该企业的净资产仅有40.33亿元，尚且不足罚款的一半。处罚做出时，企业股价已经自高点下跌88.56%，最终被深交所强制退市。

上述特征决定了医药行业面临的监管风险较大，特别是管理层缺乏风险意识、企业缺少持续创新能力、利润主要来源于单一产品或单一领域的企业。

当然，政策对生物医药和创新药推出的鼓励措施也比较多。典型的如生物医药十二五规划、医药科技发展十二五规划等，这些政策的实施会加快行业的发展速度。

拥有上述特征的医药行业，在全球和我国行业指数中表现如何呢？

前面图4-15展示了1995—2018年间，标普全球1200行业系列指数中，医药卫生行业累计涨幅排名第一。

观察标普美国1990—2018年的各行业指数的涨幅（见图4-19），我们会看到医药卫生行业的涨幅仅次于信息技术，好于其他8个一级行业。

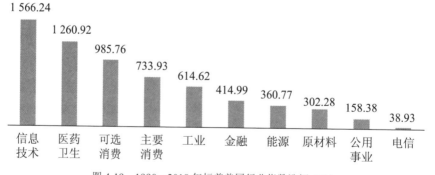

图4-19　1990—2018年标普美国行业指数涨幅（%）

数据来源：Wind。

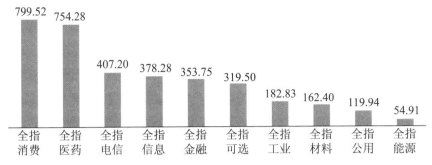

图 4-20　2006—2018 年中证全指行业指数涨幅（%）

数据来源：Wind。

2006—2018 年，我国 10 个全指一级行业中，全指医药累计上涨754.28%，仅次于全指消费行业。其中 2006—2015 年间最大涨幅为10.66 倍，成为名副其实的十倍指数。我们如果认真观察，会发现全指医药指数最主要的特点是**熊市期间跌幅多数小于指数，牛市初期涨幅落后于指数，但牛市中后期涨幅好于指数，震荡市则多数收涨**，如表 4-35 所示。

表 4-35　2006—2018 年全指医药涨跌特征　　　　　　单位：%

年　份	全指医药	沪深300	市 场 状 态
2006	83.91	121.02	牛市初期
2007	197.73	161.55	牛市中后期
2008	−45.51	−65.95	熊市
2009	99.24	96.71	小牛市
2010	27.13	−12.51	熊市初期
2011	−31.55	−25.01	熊市中后期
2012	8.93	7.55	震荡市
2013	34.85	−7.65	震荡市
2014	12.65	51.66	牛市初期
2015	50.43	5.58	牛市中后期
2016	−14.22	−11.28	震荡市
2017	5.10	21.78	小牛市
2018	−26.40	−25.31	熊市

数据来源：Wind。

例如，2008年，全指医药指数跌幅为-45.51%，同期沪深300跌幅为-65.95%，医药行业跌幅较小；2007年和2015年，全指医药指数涨幅分别为197.73%和50.43%，同期沪深300涨幅分别为161.55%和5.58%，医药行业领涨；牛市第一阶段的2006年和2014年，全指医药涨幅分别为83.91%和12.65%，同期沪深300涨幅分别为121.02%和51.66%，医药行业涨幅相对靠后。

截至2018年，医药细分行业指数的涨跌如何呢？

医药行业指数按照选股的规模可以划分为300医药、500医药和800医药，它们的选股范围分别来自沪深300、中证500和中证800。相当于分别从最大的300只股票、中等的500只股票和规模最大的前800只股票（沪深300+中证500）中选择医药股票构成相应的指数。

医药行业指数按照前文提到的细分行业，可划分为生物制药、医疗服务、中药等行业指数，以及按照主题划分的精准医疗和互联医疗指数。

因医药指数众多，出现的时间长短也多有不同，这里选择它们共同存在的区间（2013—2018年）之间的涨幅进行对比，详见表4-36。

表4-36　2013—2018年医药类指数涨幅

指　　数	2018年底	2012年底	累计涨幅	场内典型基金代码	场外典型基金代码
沪深300	3 010.65	2 522.95	19.33%	510300	160706
中证500	4 168.04	3 275.86	27.23%	510500	160119
中证医药	7 697.06	5 140.32	49.74%	159929	161035
国证医药	7 408.37	4 604.65	60.89%	—	160219
300医药	7 881.37	5 660.61	39.23%	512010	001344
800医药	7 645.46	5 096.79	50.01%	—	165519
500医药	8 749.61	5 688.78	53.80%	512300	—
医药100	9 934.70	6 052.52	64.14%	—	001550
细分医药	7 506.31	4 764.87	57.53%	512120	000373
中证中药	7 697.06	6 675.31	15.31%	501011	501012
中证医疗	6 124.41	2 958.84	106.99%	502056	502056
互联医疗	2 218.00	988.81	124.31%	501007	501008
精准医疗	1 962.60	942.68	108.19%	501005	501006
中证生科	2 415.59	1 088.02	122.02%	501009	501010

数据来源：Wind。

从指数的涨跌幅度看：

（1）绝大多数医药行业指数跑赢沪深300和中证500指数。

（2）医药规模类指数中，医药100涨幅靠前，该指数由100只医药股票等权重组成。

（3）医药细分行业指数中，互联医疗、中证生科和精准医疗三个指数涨幅靠前。三者均是近年来比较热门的医药细分行业，成长速度也处于医药子行业前列。

医药行业如何估值呢？

由于医药行业的利润增长相对稳定，这类企业最常使用的估值方法是PE法（市盈率法）。

以恒瑞医药为例，截至2018年11月的最近10年间，其PE主要在30～66之间波动，如图4-21所示。

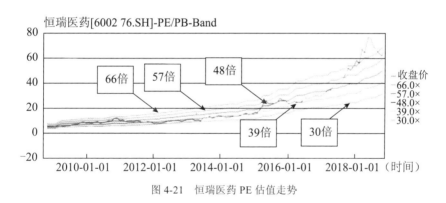

图4-21 恒瑞医药PE估值走势

数据来源：Wind。

对于医药生物（申万）指数而言，2007—2018年中间的绝大多数时间，PE的波动区间为24～60倍，也具有类似的规律，如图4-22所示。

医药行业的创新型企业，特别是科研创新和服务模式创新的企业，往往在很长时间内盈利能力偏低，甚至没有盈利能力。这类企业更适合使用在研管线或市销率进行估值。

其中，在研管线估值相当于对企业目前还处于研发阶段的各类药品，按照研发成功概率、用药空间、产品生命周期、市场份额、各阶段投入等，将每种在研产品未来能够带来的净现金流入进行折算，计算出当前的价值。例如，恒瑞医药从2017年开始，其股价逐步脱离原有的PE（市盈率）估值区间，很大一部分原因就是市场预计其在研产品未来能够带来很大的收益，并提前反映在股价上。

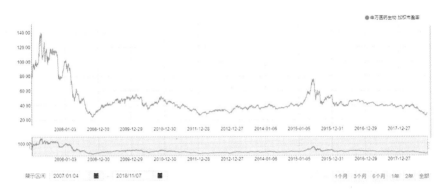

图4-22　医药生物（申万）指数加权市盈率走势

数据来源：果仁网。

市销率适合有产品在推广销售，但是尚未形成稳定盈利的公司。例如从事医疗卫生领域软件开发的卫宁健康，其PE的主波动区间在20～100之间，最大值和最小值相差4倍；其PS（市销率）的主波动区间在9～22之间，最大和最小值相差不到1.5倍。使用市销率估值更容易把握企业股价的高点和低点。

当然，企业的估值本身就是一门复杂的学问，没有绝对的标准。只是从历史数据和实践角度看，PE（市盈率）适合对盈利较为稳定的企业进行估值，在研管线适合对创新型企业进行估值，PS（市销率）适合对盈利波动比较大的企业进行估值。

拥有如此辉煌的过去，未来的医药行业还有多少空间呢？

我们可以通过以下几个维度，观察医药行业的未来成长空间。

一是人均医疗卫生费用与发达国家的比较。2018年，我国医疗卫生费用占GDP的比例为6.4%，仍低于中等收入国家6.8%和高收入国家7.7%的平均水平。随着人们生活水平的提高、健康管理意识的增强和寿命的延长，医疗卫生费用将呈现更快的增长。

二是人口老龄化带来的医药费用增长。根据国家统计局的数据，2005年底，我国65岁以上的老人10 055万人，占人口总数的7.69%，2018年该人数攀升至16 658万人，占人口总数的11.9%。根据中国老龄事业发展基金会的报告，2020年，上述老龄人口将达2.48亿人，占人口总数的17.17%。老年人的人均医药消费显著高于年轻人群，65岁以上人群年均医药费为1 072.3元（见图4-23），是25～34岁人群的3.29倍，老龄人群的快速增长必将推动医药费用大幅上行。

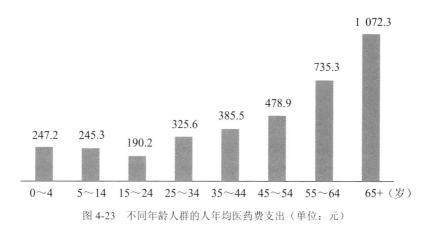

图4-23 不同年龄人群的人年均医药费支出（单位：元）

数据来源：智研咨询。

三是药品的行业集中度提升和国产替代化提供的增长空间。当前我国已有的药品批文高达18.9万个，其中95%以上为仿制药。国内仿制药市场规模已达5 000亿元，CR8（前八家企业的市场份额）为18.82%，远低于美国的52.96%和印度的52.31%。较低的行业集中度造成低水平仿制和低价竞争严重，在没有得到原研药一致性评价前就批准上市的仿制药，药效整体较差，行业平均毛利率不到10%，远低于国际50%的水平。在一致性评价实施后，大量疗效差的低劣仿制药将被驱逐，技术含量较高的企业将获得更为良性的竞争环境，获取更好的盈利空间。

我国的仿制药从20世纪80年代起步，2005年占处方药销售额的20%，2015年攀升至40%。我国持续加大医药研发投入，2015年研发支出同比增长13.1%,显著高于全球2%左右的增幅。中央千人计划中,引入的人才有近1/3为生物医药领域的科学家和技术人才,这些资本和人才的投入,必将进一步加快医药国产替代化的步伐。

四是慢性病带来的用药增长空间。随着老龄化的攀升、人们生活水平的提高、生活方式的转变,心血管疾病、哮喘、慢性肺病以及骨质疏松等慢性病的患病率逐年攀升(见图4-24)。有研究显示,随着年龄的增长,慢性病的发病率快速攀升,在我国人口老龄化日趋严重的情况下,这一市场的用药将不可逆转地增加。中国产业信息网的数据显示,我国每年以心血管疾病和糖尿病为首的慢性病致死人数占所有死亡人数的85%,2015年,慢性病药市场规模7 323亿元,占零售药品销量的40%,占药品总体市场的53.3%。慢性病患病人数多、医疗成本高、用药时间长和服务需求大等特征,决定了用药市场的总规模也将持续扩大。

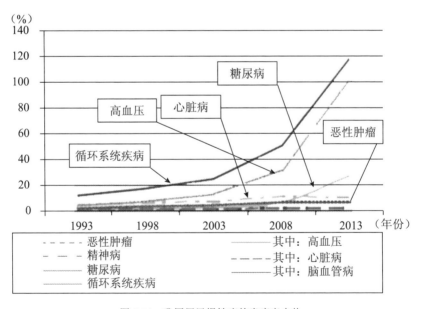

图4-24 我国居民慢性病的患病率走势

数据来源:中国产业信息网。

当前医药行业的主动基金不少，它们相对于指数基金取得了超额收益吗？

在医药主题类的基金中，除了指数基金，还有一些主动投资基金，即基金经理有权限在合同约定的范围内，灵活地选择医药类股票，可以根据自己的经验判断确定买卖时点和买卖仓位。

这类主动投资型的基金，相对指数基金能否多赚，主要取决于两点：一是对涨跌趋势把握得是否恰当（又称"择时"）；二是对持有的股票上涨潜力判断是否准确（又称"择股"）。下面对主动投资型的医药基金与医药指数做个对比。为了体现中长期、公允和随机，这里选择2014年之前成立的8只医药主题主动基金，对比各自从成立之日至2018年11月9日的累计涨幅（见表4-37），统计期间股市经历了一个相对完整的牛熊周期。其中，基金涨幅相对中证医药领先的数据标注了底色，中证医疗领先主动型医药主题基金的数据也标注了底色。

表4-37 典型主动型医药主题基金表 单位：%

序号	简称	代码	成立时间	累计盈利	同期中证医药	同期中证医疗
1	长信医疗保健行业	163001	20100326	27.81	56.64	78.84
2	汇添富医药保健股票	470006	20100921	46.01	37.10	65.55
3	易方达医疗保健行业	110023	20110128	50.70	41.90	64.55
4	华宝兴业医药生物	240020	20120228	86.80	79.68	108.84
5	中海医疗保健主题	399011	20120307	118.53	84.57	105.73
6	融通医疗保健行业	161616	20120726	36.32	69.09	112.33
7	博时医疗保健行业	050026	20120828	49.99	70.59	108.62
8	富国医疗保健	000220	20130807	81.50	34.44	53.91

数据来源：Wind，天天基金网，统计截止日期为2018年11月9日。

可以看出，相对于中证医药这一医药宽指，有5只主动基金赚得比指数多，略微占优势，但相对于中证医疗这类强势的细分指数，仅有2只主动投资基金跑赢指数。虽然样本数量太少、对比时间也不长，但是我们可以看出大致的端倪：**医药主动投资型基金相对于普通医药宽基在中长期范围内略占优势，但显著落后于高成长的细分医药指数。**

上述情况说明，医药主动投资型基金经理具备一定的择时与择股能力，但是整体优势不显著。

我们再从上述 8 种主动投资型基金中，选择 3 只业绩最好的，查看它们在指数上涨（2014 年 5 月—2015 年 5 月）、下跌（2015 年 6 月—2016 年 2 月）和震荡（2016 年 3 月—2018 年 10 月）3 个阶段的表现，具体见表 4-38。

表 4-38　典型主动型医药主题基金各阶段涨跌对比　　　　单位：%

基金/指数	2014 年 5 月—2015 年 5 月	2015 年 6 月—2016 年 2 月	2016 年 3 月—2018 年 10 月	2014 年 5 月—2018 年 10 月
华宝兴业医药生物	94.73	-47.77	12.72	27.81
中海医疗保健主题	138.93	-33.83	37.56	117.43
富国医疗保健	195.69	-41.74	-8.39	57.81
中证医药	106.22	-39.67	10.27	37.20
中证医疗	148.99	-51.62	-12.29	5.65

数据来源：Wind，天天基金网。

对比中证医药指数，上涨阶段有两只基金跑赢指数，下跌阶段仅有一只基金跑赢，震荡阶段有两只基金跑赢。

对比中证医疗指数，上涨阶段有一只基金跑赢指数，下跌阶段有三只基金跑赢，震荡阶段有三只基金跑赢。

上述 3 个阶段的累计收益（2014 年 5 月—2018 年 10 月）中，表现最好的两只基金"中海医疗保健主题"和"富国医疗保健"均相对偏向投资医疗行业，整体业绩显著跑赢两个医药行业指数。

表 4-38 同时显示，优秀医药主题投资基金相对指数多赚的钱并无显著的阶段性规律，有的擅长在牛市多赚（富国医疗保健），有的擅长在熊市少亏（中海医疗保健）。

由于主动投资型基金的业绩主要取决于基金经理和其所在的公司团队。进一步查看长期业绩领先的中海医疗保健主题和富国医疗保健 2 只基金的基金经理（见图 4-25），我们会发现基金经理变动较为频繁。

多数基金经理的任职时间在 3 年以内，尚不能覆盖一轮牛熊周期，未来的业绩延续性存在较大的不确定性。

现任基金经理　基金经理变动一览　　更多›

任职时间	基金经理	任职天数	任期回报
2018-05-10至今	许定晴 易小金	184天	-18.07%
2017-11-08—2018-05-09	许定晴	182天	19.78%
2014-12-17—2017-11-07	郑磊	2年又326天	53.36%
2012-03-07—2014-12-16	陈明星	2年又284天	45.90%

更多中海医疗保健主题股票基金经理详情›

现任基金经理　基金经理变动一览　　更多›

任职时间	基金经理	任职天数	任期回报
2018-02-27至今	于洋	256天	8.29%
2018-02-08—2018-02-26	戴益强 于洋	18天	4.51%
2013-08-07—2018-02-07	戴益强	4年又185天	56.20%

更多富国医疗保健行业混合基金经理详情›

图 4-25　中海医疗保健主题和富国医疗保健基金经理变更情况

数据来源：天天基金网，取数时点为 2018 年 11 月 9 日。

小结：部分医药主题主动基金在一个牛熊的观察中取得了超越指数的业绩，但是基金经理变更频繁，延续性存疑。

截至 2018 年底，市场上有两个医药行业指数增强基金，分别是富国医药主题指数增强（代码为 161035，成立于 2016 年 11 月 11 日）和银华中证全指医药卫生（代码为 005112，成立于 2017 年 9 月 28 日）。两只基金成立的时间偏晚，但从过往业绩看存在一定的超额收益，投资逻辑均强调通过个股和细分行业的业绩、景气程度进行增强，适合作为医药宽基的替代配置。

4.3.2　生物科技行业的发展

生物科技指借助科学技术，利用生物体或细胞生产的各类产品，主要用于治疗人体疾病或帮助农产品抗病毒，属于“技术 + 生物”的一门科学。

人类历史上利用发酵技术酿酒、做面包，利用免疫蛋白做疫苗，利用"牛痘"活体病毒制作天花疫苗等均属于生物科技范畴。随着人类对基因研究的深入,出现了基因重组和细胞融合技术,开启了生物科技发展的新时代。比尔·盖茨曾在1996年这样评价:**生物科技将像电脑软件一样改变世界**。

我国《"十三五"生物产业发展规划》将生物科技产业划分为七大类,具体如图4-26所示。

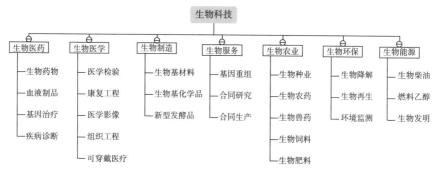

图4-26 生物科技产业分类

其中,生物医药、生物医学、生物制造、生物服务和生物农业共同组成我们常说的大范畴——生物医药。其相对于其他医药子行业的一大特征就是科技含量特别高。生物科技体现了医药领域高精尖的科学技术,能够治愈很多传统药物和医学手段无法治疗的疾病,成为医药行业持续挑战的重点领域。中国、美国、欧盟等均发布了生物科技的支持性文件,并提高到国家战略位置予以支持。

生物药品具有疗效高、毒副作用小等优点。典型的如免疫治疗,通过向病人体内注射分子制剂或者细胞制剂,帮助病人增强抗病毒能力,再依靠自身的免疫能力消灭癌细胞和肿瘤组织,实现康复。该治疗方式相对于手术、化疗、放疗等其他治疗方式的最大特点就是不伤害人体的正常细胞,而是通过杀死"坏细胞"来实现康复。

由于化学药物主要由小分子(二氧化碳、甲烷等)化学材料合成,而生物制药主要由蛋白质和碳水化合物等大分子制成,两者类似于砖头和房子。平时,业界也用小分子药代指化学药,用大分子药代指生物药。由于小分子药结构简单、比例稳定，理论上可以 100% 被仿制出来，小分子药的仿制药被称为化学仿制药；大分子药内部结构复杂，合成过程受工艺影响较大，理论上不可能被 100% 仿制，大分子药的仿制药只能被称为生物类似药。

生物药品中，占比最高的为单克隆抗体药物。国家也非常重视生物药，特别是抗体药的推广和使用。例如 2017 年，入选我国国家医保目录的 44 个药品中，有 14 个为生物药，占比达 32%，这其中又有 8 个属于抗体类生物药。

我国生物制药起步时间偏晚，但是 2013 年以来发展速度非常快。根据中国产业信息网统计的数据，2013—2017 年，我国的化学药市场规模增长 15.7%，中药市场规模增长 31.96%，而生物制药市场规模增长 132.14%！

未来，随着国家支持力度的加大，治疗需求的增大，该领域有望在未来较长一段时期内保持较快的增长速度。中商产业研究院在《2016—2020 年中国医药行业投资战略研究咨询报告》中预言，到 2020 年，我国生物制药的市场规模将达 8 532 亿元，复合增长率为 18.1%，增速居医药各子行业前列。

截至 2018 年底，国内跟踪生物制药的指数基金有 3 只，分别是跟踪国证生科的招商国证生物（161726）、跟踪万得生物科技（简称"CSWD 生科"）的易方达生物（161122）和跟踪中证生科的汇添富生物科技（A 类 501009，C 类 501010），3 只基金详见表 4-39。

表 4-39　3 只生物医药基金简介

基　金	跟踪的指数	基金成立时间
招商国证生物（161726）	国证生科	2015 年 5 月 27 日
易方达生物（161122）	万得生物科技	2015 年 6 月 3 日
汇添富中证生物科技（A 类 501009，C 类 501010）	中证生科	2010 年 12 月 22 日

3 个指数中，国证生科和万得生物科技编制方法较为类似，只是编制的公司不同，前者为国证指数公司，后者为中证指数公司。万得

生物科技与中证生科则是选取成份股的范围有差异，前者选择生物科技业务（研究、开发、制造和销售基于基因和遗传工程的产品）收入占比或利润占比超过30%的公司个股，后者则是选取涉及基因诊断、生物制药、血液制品及其他人体生物科技的上市公司股票作为成份股，后者选股的范围更广泛。3个指数2012年以来的年度涨跌情况如表4-40所示。

表4-40 2012—2018年生物科技指数年度涨跌情况　　　　单位：%

年 份	国证生科	CSWD生科	中证生科
2012	2.36	3.70	8.33
2013	57.71	58.93	64.55
2014	15.54	21.17	18.92
2015	77.44	79.44	59.52
2016	-15.43	-17.88	-14.77
2017	5.21	0.46	13.11
2018	-22.32	-25.11	-26.23
累计涨幅	128.75	121.39	140.49

数据来源：Wind。

从2012年以来的历年业绩看，中证生科走势相对稳健，整体业绩好于前两个指数。

2019年4月，国泰基金公司推出跟踪中证生科的生物医药ETF（512290），以及对应的联接基金（A类006756，C类006757），为投资中证生科指数提供了更多选择。

4.3.3　医疗服务行业的发展

医疗服务行业是指提供疾病检查、诊断、治疗、防疫和管理等相关服务的行业，广义的医疗服务还包括医疗器械生产和销售等。按照广义的医疗服务，可以将其以如图4-27所示进行分类。

医疗服务主要受三大因素影响：一是人口基数；二是年龄结构；三是生活水平。由于我国人口众多，随着老龄人口占比的持续攀升以及生活水平的日益改善,我国的医疗服务行业取得了快速发展。智研咨询数据显示,1990年,我国的医疗费用支出为267.01亿元,2015年攀升至11 992.65亿元,年均复合增长率为16.44%,大约5年即可实现翻番增长。

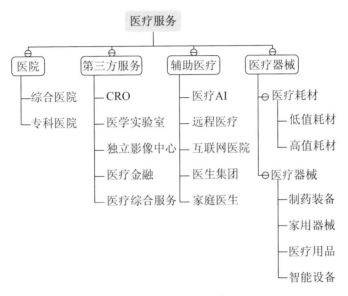

图4-27 医疗服务分类

由于我国医疗收费管制较为严格,医院通过医疗服务收入的费用偏低,为了补贴收入,有些医院通过多开药品来进行增收,病人存在过度用药的情况。

我国病人的看病花费中,药品和广义医疗费的支出比例大约是1∶1。据称在海外发达国家,上述比例是1∶9,即大头在医疗服务上。

发改委和国务院办公厅先后出台多种措施为医疗服务价格和医疗服务市场松绑,理顺被压制的医疗服务价格,降低行业进入门槛。国务院办公厅在《深化医药卫生体制改革2017年重点工作任务》中,明确提出要逐步调高医疗服务收入在医院总收入中的占比,力争2017年试点城市公立医院的药占比(不含中药饮片)总体需要降至30%。上述措施的出台,有利于加快医疗行业发展。

医疗服务类上市企业相对较少，整体增速较快，估值偏高。以A股医疗服务行业龙头爱尔眼科为例，2010—2018年，企业利润增长10.84倍，股价增长8.15倍，其间绝大多数时间的市盈率在50倍以上。

根据联讯证券的统计，2018年剔除公允价值大幅变动的异常数据后，A股狭义的医疗服务行业上市公司净利润同比增长45.2%，医疗器械行业扣非后净利润同比增长21%，医药行业整体的净利润同比下降9.66%。医疗服务行业呈现良好的成长性。

截至2018年底，国内有指数基金跟踪的医疗服务相关指数情况如表4-41所示。

表4-41 医疗服务指数及基金介绍

指数	投资范围	跟踪指数的基金	基金成立时间
中证医疗	成份股医疗器械、医疗服务等与医疗行业相关的代表性公司	华宝中证医疗（162412）	2015年5月21日
		广发医疗指数（502056）	2015年7月23日
CS精准医	从事疾病筛查与诊断、数据解读、个性化治疗与用药以及其他与精准医疗相关的上市公司，包括但不限于基因测序相关的耗材、测序服务以及信息数据处理等，肿瘤诊断及免疫治疗，干细胞及个性化用药等	汇添富中证精准医疗（A类501005，C类501006）	2016年1月21日
CS互医疗	医疗信息化、智能化硬件、软件或服务公司，包括但不限于系统、影像、硬件、病患管理、医学知识库、在线问诊平台、医药电商、可穿戴设备，以及其他与互联网医疗相关的上市公司	汇添富中证互联网医疗（A类501007，C类501008）	2016年12月22日

其中，中证医疗指数对应广义的医疗服务行业，以2004年12月31日为基期；CS精准医和CS互医疗则分别对应精准医疗和互联网医疗行业，也就是医疗服务领域发展较快的细分行业，均以2012年6月29日为基期。

2013—2017年，上述3个指数的历年涨跌如表4-42所示。

表 4-42 医疗行业指数年度涨跌   单位：%

年 份	中证医疗	CS 精准医	CS 互医疗
2013	77.60	50.42	88.57
2014	20.51	45.36	34.96
2015	67.66	92.99	56.60
2016	-24.39	-26.80	-24.33
2017	-13.52	-5.60	-8.86
2018	-11.79	-28.60	-18.39
累计涨幅	106.97	108.19	124.31

数据来源：Wind。

3个医疗行业指数均偏向于中小盘，在创业板表现好时涨幅更大，在创业板表现差时涨幅落后，CS互医疗和CS精准医成长性更好，累计涨幅更高。

2019年5月20日，华宝基金推出首只跟踪中证医疗服务的ETF，代码为512170，成立之初规模为2.49亿份，可以作为场内投资中证医疗的一个选择。

4.4 信息技术行业

信息技术行业指从事信息加工、生产、流通、销售和服务等技术处理的相关产业。按照中证指数公司的定义，该类行业包括软件与服务、技术硬件与设备以及半导体产品与设备等细分行业。国家统计局在《战略性新兴产业分类（2018）》中，将新一代信息技术产业细分为下一代信息网络产业，电子核心产业，新兴软件和新型信息技术服务，互联网与云计算、大数据服务，人工智能这5类。

由于信息的各项技术处理离不开计算机，信息技术作为产业出现，起始于计算机的快速普及。业界将计算机的发展划分为四个阶段：

（1）第一代为电子管数字机（1946—1957年）。该阶段的电子器件为电子管，耗电量大、存储容量低、运算速度慢，主要应用于科学研究和计算领域。

（2）第二代为晶体管计算机（1958—1964 年）。该阶段的电子元器件为晶体管，程序上使用接近人类语言的高级程序设计，体型小、耗电量小、计算速度快，主要应用范围扩展至工程设计、军用和民用计算、人工智能等领域。

（3）第三代为集成电路数字机（1965—1969 年）。该阶段的电子元器件为中小规模集成电路，存储器为半导体，体积更小、速度更快、运行更可靠，产品更为标准化、模块化和系统化，计算机的应用范围拓展至文字处理和图形图像处理领域。

（4）第四代为大规模集成电路机（1970 年至今）。该阶段的电子元器件为大规模和超大规模集成电路，微处理器和微型计算机相继诞生，计算机性能更佳、价格更低、应用程序更丰富，开始走进千家万户，并推动信息技术产业蓬勃发展。

在第四代计算机蓬勃发展的时期，基于计算机联网的互联网技术出现。互联网技术于 1969 年底在美国军方率先使用，后期在美国高校之间应用。1974 年，美国提出 TCP/IP 协议，定义了电脑网络传送报文的方法。1986 年，美国国家科学基金会（National Science Foundation，NSF）创建了大学间互联的骨干网络 NSFnet，并在 1994 年转为商业运营。1989 年，蒂姆·伯纳斯 - 李（Tim Berners-Lee）提出了后来被称为万维网（World Wide Web）的分类互联网信息的协议，并在 1994 年后快速普及。互联网作为"信息高速公路"，开启了信息爆炸的时代。

4.4.1　信息技术行业的特性

基于计算机软硬件的信息技术行业具有如下特征（见图 4-28）。

一是高成长。古代军事家孙子有句名言"知己知彼，百战不殆"。这句话从侧面说明，信息事关决策成败，价值非常高。各行各业虽然有自己的特点和壁垒，但是信息技术代表着无差异或低差异的信息处理和加工，在成长空间上基本没有上限。

图 4-28　信息技术行业特征

信息技术的高成长体现在业务的覆盖广、业绩的高成长和模式的高成长三个方面。

（1）**业务覆盖广**。几乎任何行业都离不开信息，这种广泛的需求为信息技术的发展提供了广阔的空间。20世纪90年代中期，随着互联网的发展，大部分美国企业将公开网站作为必备产品，向全世界人们免费展示企业和商品资讯，并带动初期电子商务、即时通信和互联网基础建设的蓬勃发展。作为互联网的发源地，美国掀起了第一轮信息技术投资热潮。在美国互联网大潮的带动下，我国的第一批互联网企业也开始出现。

从国内互联网巨头的客户和业务范畴，我们也能感受到信息技术涵盖的业务范围之广。

> ▶ **案例一　腾讯控股**
>
> 公司成立于1998年11月，并于2004年在中国香港上市。截至2018年底，该公司拥有QQ（月活跃用户8.07亿）、微信/WeChat（月活跃用户10.98亿），基本覆盖了全国各行各业的人群，提供即时通信和资料传递等功能。
>
> 腾讯旗下的微信朋友圈、小程序和视频节目等提供的媒体广告和社交广告无所不包，既支持品牌宣传也支持渠道导流。
>
> 腾讯旗下的移动支付可为个人和企业提供支付、收单、交易

管理、信用卡还款、生活缴费和理财等各类在线支付服务。

腾讯旗下的腾讯云可以提供云服务器、云存储、云数据库、云运营等各类云产品和云服务，为众多行业提供解决方案。

腾讯旗下的腾讯游戏采取自主研发、代理合作和联合运营等三种模式，提供在线游戏娱乐、玩家互动、游戏竞技、游戏公会和爱心联盟等业务。

▶案例二　阿里巴巴

公司成立于1999年9月，2014年9月19日在纽约证券交易所上市，股票代码为BABA，业务包括电商零售和批发、团购服务、O2O服务、金融服务、快递服务和云服务等。截至2018年底，支付宝及其附属公司的年度活跃用户超过10亿，服务于20万个全球品牌和上千万家中小企业。

电子商务领域，淘宝网主要为个体户和小企业提供在线产品销售服务；天猫主要为品牌产品提供在线销售服务；全球速卖通为企业提供全球在线销售服务；阿里巴巴国际交易市场可以为中小企业提供全球批发贸易在线服务，以及通关、退税、贸易融资和物流等国际贸易的供应链服务；1688则为零售平台经营商家提供在线批发采购服务；阿里妈妈则通过联盟计划，为商家提供第三方网络和手机端的广告投放服务。

菜鸟网络将物流数据平台与合作伙伴的产能对接，提升物流价值链，满足电子商务的物流需求。

蚂蚁金服专注于为小微企业和消费者提供便捷的在线金融服务，该业务板块包括支付宝、蚂蚁聚宝、芝麻信用和网商银行等业务，提供支付、理财、信用评估、融资等金融服务。

聚划算依托阿里的客户资源，提供商品团购、商品定制等服务。

新零售则依托自营和合营的混合模式，借助数据资源和O2O

服务，整合供应链资源，构建以消费者体验为中心的数据驱动零售形态。

阿里云为国内最大的公共云服务供应商，集云计算与人工智能科技于一体，向企业和政府等机构提供云计算、大数据、云存储、云安全、云通信和人工智能等普惠科技服务。

▶ 案例三　百度

公司成立于2000年1月，2005年8月5日在纳斯达克上市，股票代码为BIDU。百度是全球最大的中文搜索公司，2018年9月，百度旗下APP去重后的月活跃用户达9.9亿。百度战略从早期的"链接人和信息"延伸到"链接人和服务"，致力于成为最懂用户并能帮助人们成长的全球顶级高科技公司，业务范围包括移动和计算机端搜索、社区服务、软件工具、游戏娱乐和云服务等。

搜索方面，百度主页、手机百度和百度地图分别提供计算机端、手机端和地图搜索服务，搜索内容除网页外，还提供图片、百科、音乐、视频、课程、外卖、医生、房产和票务等专业垂直频道搜索。

社区服务方面，百度阅读提供电子书在线阅读服务，百度网盘提供在线超大容量存储服务，度小满金融提供理财、支付、消费、充值、还款、贷款和团购等服务，宝宝知道为综合性的专业母婴知识社区。此外，社区服务还包括文库、贴吧、百度相册和百度股市通等。

软件工具方面，百度提供浏览器、输入法、杀毒、影音播放等在线工具，具体包括百度浏览器、百度输入法、百度杀毒、百度影音和百度音乐等。

游戏娱乐方面，百度游戏提供在线游戏娱乐服务，百度应用为第三方提供影片和游戏的在线搜索和娱乐。

> 云服务方面，个人方面为百度网盘，提供在线存储服务；企业方面则提供计算与网络、存储、数据库、安全与管理、数字营销云、多媒体服务、物联网服务、人工智能和网站服务等云服务，并能提供金融、游戏、视频、营销和教育等多个行业的解决方案。

从上述互联网三巨头的业务范围可以看出，信息技术行业已经成为一种基础资源，能够服务所有个人、企业和行业。2015年以来，国家提出"互联网+"战略，也是希望借助互联网对信息的高效传递和处理，提高传统行业的生产效率。

（2）业绩高成长。作为可以大幅提升生产效率的先进技术行业，信息技术一出现就受到社会的热烈欢迎和快速普及，是最近三十年发展最为迅速的行业。信息技术产业已经成为美国最大的支柱产业。

以信息技术行业个股为主的纳斯达克指数，在1991—2000年的10年间，最大涨幅达14.54倍；在2009—2018年间，最大涨幅达5.43倍。龙头股中，亚马逊1997年上市，至2018年底累计上涨614.56倍；苹果公司在1998—2018年间累计上涨383.73倍，充分分享了信息技术行业的成长红利。

我国信息技术行业产值缺乏较为完整的数据。根据工业和信息化部公布的数据，作为信息技术行业的细分行业之一的软件和信息服务业务收入在2008—2015年间增长4.71倍，年均复合增长率为24.33%，佐证了该行业的高速增长。

从全指信息行业指数看，2005—2015年间该指数最大涨幅达17.71倍，成长惊人。龙头股方面，软件龙头用友网络2005—2018年，营业收入增长7.1倍，归母净利润增长约5.6倍，股价上涨21.42倍；硬件龙头海康威视自2010年上市至2018年，营业收入增长14.37倍，归母净利润增长约9.84倍，股价累计上涨5.61倍。

由在海外上市的国内互联网公司构成的中国互联网指数，2009—2018年的10年间，指数最大上涨11.27倍，累计上涨5.42倍，复合年化收益率达20.44%。其中龙头股腾讯控股更是大涨31.37倍。

▶ **案例**　海康威视的成长之路

海康威视成立于2001年11月30日，2010年5月28日在A股中小板上市，股票代码为002415。公司是以视频为核心的物联网解决方案提供商，对外提供监控产品和技术解决方案。

2002年，海康威视开始陆续推出摄像机和操控版，在安防产业链的前端视频采集和后端数据处理同时布局。

2005年开始，信息和电子行业得到政府的大力支持，2006年我国安防"十一五"规划出台，掌握核心技术的海康威视在行业中异军突起。

2007年，海康威视出击海外市场，并首次进入"全球安防50强"。

2008年股份制改革后，海康威视加大研发力度，到2010年掌握了视频监控全系列产品研发和生产能力，从产品供应商转型为"产品+系统"的整体解决方案供应商，并向智能化方向进军，先后推出图像分析、人脸识别和超脑系列等智能化产品。

2013年，海康威视进军民用安防市场，推出定位于个人可视化安全的"萤石"项目，提供关爱视频、互联网系列产品、视频云存储等产品和服务。

2015年10月，海康威视发布雄鹰无人机，进军无人机市场。

2016年6月，海康威视成立海康汽车技术有限公司，提供智能车载系统解决方案和相关产品。

在企业发展中，海康威视坚持自主创新，在战略布局上极具前瞻性，引领安防行业的发展，并为企业快速成长提供了源源不断的动力。

（3）**模式高成长**。信息技术企业的模式高成长体现在三个方面。

①**代替传统市场**。信息技术自带的科技逻辑，能够极大地提升工作和生活效率，具有替代传统行业的先天优势。当信息技术对传统产

业发起攻击后，后者基本无招架之力，替代的速度非常快。

例如，创立于 1880 年的柯达曾经是影像产品及服务的生产和供应商，其产品柯达胶卷一度享誉全球。该公司曾在 1975 年发明了世界上第一部数码相机，但管理层认为推广数码相机会影响传统的胶卷业务，叫停了数码相机的生产和推广。随着其他厂商数码相机的推出，2000 年之后胶卷业务快速萎缩。2012 年 1 月，柯达正式申请破产保护，同年全球数码相机实现了 1.47 亿台的销量。

再以外卖市场为例。外卖在 2012 年之前主要是传统方式订购，市场规模较小，发展较慢。2012 年开始，随着在线外卖的兴起，在线外卖市场不仅快速取代了传统的外卖市场，而且做大了整体市场规模。统计显示，截至 2018 年，外卖市场在线销售占比超过 98%，市场规模达到 2 414.8 亿元，较 6 年前增长 6.20 倍，年均复合增长率达到了惊人的 38.96%。

②开辟新市场。信息技术不仅能代替传统市场，而且能创新商业模式，整合社会资源，开辟新市场。例如，我国共享单车早在 2007 年就已出现，由政府或单车经营企业投放，以有桩单车为主。2014 年开始，以摩拜、ofo 为代表的互联网共享单车出现，使用"移动支付＋无桩单车"切入市场，不仅取代了传统的共享单车市场，而且便捷、绿色的出行模式和大规模的投放，填补了很多原先的空白区域，吸引了更多人群的参与。根据智研网发布的《2018—2024 年中国共享单车行业市场需求预测及投资前景分析报告》，共享单车市场规模快速增长，2016 年仅有 12.3 亿元，2017 年达 102.8 亿元，预计 2018 年将达 178.2 亿元，3 年间增长 13.49 倍。

③"羊毛出在猪身上"的商业逻辑。信息技术有一个"奇葩"的商业逻辑——羊毛出在猪身上，即消费者免费或优惠使用互联网产品，由风投、政府、广告赞助商等第三方买单。这种商业逻辑相当于免费送产品、服务，契合了消费者低价或免费消费的需求，传播速度非常惊人。

例如国内用户量巨大的微信，客户可以免费下载、使用，无须付费。但是腾讯依靠庞大的客户群体和超强的客户黏性，2018年实现广告收入580.79亿元，各类增值业务收入1 766.46亿元，其中游戏收入1 040亿元，社交网络收入726.54亿元。

二是高波动。信息技术指数的高波动体现为企业业绩的高波动和行业估值的高波动。

在互联网世界，信息传递成本基本可以忽略不计，掌握核心技术或者具备规模优势的企业通常可以做到一家独大，最终形成老大狂赚、老二微利、老三生存困难的竞争格局，且竞争格局可能在较短的时间内发生。例如，上文提到的共享单车经过2014—2018年的快速发展和激烈竞争，市场份额已经趋于稳定，竞争格局变更前行业老大将享受最大的行业利润。

再比如小米科技于2010年12月发布智能手机端的实时聊天工具米聊，腾讯于2011年1月发布类似产品微信。作为后起之秀的微信借助通讯录导入、语音留言、语音通话、QQ关系链、摇一摇、微信游戏、微信红包等客户体验更好的功能，2012年即确立移动即时通信的霸主地位，而其他类似软件罕有听闻。

有一组数据可以显示信息技术行业龙头企业的盈利能力。2017年四季度，苹果手机的销售量只占行业的18%，但是利润却占全球智能手机产业的87%，销量第一的三星利润占比10%，其他众多智能手机企业的利润占比仅为3%。

上述情况造成了信息技术行业业绩的高波动性，特别是壁垒较小的软件行业。

高波动性的行业发展特征造成行业初期，风投资金疯狂涌入，企业在亏损状态下依然可以靠投资驱动，不断烧钱，不断壮大。风投资金谋求在竞争格局稳定后，赚取源源不断的利润，或者中途转让股权退出。

这种商业模式带来的是信息技术行业内企业的估值不完全以盈利和营业收入为基础，而参照细分行业未来的成长空间、团队实力和发展势头等情况进行估值，估值的波动空间非常大。

例如美国信息技术行业占比较高的纳斯达克指数，最小市盈率为 5.1 倍，最大市盈率为 303.9，最大市盈率是最小市盈率的近 60 倍。标普 500 指数最小市盈率为 5.12 倍，最大市盈率为 43.77，最大市盈率是最小市盈率的 8.55 倍。纳斯达克指数的估值波动倍数为标普 500 指数估值波动倍数的 7 倍。

我国计算机（申万）指数自 2007 年以来，最小市盈率为 24.89 倍，最大市盈率为 603.5，最大市盈率是最小市盈率的 24.25 倍。沪深 300 指数自 2007 年以来，最小市盈率为 8.02 倍，最大市盈率为 51.62，最大市盈率是最小市盈率的 6.44 倍。计算机（申万）估值波动倍数为沪深 300 指数估值波动倍数的近 4 倍。

全指信息指数数据较少，2011 年以来，最小市盈率为 29.08 倍，最大市盈率为 134.58，最大市盈率是最小市盈率的 4.63 倍。

可以看出，信息技术行业无论是在美国还是我国，估值的波动区间都显著大于普通指数。

在此情况下，信息技术行业的指数一方面受企业盈利波动影响；另一方面受行业估值波动影响，最终导致信息技术行业指数整体的波动空间大。

三是普及快。信息技术行业有一个著名的摩尔定律，指当价格不变时，集成电路上容纳的元器件数量，大约每隔 18～24 个月翻一番，性能也提升一倍。也就是说，相同价格购买的电脑性能每 18～24 个月可以提高一倍。这一定律充分揭示了信息技术行业日新月异的更迭速度。

摩尔定律主要针对计算机硬件。软件和商业模式方面的更迭速度有过之而无不及。现在的个人、企业，甚至商品基本都处于"联网"状态，一旦有合适的软件和行业模式，就会快速普及。

例如，微信仅用一年多的时间就确立了霸主地位：推出 10 个月，客户突破 5 000 万；推出 433 天，用户达到 1 亿；推出 2 年，用户达到 3 亿；推出 3 年，用户达到 5 亿；推出 4 年，用户达到 7 亿；……

> ▶ **案例** 快速崛起的拼多多
>
> 拼多多成立于2015年9月,定位于社交电商,亲朋好友在线拼团购物可以享受更优惠的价格。借助微信渠道的流量宣传,配合邀请砍价、默认包邮、商品超低价等策略快速成长。
>
> 2016年2月,拼多多单月成交额突破1 000万元,2016年10月10日,拼多多周年庆单日成交额超过1亿元。
>
> 拼多多2017年平均月活跃用户1.41亿,2018年12月月活跃用户2.71亿,年度活跃用户达到4.19亿。
>
> 拼多多2016年实现营业收入5.05亿元,2017年营业收入为17.44亿元,2018年实现营业收入131.2亿元。

拼多多的成长案例说明,只要具备良好的商业模式,就能在互联网世界快速普及。

四是爆发强。创新扩散理论认为,某个产品的渗透率超过10%后会出现爆发式增长,该理论在信息技术行业非常流行。1995年,美国互联网渗透率突破10%的临界点,随后出现了互联网的蓬勃发展,并引领全球信息技术的进步和商业模式的创新。我国移动互联网在2010年的渗透率突破10%的临界点,随后智能手机和移动互联产业呈现爆发式增长态势。行业的上述特征,决定了信息技术行业的指数和个股的爆发力非常强。

李欣怡在《从韩国经验看经济转型换档期十年十倍股的特征》中经统计得出,韩国股市的十年十倍中,互联网科技行业股价从最低点到最高点的增长时间是5.5年,平均收益率为4 146 825.1%。在《从日本经验看老龄化时期十年十倍股的特征》中经统计得出,日本股市的十年十倍中,互联网科技行业股价从最低点到最高点的增长时间是4.5年,平均收益率为1 087 502.7%。两个国家的数据均显示,互联网科技行业十年十倍股高增长的时间在所有行业中明显偏小,而平均收益率高居各行业第一,说明该行业的爆发力很强,短暂而璀璨。

指数方面，信息技术行业也呈现出较强的爆发性。

美国1995—1999年的牛市阶段，标普500指数上涨219.91%，信息技术占比较高的纳斯达克指数上涨441.16%；2009—2017年的牛市阶段，标普500指数上涨196%，纳斯达克指数上涨337.75%，纳斯达克指数的爆发性显著好于标普500指数。

从中证全指信息的年度涨跌情况看（见表4-43），指数表现与中证500指数基本一致，呈现中小盘特征。全指信息分别在2010年、2013年和2015年等年份领涨沪深300和中证500指数，且幅度较大，体现了较强的爆发性。与全指信息细分行业相关的国证系列指数中，网络软件指数长期表现更好。在全指信息领涨的年份中，网络软件和国证半导爆发性更强。

表4-43 信息技术相关指数与宽指的涨跌幅对比　　　　　单位：%

年份	沪深300	中证500	全指信息	网络软件	电脑硬件	国证半导
2005	-7.65	-13.70	-21.35	-31.57	-29.27	-6.38
2006	121.02	100.68	69.00	49.60	59.09	63.09
2007	161.55	186.63	130.49	99.87	145.13	71.01
2008	-65.95	-60.80	-60.72	-67.37	-62.68	-63.69
2009	96.71	131.27	127.04	143.51	119.32	148.78
2010	-12.51	10.07	33.62	17.23	39.92	54.35
2011	-25.01	-33.83	-38.94	-38.80	-38.90	-47.86
2012	7.55	0.28	-3.02	5.53	0.53	0.16
2013	-7.65	16.89	58.38	160.45	41.09	51.78
2014	51.66	39.01	28.74	33.19	13.76	28.12
2015	5.58	43.12	81.05	33.19	61.30	65.45
2016	-11.28	-17.78	-25.78	-30.79	-18.74	-27.86
2017	21.78	-0.20	-1.97	-22.73	15.53	25.39
2018	-25.31	-33.22	-35.22	-28.63	-39.06	-36.85

数据来源：Wind，指数涨跌不含分红。

4.4.2 信息技术行业的发展空间

下面从信息技术的各细分行业,逐一分析其未来的增长空间。

一是软件与服务的发展空间。国家工信部和国家统计局在《软件和信息技术服务业统计报表制度(2015—2016)》中,定义软件与信息技术服务业包括软件产品、信息技术服务和嵌入式系统软件。2011—2015年,我国软件与服务收入规模从1.85万亿元增长至4.28万亿元,年复合增长率达23.42%;2017年该数值攀升至5.5万亿元,同比增速达13.9%,超过GDP增速的两倍。受益于云计算、大数据、移动互联网、物联网、人工智能和虚拟现实等的快速发展和融合创新,预计未来软件与服务仍将保持两位数的增幅。其中云服务、大数据服务、人工智能、区块链、教育软件和安全软件等细分行业预计增速更快。《软件和信息技术服务业发展规划(2016—2020年)》提出,2020年,软件与服务业收入规模将突破8万亿元。

二是技术硬件与设备。技术硬件和设备主要包括电子计算机整机以及各类智能设备等。随着家庭和办公计算机渗透率的持续攀升,以及移动互联网的普及,截至2018年底,计算机整机已经进入见顶回落阶段。2014年,我国计算机整机产量创下4.06亿台的历史高点,其后开始震荡回落。2017年,全国电子计算机整机累计产量为3.6亿台,同比增长7%;微型电子计算机累计产量3.1亿台,同比增长6.8%,出现阶段性的小幅反弹,但不改行业震荡走低的大趋势。预计未来主要是设备更换需求,新增需求有限。新一代信息技术将加速穿戴、车载、服务机器人、医疗健康和工业级设备等领域的集成融合,相关领域的成长空间较大。

三是半导体产品及设备。半导体是常温下导电性介于导体和绝缘体之间的一种材料,主要是提取并加工后的硅片,广泛应用于电子元件产品制作。集成电路是采用特定工艺,将电子元件和线路连接并封装,同时可以实现一定功能的电子器件。集成电路经过设计、制造、封装和测试后,成为具备特定功能的芯片,广泛运用于通信、消费电子和工业自动化等。全球半导体贸易统计组织（WSTS）的数据显示，2017年，集成电路占据半导体83.3%的销售规模。

半导体行业具有资本密集型和技术密集型两大特征。资本密集体现在半导体的资本投入大，按照业内人士估计，单家企业的投资至少要达到2 000万美元。在制造过程中，前段晶圆制造设备约占投资额的80%，后段封装占9%，测试设备占6%。此外，芯片技术含量高、更新速度快，截至2018年底，我国尚无中高端芯片的生产能力，国内芯片的需求量占全球的一半以上，但是国产品牌仅能供应8%左右，剩余92%需要进口。截至2018年底，我国进口额最大的产品就是芯片，每年约需花费2 400亿美元，此外还需要花费约2 000亿美元进口相关零部件，总花费超过石油进口。

受技术和需求的周期波动影响，半导体行业呈现波动增长态势。半导体行业先后因为2001年互联网泡沫破裂、2008年金融危机和2011—2012年欧债危机、日本地震等影响而出现阶段性的下跌或增速放缓。其三大增长阶段主要受电子产品的普及拉动。第一次是20世纪70年代至20世纪90年代，在家庭和工业计算机的拉动下，半导体呈现爆发式增长。第二次是2001—2008年，笔记本电脑、2G和3G无线通信等拉动半导体的销售额从1 472亿美元攀升至2 553亿美元。第三次是2010—2014年，以智能手机为代表的移动互联产品带动半导体销售额从2 953亿美元攀升至3 344亿美元。

历史上，每一轮半导体的周期都伴随着行业整合。以存储器为例，2008年金融危机期间，三星逆市大举扩张产能，其后发起价格战，导致德国的奇梦达和日本的尔必达两家企业先后破产。2011—2012年，三星再次加大投资，抢占市场，导致台湾茂德破产、华亚科被收购。至此存储器行业只剩下三星、SK海力士和美光三家企业，其中，前两者占据了75%的市场份额。随着行业的整合，企业掌握了较大的定价权，半导体的周期性调整幅度逐步减少，从2000年前后的50%，下降到2009年前后的41%，到2016年前后调整幅度仅为20%，行业的盈利能力开始增强。

芯片相当于电子产品的大脑，随着各类电子产品和智能设备的普及，未来国内的需求量还将进一步加大。考虑较低的国产化水平，芯片的战略地位以及政府推动力度的加大，预计未来一段时间半导体产品及设备将维持高速发展，长远看存在 10 倍以上的增长空间。

4.4.3 信息技术行业的相关指数

信息技术行业的指数较多，既有覆盖软硬件公司的综合指数全指信息和中证信息，也有只覆盖硬件公司的 CSSW 电子，还有各类主题指数，如中国互联、信息安全、互联金融和 CS 人工智等，相关指数的年度涨幅如表 4-44 所示。

表 4-44 信息技术常见指数的年度涨跌幅　　　　单位：%

年份	全指信息	中证信息	CSSW电子	中国互联网	中证TMT	信息安全	互联金融	CS人工智
2005	−21.35	−23.59	−31.53	—	—	—	—	—
2006	69.00	64.76	32.89	—	—	—	—	—
2007	130.49	123.47	120.24	32.38	—	—	—	—
2008	−60.72	−63.19	−66.98	−45.79	—	—	—	—
2009	127.04	115.56	146.61	139.83	—	—	—	—
2010	33.62	40.64	44.61	12.74	—	—	—	—
2011	−38.94	−40.26	−47.25	−23.76	−18.85	−36.75	—	—
2012	−3.02	−2.30	5.51	15.62	−4.62	−13.99	−9.36	−4.51
2013	58.38	43.01	35.44	94.66	65.01	69.03	62.51	62.72
2014	28.74	22.25	2.45	1.24	29.86	44.01	62.86	22.12
2015	81.05	61.86	61.45	25.24	76.60	82.01	72.61	97.03
2016	−25.78	−23.27	−14.47	−2.39	−26.65	−29.48	−25.61	−27.16
2017	−1.97	12.31	−42.86	−29.10	35.79	−28.80	−26.91	−33.57
2018	−35.22	−36.03	21.28	57.75	−6.68	−5.14	−9.37	4.53
年化收益率	9.89	7.76	4.05	14.52	3.60	1.80	11.60	10.35

资料来源：Wind，指数不含分红数据。

表 4-44 最后一列展示了各指数成立以来至 2008 年底的复合年化收益率情况,近似于对应指数的长期业绩,成长性靠前的指数为中国互联、互联金融和 CS 人工智。

下面重点选取长期收益率靠前的指数加以介绍。

1. 中国互联

中国互联是中证海外中国互联网指数的简称,指数代码为 H11136(人民币)/H11137(美元),跟踪该指数的基金在二级市场被称为"中国互联",此处也用"中国互联"作为指数的简称。

该指数的样本股需要符合如下条件。

(1)在中国内地以外的地区交易,但注册地、运营中心在中国内地;

(2)上市时间超过 3 个月(发行市值超过 30 亿美元的除外);

(3)中国主营业务收入 50% 以上来自中国内地;

(4)在中国香港上市的股票需要满足:

a. 在中国香港主板和创业板上市且以中国香港为主要上市地的普通股;

b. 剔除过去一年日均股价低于 0.1 港元,以及低于 0.5 港元且最近年度报告每股收益小于 0 的证券;

c. 剔除最近三个月日均换手率不满足条件的证券。

在样本空间内,剔除过去一年日均成交额小于 100 万美元或日均市值小于 10 亿美元的证券,在剩余证券中选择业务涉及互联网软件与服务、家庭娱乐软件、互联网零售、互联网服务和移动互联网的股票组成样本股。指数以 2007 年 6 月 29 日为基准日,按照调整市值加权,每半年调整一次。

由于很多互联网企业在创业初期迫切需要上市融资或者管理层希望设置特殊的股权结构,但因不符合 A 股上市条件,导致国内很多互联网企业都选择在中国香港和美国上市。目前国内互联网企业龙头腾讯控股、阿里巴巴、百度、美团、京东、拼多多和网易等均为该指数的成份股。相对 A 股的信息技术指数,该指数能更为确切地反映中国信息技术行业的发展趋势。该指数的前十大重仓股如表4-45所示。

表4-45　中国互联指数前十大重仓股　　　　　　　单位：%

序号	股票名称	权重	序号	股票名称	权重
1	腾讯控股	10.09	6	腾讯音乐	4.32
2	阿里巴巴	9.09	7	京东商城	4.28
3	百度	7.94	8	携程网	4.14
4	美团点评	6.75	9	拼多多	4.03
5	网易	5.92	10	好未来	3.89

资料来源：中证指数公司。

该指数前十大重仓股合计权重为60.45%，其中BAT（百度、阿里巴巴和腾讯控股的简称）合计权重27.12%，属于集中度非常高的指数，也从一个侧面说明信息技术行业各细分市场容易形成一家独大的竞争格局。截至2018年底，该指数收于6 861.33点，指数成立以来的年化收益率为18.23%。跟踪该指数的基金代码为164906，属于LOF基金，支持在二级市场交易。

此外，还有个类似的中国互联网50指数。该指数选股方式与中国互联基本一致，只是选股个数不超过50只，且采用调整市值加权，单只股票的权重不超过20%（2019年6月开始调整为不超过30%）。该指数较中国互联指数持股更为集中，权重股占比更高，受益于权重股的良好业绩，该指数长期业绩也更好。该指数的前十大重仓股如表4-46所示。

表4-46　中国互联网50指数前十大重仓股　　　　　单位：%

序号	股票名称	权重	序号	股票名称	权重
1	腾讯控股	20.38	6	网易	5.12
2	阿里巴巴	18.64	7	携程网	4.21
3	百度	15.74	8	腾讯音乐	3.66
4	美团点评	6.02	9	好未来	2.96
5	京东商城	5.20	10	拼多多	2.72

资料来源：中证指数公司。

该指数前十大重仓股合计权重为84.65%，其中BAT合计权重54.76%，指数集中度更高。2018年底，成份股中29%权重的成份股为港股，29.9%权重的成份股在纽约交易所上市，41.1%权重的成份股在纳斯达克上市。

易方达中概互联50ETF（513050）跟踪中国互联网50指数，可以通过证券账户进行买卖。该指数基金对应的人民币联接基金A类代码为006327，C类代码为006328；美元现汇基金A类代码为006329，C类代码为006330。

2. 互联金融

互联金融是中证互联网金融指数的简称，指数代码为399805。该指数在中证全指中，剔除最近一年（新股上市以来）日均成交额从高到低排列，排名靠后20%的股票，在剩余股票中，选择支付、融资、投资、保险、金融信息服务及其他互联网金融公司组成成份股。如果成份股超过100只，则依据过去一年日均总市值从高到低排名，取前100只按照调整市值加权，其中金融地产行业权重不超过30%，单只股票的权重不超过3%。该指数样本股每半年调整一次，以2012年6月29日为基准日，指数前十大重仓股如表4-47所示。

表4-47 互联金融指数前十大重仓股　　　　　　　　　　　单位：%

序号	股票名称	权重	序号	股票名称	权重
1	航天信息	3.19	6	兴业银行	3.01
2	中信银行	3.15	7	雅戈尔	2.97
3	东吴证券	3.12	8	苏宁易购	2.96
4	国金证券	3.07	9	平安银行	2.95
5	东方财富	3.03	10	恒生电子	2.95

资料来源：中证指数公司。

该指数前十大重仓股合计权重为30.4%，持股相对分散。2018年底，该指数成份股总市值2.18万亿元，指数市值0.42万亿元，成份股平均市值280亿元，偏中盘股。该指数为主题指数，行业结构方面，信息技术行业权重占44.1%，金融地产行业权重占30.8%，可选消费权重占10.4%。

目前跟踪该指数的有两只指数基金，交银互联金融（代码为164907）和大成互联金融（代码为502036）。2018年底，两只基金的规模分别为0.75亿元和0.44亿元，规模均偏小。

3. CS人工智

CS人工智是中证人工智能主题指数的简称。该指数从全部A股中,剔除最近一年(新股为上市以来)日均成交金额从高到低排列的靠后20%的股票,在剩余股票中选择为人工智能提供基础资源、技术和应用支持的公司作为待选样本股,并按照过去一年的日均总市值从高到低排列,选取前100只股票作为样本股。该主题选股的业务范围包括但不限于大数据、云计算、云存储、机器学习、机器视觉、人脸识别、语音语义识别和智能芯片等。指数样本股按照调整市值加权,单只股票权重不超过5%,每半年调整一次,以2012年6月29日为基准日,指数前十大重仓股如表4-48所示。

表4-48 CS人工智指数前十大重仓股

序号	股票名称	权重(%)	序号	股票名称	权重(%)
1	科大讯飞	5.35	6	四维图新	2.40
2	海康威视	5.08	7	机器人	2.35
3	大华股份	3.35	8	浪潮信息	2.33
4	用友网络	3.32	9	卫宁健康	2.29
5	中科曙光	2.62	10	歌尔股份	2.18

资料来源:中证指数公司。

指数前十大重仓股合计权重为31.27%,持股相对分散。2018年底,指数成份股总市值为1.2万亿元,指数市值为6 155亿元,成份股平均市值为130亿元,偏中小盘风格。

目前跟踪CS人工智的指数基金代码为161631,该基金为LOF,也可以在二级市场买卖。2019年7月12日,平安基金发行了人工智能ETF(512930),跟踪中证人工智能主题指数,投资又多了一个选择。

4. 全指信息

全指信息是从全指样本股中,将信息技术行业个股分别按照日均成交金额和日均总市值从高到低排列,剔除排名靠后的10%以及累计市值占比达98%以上的股票,并按照调整市值进行加权计算,截至2018年底共有411只个股。指数每半年调整一次样本股,以2004年12月31日为基准日,指数前十大重仓股如表4-49所示。

表 4-49　全指信息指数前十大重仓股　　　　　　　　单位：%

序号	股票名称	权重	序号	股票名称	权重
1	海康威视	5.06	6	三安光电	1.47
2	京东方 A	3.32	7	大族激光	1.38
3	东方财富	2.33	8	恒生电子	1.37
4	科大讯飞	1.92	9	航天信息	1.36
5	立讯精密	1.85	10	大华股份	1.10

资料来源：中证指数公司。

指数前十大重仓股的合计权重为 21.16%，持股相对分散。2018 年底，指数成份股总市值为 3.71 万亿元，指数市值为 1.88 万亿元，成份股平均市值为 90 亿元，偏小盘风格。

目前跟踪信息技术行业的 ETF 基金代码为 159939，其联接基金 A 类代码为 000942，C 类代码为 002974。截至 2018 年底，信息技术 ETF 的规模为 3.45 亿元，联接基金 A 类规模为 1.44 亿元，C 类规模为 0.87 亿元。

与该指数类似的另一个主题指数为 CS 计算机。

5. CS 计算机

CS 计算机为中证计算机主题指数的简称，指数代码为 930651。该指数将中证全指样本股最近一年（新股上市以来）的日均成交金额从高到低排序，剔除靠后的 10%，在剩余股票中选取涉及信息技术服务、应用软件、系统软件、电脑硬件等业务的上市公司，数量上选取近一年日均市值排名靠前的 100 只股票作为样本股，按照调整市值加权，单只股票权重不超过 10%。指数每半年调整一次样本股，以 2004 年 12 月 31 日为基准日，指数前十大重仓股如表 4-50 所示。

表 4-50　CS 计算机指数前十大重仓股　　　　　　　　单位：%

序号	股票名称	权重	序号	股票名称	权重
1	海康威视	10.17	6	中科曙光	2.68
2	科大讯飞	5.99	7	四维图新	2.46
3	恒生电子	4.27	8	浪潮信息	2.39
4	用友网络	3.39	9	广联达	2.34
5	同方股份	3.35	10	东华软件	2.16

资料来源：中证指数公司。

指数前十大重仓股合计权重为 39.2%，持股相对集中。2018 年底，指数成份股总市值为 1.21 万亿元，指数市值为 0.6 万亿元，成份股平均市值为 121 亿元，偏中小盘风格。由于该指数相对全指信息更为集中，持有的龙头股更多，长期业绩也更为优异。截至 2018 年底，指数收于 5 154.13 点，指数成立以来的复合年化收益率为 12.43%，比全指信息高 2.54 个百分点。

目前跟踪该指数的 A 类基金代码为 001629，C 类基金代码为 001630，2018 年底，两者合计规模为 4.92 亿元。国泰基金 2019 年 7 月 11 日发行了计算机 ETF（512720），投资工具更加丰富。

6. 硬件及半导体指数

硬件及半导体等行业指数的历史回报率并不突出。目前有指数基金专门跟踪的计算机硬件及半导体指数主要是 CSSW 电子、中证电子和中华半导体 3 个指数。这里简要介绍下成立以来收益率稍高的后两者。

中证电子由中证指数公司编制，简称 CS 电子，代码为 930652，以 2004 年 12 月 31 日为基准日，1 000 点为基点。该指数在中证全指中，剔除最近一年（新股为上市以来）日常成交额靠后的 10%，选择涉及半导体、计算机及外围设备生产、电子设备和消费电子生产等业务的上市公司为样本股，选取最近一年日均总市值从高到低的前 100 只个股作为成份股，按照调整市值进行加权。截至 2018 年底，该指数收于 3 660.75 点，年化收益率仅为 9.71%。目前跟踪该指数的基金 A 类代码为 001617，C 类代码为 001618。

中华半导体指数以 2011 年 12 月 30 日为基准日，以 2 000 点为基点，成份股为 50 只，采用自由流通调整市值加权。该指数由中国香港、上海和深圳三地证券交易所联合成立的中华交易服务公司推出。该指数选取最近一年日均成交额（新股为上市第四个交易日至审核截止日）排名前 80% 的股票，同时要求主营业务收入必须来自半导体材料、设备、设计、制造、封装或测试。经过上述筛选后，再按照日均总市值选取前 50 名进行自由流通调整市值加权计算，单只股票的权重不超过 10%。该指数成立以来至 2018 年底的年化收益率为 6.07%。该指数虽然收益率不高，但考虑到聚焦在半导体产业链进行指数化投资，未来将受益于半导体行业的发展。

2019年上半年，中华半导体指数大涨40.11%，在信息技术相关指数中处于领涨态势。该指数的前十大重仓股如表4-51所示。

表4-51 中华半导体指数前十大重仓股

代　码	名　称	行　业	上市交易所	流通市值（亿元）	权重（%）
002049	紫光国徽	信息技术	深交所	187.4	8.38
603986	兆易创新	信息技术	上交所	148.2	6.63
600460	士兰微	信息技术	上交所	130.7	5.85
002371	北方华创	信息技术	深交所	126.9	5.68
603160	汇顶科技	信息技术	上交所	126.6	5.66
600584	长电科技	信息技术	上交所	123.6	5.53
002180	纳思达	信息技术	深交所	120.2	5.38
600717	上海贝岭	信息技术	上交所	90.9	4.07
002185	华天科技	信息技术	深交所	86.8	3.88
300316	晶盛机电	工业	深交所	81.5	3.65

数据来源：中华交易服务。

目前跟踪该指数的ETF基金代码为512760，基金成立于2019年5月16日，2019年6月底的规模为1.61亿元。2019年5月8日，国联安基金发行了半导体ETF（512480）及联接基金（A类007300，C类007301）跟踪中证全指半导体产品及设备指数，投资半导体产品与设备行业相关公司，选股范围小于中华半导体，该指数2012年以来的成长性略小于中华半导体指数。

4.5　金融地产行业

说起金融地产，大伙儿一定不陌生。该行业由金融和地产两个细分行业组成，其中，金融涉及资金的流通、借贷和投资等业务，可细分为银行、证券、保险、信托等行业；地产则主要是房地产的开发、建造、销售和出租等业务。

金融是现代经济的命脉，能够为各行各业的发展解决资金问题。2007—2015年，我国金融行业增加值在GDP中的占比从4%攀升至8.4%，此后逐年下降，2018年降低至7.68%，比美国和英国高了接近一个百分点，金融资源使用效率尚有提高空间。

地产是国家经济的支柱产业，不仅能改善人们的居住环境，还能够带动金融发展，拉动建材、家居、家电等行业消费，吸纳大量的人群就业。2008年以来，房地产增加值在GDP中的占比从4.61%攀升至2018年的6.65%。比美国2018年房地产行业增加值的GDP占比低5.5个百分点。如果将建筑和房地产业合并，2018年两个行业占GDP的比重为13.51%，仍比美国低2.74个百分点，我国房地产服务行业还有不小的发展空间。

由于相关子行业的盈利模式和行业特征差异较大，下面逐一对子行业及相应的基金进行介绍。

4.5.1 银行业

小说《茶花女》里有句名言：金钱是好仆人、坏主人。

生活中，作为"百业之母"的银行就是把金钱作为仆人进行"使唤"的典型行业。银行通常付一点利息雇佣"钱"来工作，然后安排它们到最需要钱的个人、企业那里去服务。最后，从"钱"挣回来的"收入"中拿出一部分付给它的主人，而把它们的剩余劳动成果留下。这就是银行的简要盈利模式，可以用图4-29展示银行的主要收支情况。

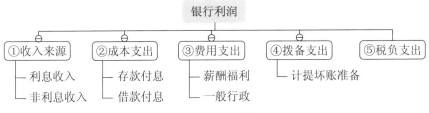

图4-29 银行盈利模式

1. 收入来源

银行收入主要来源于利息收入和非利息收入。

利息收入可以分为三部分：

（1）借给企业、个人的贷款利息收入；

（2）拿去投资的利息收入；

（3）在银行和其他金融同业的利息收入。

该部分收入长期占据银行收入的主要来源，2016 年之前，利息收入占银行收入的 75%～80%，目前下降至 60%～70%。因该部分收入是银行传统业务，受宏观经济和政策影响较大。

在经济复苏时期，信贷投放量大，利息收入增长快；在加息周期，银行的议价能力提升，利息收入增长也较快；而在经济衰退或降息周期，银行的利息收入增长缓慢，甚至下降。

多数人不喜欢暴涨暴跌的股市，银行也不喜欢自己的业绩大升大降。一般该项传统业务收入占比越低，银行的业绩增长越稳，越受市场欢迎。例如，目前公认成长性最好的招商银行 2018 年净利息收入占比 64.56%，显著低于多数银行。

非利息收入主要来自于手续费、佣金、投资收益等。

仍以招商银行为例，2018 年其非利息净收入的 881.71 亿元中，手续费及佣金净收入为 664.8 亿元，占比 75.4%，是主要构成部分；其他净收入为 216.91 亿元，占比 24.6%。手续费及佣金的收入结构如图 4-30 所示。

托管及受托、代理服务和银行卡三项业务占比均超过 15%，是手续费及佣金收入的核心业务。该项业务主要体现银行的差异化服务能力。例如，招商银行的客户优质、发卡量大、优惠活动多，2018 年信用卡交易大增，带动银行卡手续费收入同比增长 19.38%。

光大证券在研报《中国银行盈利模式的转变》中统计了 16 家早期上市的银行（5 大国有行、8 家股份制银行以及南京、宁波和北京三家地方性银行）2009—2016 年的利息收入与非利息收入增长情况。结果显示，在利率市场化改革加快的背景下，传统银行业务竞争逐渐加剧，银行的利息收入占比逐步下降，而非利息收入占比稳步增加。2012—2016 年期间，银行的非利息收入年复合增长率为 14.8%，显著高于利息收入 7.8% 的复合增长率。到 2016 年，银行的利息收入占比已经逐步下降至 70%，而非利息收入占比攀升至 30%。

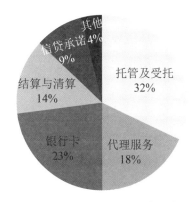

图 4-30　招商银行 2018 年手续费及佣金收入结构图

数据来源：招商银行 2018 年年报数据。

2. 成本支出

成本支出主要是吸纳存款的付息，以及主动负债（如发行债券、吸收同业存款等）支出。

正常情况下：零售客户存款利息 < 公司客户存款利息，活期存款利率 < 定期存款利率 < 发债利率，普通客户存款利率 < 同业存款利息 < 其他负债利息。

例如，2018 年，招商银行零售客户存款占总存款的 34.39%，存款成本为 0.8%；公司客户存款占比 65.61%，存款成本为 1.5%。零售客户存款中，活期存款占 70.14%，成本为 0.37%；定期存款占 29.86%，成本为 2.06%。

一家银行的战略决定了其业务结构，业务结构会决定银行的成本支出。例如以小微金融和投行为主的民生银行，2018 年成本较低的零售客户存款仅占总存款的 18.16%，其吸纳存款的平均成本为 2.17%；而以科技金融和零售金融为主的招商银行零售客户存款占总存款的 35.52%，其吸纳存款的平均成本仅为 1.45%。此外招商银行大力发展银行卡和托管业务，低成本地吸纳了结算资金，其公司类活期存款成本为 0.81%，个人活期存款成本为 0.33%，也显著低于民生银行同类存款成本（公司活期 0.97%，个人活期 0.39%）。

3. 费用支出

费用支出主要包括员工薪酬福利、固定资产折旧、无形资产摊销、租赁费和一般行政费。招商银行 2018 年的费用结构为：员工薪酬福利占 59.69%，固定资产折旧占 4.22%，无形资产摊销占 1.27%，租赁费占 5.50%，一般行政费占 29.32%。

其中份额较大的主要是员工薪酬福利和一般行政费，两者合计占 89.01%。在员工身上这样大笔投入，对人才的吸引力自然不小。根据招行年报，相关费用增长的主要原因是持续加大科技研发人才的投入、数字化网点改造、线上获客及经营方面的投入。

光大证券在研报《中国银行盈利模式的转变》中对比了我国与美国银行业的利润费用比指标，发现我国银行业"净利润 / 薪酬福利"是美国的 2.5 倍，"净利润 / 一般行政费"是美国的 5 倍。也就是说，我国相对较低的人工费用和行政开支，为银行贡献了更多的利润。

4. 拨备支出

如果你不得不借 100 万元给一位亲戚做生意，但是这个生意风险不小，这笔钱预计未来只能收回 95 万元，那么你可以在借钱的同时，把今年的利息收入扣减 5 万元作为未来的损失补偿。这个被扣除的 5 万元其实就是**拨备支出**，即应对预期损失提前计提的准备金。

银行想获取利息收入必须放贷，但是贷款人的还款能力差异较大，按照不同贷款人的还款可能性提前计提拨备，可以更为客观地反映当期的利润。

光大证券统计了上市银行近年来的不良资产（NPL）增长率与 GDP 增长率的相关性，如图 4-31 所示。数据显示，不良资产增长率与 GDP 增长率走势呈显著负相关（走势相反），2010—2016 年 GDP 增速不断下降，银行的不良资产增速逐步攀升。2017 年开始，GDP 增速触底回升，银行的不良资产开始见顶回落。

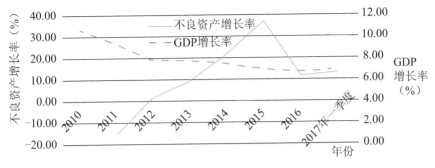

图 4-31 银行不良资产增长率与 GDP 增长率对比

资料来源：光大证券研究报告《中国银行业盈利模式的转变》。

由于银行用于赚钱的大部分钱是别人的钱，只用很少的自有资本，经营中使用的杠杆非常高。根据银保监会公布的数据，2018 年 12 月底，银行的总资产为 261.41 万亿元，总负债为 239.90 万亿元，相当于使用 21.51 万亿元（261.41-239.90）资金，做 261.41 万亿元的生意，杠杆达到 12.15 倍（261.41/21.51）。在较高的杠杆下，银行的收入和成本费用等会放大反映宏观经济情况。例如 2017 年一季度 GDP 增速比 2016 年提高 0.2%，同期的不良资产增速下降 1.4%；2014—2015 年 GDP 增速下降 0.5%，同期的不良资产增速提高 15%。不良贷款增速的变动，会引起相应的不良贷款拨备支出变动，成为影响银行利润增速的主要因素之一。

最后一部分的税负支出，因各银行税率基本一致，净利润与各家银行的税前利润有关，此处不展开介绍。

银行行业特征小结：

（1）银行是高杠杆经营行业，放大反映经济情况；

（2）经济复苏时期、加息周期期间，银行业绩较好；

（3）吸纳存款成本低、创新业务强的银行业绩更好；

（4）GDP 见底回升期间，拨备支出减少，银行业绩好。

5. 中证银行涨跌特征

最常使用的银行行业指数为中证银行指数。该指数由 A 股 26 只银行股组成样本股，按照调整市值方法加权，单只股票的权重不超过 15%，每年的 6 月、12 月的第二个星期五的下一个交易日实施调整。中证银行指数代码为399986，以2004年12月31日为基日，以1 000点为基点。2018年底，该指数成份股总市值为6.13万亿元，指数市值为1.75万亿元，成份股平均市值为2 356亿元。2018年底的前十大重仓股如表4-52所示。

表4-52 中证银行指数前十大重仓股

序号	股票名称	权重（%）	序号	股票名称	权重（%）
1	招商银行	13.99	6	浦发银行	6.59
2	兴业银行	10.67	7	工商银行	6.54
3	交通银行	9.11	8	北京银行	4.76
4	民生银行	8.15	9	平安银行	4.61
5	农业银行	7.90	10	中国银行	4.36

资料来源：中证指数公司。

图4-32展示了2005年以来中证银行与沪深300的月线对比。中证银行指数的长期收益好于沪深300指数，且随着时间线拉长，领先优势更加明显。这背后的原因是**银行利润好于社会平均水平**，长期使用**高杠杆经营致使超额收益越来越多**。有句古话说得好：一等商人用别人的钱赚钱，二等商人用自己的钱赚钱。从前文的描述看，银行的盈利模式算得上是一等商人，并将收益体现在行业指数的走势上。

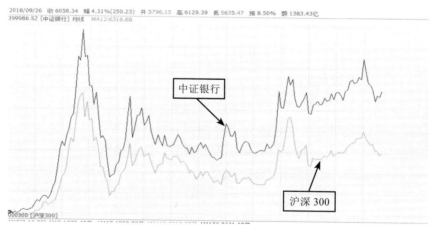

图4-32 中证银行与沪深300走势对比

数据来源：Wind。

表 4-53 展示了中证银行各季度和年度涨跌幅度，其中，每一年中领涨的季度和跑赢沪深 300 指数的年度用底色标出。从中可以看出，2005 年以来，银行在**四季度的平均收益率为 12.63%，是银行表现最好的时间段，其次是一季度**。背后的原因是，每年的四季度和一季度开始至春节前，往往是消费旺季和货币宽松期，银行受益于上述良好和宽松的经济环境，指数涨势较好。

表 4-53　中证银行指数各季度涨幅及年度涨幅　　　单位：%

年份	一季度	二季度	三季度	四季度	年度	沪深 300
2005	-3.80	7.64	7.24	8.99	21.03	-7.65
2006	20.53	16.19	19.35	78.46	198.28	121.02
2007	13.52	23.55	42.22	2.86	105.19	161.55
2008	-26.97	-24.74	-21.73	-18.63	-65.00	-65.95
2009	36.06	43.38	-10.04	16.46	104.39	96.71
2010	-5.92	-23.36	-1.44	-0.97	-29.62	-12.51
2011	8.95	-5.82	-9.97	3.42	-4.46	-25.01
2012	3.30	-5.61	-7.63	27.17	14.55	7.55
2013	3.04	-11.79	6.54	-6.26	-9.30	-7.65
2014	-3.61	1.35	4.18	59.93	62.77	51.66
2015	-2.44	11.03	-17.35	10.94	-0.67	5.58
2016	-8.37	0.18	2.97	1.20	-4.35	-11.28
2017	3.30	3.62	4.23	2.52	14.37	21.78
2018	-2.17	-11.73	8.95	-9.32	-14.69	-25.31
均值	2.53	1.71	1.97	12.63	28.04	22.18

数据来源：Wind。

银行业的周期性较强，一般使用市净率（PB）估值。2018 年 9 月底，我国银行的市净率和盈利能力（用 ROE 表示）与全球其他地区的对比如图 4-33 所示。从图 4-33 中可见，相对于盈利能力相当的瑞士、加拿大和澳大利亚，我国银行业估值更具优势；相对于估值接近的欧洲各国，我国银行业盈利能力更强，整体处于性价比较高的阶段。

需要注意的是，银行适合顺周期投资，在牛市第一阶段（2005—2006 年、2009 年、2014 年）更容易实现较好的收益（参见表 4-53 年度涨跌数据）。

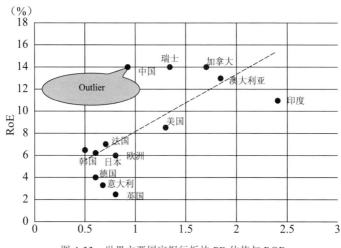

图 4-33 世界主要国家银行板块 PB 估值与 ROE

资料来源：天风证券分析报告《我们如何研究银行股？》，取数时间为 2018 年 9 月底。

目前跟踪银行的基金主要是行业基金，且跟踪的指数均为中证银行。截至 2018 年底，跟踪中证银行的指数有两只 ETF 和 7 只普通指数基金（C 类单独计算），相关的基金详见表 4-54。

表 4-54 银行指数基金概况表 单位：%

代 码	简 称	规模（亿元）	最大申赎费率	年运营费率	2018 年业绩
512800	银行 ETF	6.2	—	0.60	-12.05
512700	银行基金	1.04	—	0.60	-10.78
160631	鹏华银行	44.38	2.70	1.22	-12.42
161029	富国银行	5.72	2.70	1.22	-11.99
161723	招商银行	3.24	2.50	1.20	-11.54
161121	易方达银行	2.46	2.50	1.22	-10.87
160517	博时银行	1.33	2.50	1.22	-10.98
001594	天弘银行 A	1.76	2.50	0.60	-12.15
001595	天弘银行 C	2.98	1.50	0.80	-12.34

资料来源：天天基金网。

在规模方面，ETF 基金中，银行 ETF 规模靠前；普通指数基金中，鹏华银行规模靠前，资金量较大的投资者可以重点关注上述规模较大的基金，对于普通投资者，上述基金的规模均能满足日常申赎需求，可从业绩方面考虑。

在业绩方面，两只 ETF 基金成立于 2017 年，其余基金主要成立于 2015 年，此处选择重叠的 2018 年进行业绩比较。2018 年，中证银行指数下跌 14.69%，由于成份股的普遍分红收益率在 4% 左右，扣除各类费用后，上述基金均跑赢对应的指数。ETF 中规模较小的银行基金跌幅更小，普通指数基金中，规模较小的易方达银行跌幅更小。主要原因是小规模基金在打新中，平均的收益率高于大规模基金。

在费用方面，两只 ETF 以及天弘银行 A 年运营费（含托管费、管理费和销售服务费）最低，只有 0.6%。对于长期看好银行业的投资者，可以优先选择低费率的基金。

对于做行业轮动的投资者，只是阶段性看好银行业，场内可以选择 ETF，场外可以选择综合费率较低的天弘银行 C（代码为 001595），该基金申购费率为 0，持有 7 天及以上费率也为 0，只按年收取 0.2% 的服务费，适合阶段性配置。

4.5.2 证券业

有句老话叫"久赌必输"。这句话透露出赌场赚钱的根本原则——概率！以最简单的百家乐为例，如果你赢了庄家，付给赌场 5% 的水钱，输了则赔光本金。

假定输赢的可能都是 50%，下注 100 元，赢了扣除 5% 的水钱拿走 95 元，输了赔 100 元。那么，赌一把的输赢预期收益为 95×50%-100×50%=-2.5 元，即平均玩一次亏 2.5 元。特朗普在其自传《投资界的不死鸟》中透露，一位阿拉伯酋长曾经在老虎机上，一个周末疯狂输掉 90 万美元，这种不经意的概率可以确保参与者稳定输钱。

显然，赌不是一件好事情，但是开赌场基本稳赚不赔，长期盈利丰厚。例如，在中国香港上市的赌场银河娱乐（股票代码为 0027）1991 年上市以来至 2018 年底累计上涨 102.53 倍。A 股市场，有两个行业依靠这种稳赚不赔的概率及相关服务赚钱，一个是证券，另一个是保险。这里先说证券。

1. 盈利模式

我们以中信证券 2014 年（最近的一次牛市）年报为例，观察证券公司的盈利模式，当年其主要财务指标如表 4-55 所示。

表 4-55 中信证券 2014 年财务数据　　　　单位：%

业务名称	营收占比	同比增幅	营业利润率	利润占比	同比增幅
经纪业务	34.86	55.62	50.05	38.65	50.05
资产管理	20.93	265.67	51.91	24.07	51.91
证券投资	23.15	49.48	46.76	23.98	46.76
证券承销	12.27	68.34	38.24	10.39	38.24
其他业务	8.79	104.69	14.92	2.91	14.92
合计	100.00	81.18	100.00	100.00	92.17

数据来源：中信证券 2013 年和 2014 年年报。

中信证券的业务主要分为以下几个部分。

（1）**经纪业务**。经纪业务主要包括证券及期货经纪业务、代销金融产品等。牛市中，机构和散户很容易赚钱，买卖意愿很强，交易额大幅攀升，经纪业务收入也会水涨船高。2014 年，A 股股票和基金日均交易额达 3 098 亿元，同比增长 54.75%。中信证券在交易所交易的股票和基金（自营及代客户交易）总额达 9.8 万亿元，同比增长 66.38%；代理销售的金融产品交易额达 1 542.48 亿元，同比增长 35.42%。受互联网金融的影响，经纪业务的费率有下降趋势，但是其影响远小于牛市交易量带来的正面贡献。证券公司也积极通过产品的结构升级、服务升级等进行高端化转型，提高佣金定价水平，一定程度抵消同业竞争带来的费率下降。

（2）**资产管理**。资产管理具体包括集合资产管理、定向资产管理、专项资产管理、基金管理以及其他投资账户管理。受益于企业和居民财富增长，以及牛市带来的赚钱效应，各类理财产品热销，证券公司的资产管理业务也十分受益。2014 年，中信证券受托管理的资产总规模达 0.76 万亿元，同比增长 49.53%。中信证券控股的华夏基金产品热销，管理的资产规模达 0.46 万亿元，同比增长 37.5%。

（3）**证券投资**。证券投资主要包括私募股权投资、战略本金投资以及其他业务。随着市场的回暖，私募股权投资异常火爆。2014年，中国私募股权披露募资金额共计631.29亿美元，同比增长83%。中信证券全资子公司金石投资通过直接股权投资、股权投资基金、可转债和股票增发等渠道积极实施私募股权投资。此外，中信证券还设立中信产业基金，投资一些具备高成长性、优秀团队和创新能力的龙头企业，通过被投资项目/企业的上市、转让等实现退出。

（4）**证券承销**。证券承销主要包括股权融资、债券及结构化融资和财务顾问等业务。在牛市来临时，股价高涨，很多企业希望借此机会融资，用更少的股票融回来更多的资金，证券公司的承销业务会大幅增长。2014年，中信证券股权承销金额达959.19亿元，同比增长77%，市场排名第一。牛市往往伴随着资金面的宽松和利率的走低，企业的债券发行意愿提升，债券承销业务也有较好的增长空间。2014年，中信证券完成债券主承销3 347.57亿元，同比增长109.83%。财务顾问主要是为企业并购提供相关的咨询服务、方案设计和融资支持等，牛市中企业现金流充裕，并购的意愿也会显著提升。2014年，全球并购交易总金额达3.4万亿美元，同比增长29%。中信证券该年度协助完成513.36亿美元的并购交易，同比增长100.2%，居全球财务顾问交易金额排行榜的第二位。

（5）**其他业务**。主要包括为企业提供约定购回式证券交易、股票质押回购、市值管理等股权管理服务，向机构提供结构性产品、股票收益互换、场外期权报价、收益凭证等衍生品业务；代理机构提供ETF做市、新三板做市、期权做市等做市业务；利用自有资金进行自营投资；借助研究团队成果，对外输出研究服务，等等。上述业务多数也受益于牛市，会呈现供求两旺的局面。

证券公司主要成本费用包括人工费、办公费、系统采购和使用费以及租赁费等，业务达到一定规模后，单位成本会随着规模的上升而递减，促进利润加速增长。在年景不好的时候，可以控制员工数量、薪酬以及其他业务支出等来降低成本费用，除非出现极端情况，其他年份均可以保持盈利。中信证券2003年以来，经历多轮牛熊，每年均能保持盈利，属于盈利模式非常好的周期股。

就整个行业而言，也有上述类似的规律。例如2008年全球股灾，A股暴跌65%，但是证券行业营业收入为1 251亿元，赚取利润482亿元。如果碰到牛市，上市公司数量和规模大增，股民买卖频繁，证券的"服务费"也会暴增。例如，2014年证券公司营业收入2 603亿元，同比增长63%，实现净利润966亿元，同比增长119%。当年证券行业整体暴涨154%，高居各行业榜首。

2. 相关行业

市场中还有一些公司为证券公司提供软件服务，或者持有较多的证券公司股权，走势上与证券公司行业具有类似特征，当前尚无专门的指数进行覆盖，类似的指数为互联网金融。为了便于大家了解证券相关行业的商业模式，下面以公司案例的形式进行阐述。

▶ **案例一 同花顺**

同花顺公司为国内大型的互联网金融信息服务提供商，主要业务可以划分为金融资讯及数据服务、手机金融信息服务、网上行情交易系统和基金销售四大部分，主要通过互联网提供各项服务，规模的增加对成本影响很小。表4-56展示了2014年牛市中同花顺主要业务的财务数据及增长情况。

表4-56 同花顺主要业务的财务及增长情况　　　单位：%

业务名称	营收占比	同比增幅	毛利率	利润占比	同比增幅
增值电信业务	72.92	43.68	84.26	73.23	52.93
系统销售及维护	16.87	7.36	82.84	16.66	14.24
基金代销服务及其他	10.20	269.25	83.09	10.10	250.30
合计	100.00	44.44	100.00	100.00	53.01

资料来源：同花顺2013年和2014年年报。

可以看出，以服务个人客户为主的增值电信服务（手机金融信息和网上行情交易）和基金代销服务等在牛市中增长迅猛，推动了收入的高增长。但是该企业的成本（见表4-57）并未随着收入同步增长。

表 4-57 同花顺主要成本及变动　　　　　　单位：%

成本科目	成本占比	同比增幅	税费科目	费用占比	同比增幅
员工薪酬	22.48	0.65	销售费用	29.15	54.86
授权费及信息费	52.94	9.35	管理费用	86.84	34.86
其他	24.58	-10.00	财务费用	-15.99	2.17
合计	100.00	11.82	合计	100.00	48.01

资料来源：同花顺 2013 年和 2014 年年报。

从表 4-57 可以看出，同年员工薪酬仅增长 0.65%，成本合计仅增长 11.82%，三大费用中，为了加快市场推广的销售费用和高研发投入影响的管理费用增长较快，财务费用变动不大。在这种收入增长快、成本变化小的商业模式下，当年收入增长 44.44%，扣非利润却增长 224.44%，带动股价上涨 282.87%。2010 年以来同花顺财务指标及股价表现如表 4-58 所示。

表 4-58 同花顺 2010 年以来的财务指标及股价表现

年份	营业收入增幅（%）	扣非利润增幅（%）	股份涨幅（%）	年底市盈率（%）
2010	12.38	18.13	0.50	55.30
2011	0.39	-33.21	-57.74	27.89
2012	-20.09	-68.19	-13.66	65.23
2013	6.89	-13.11	74.67	144.89
2014	44.44	224.44	282.87	394.48
2015	442.91	1747.09	213.40	72.30
2016	20.23	15.24	-1.84	31.07
2017	-18.69	-38.27	-26.36	27.98
2018	-1.62	-11.63	-22.20	35.83

资料来源：Wind。

从表 4-58 同花顺 2010 年以来的业绩、股价和估值数据看，有如下规律：

（1）扣非利润波动大于营业收入的波动，这是成本相对固定商业模式的体现；

（2）企业股价见底时间领先于业绩，这是股价反映未来预期的体现；

（3）牛市期间，对未来的乐观情绪推动企业估值显著提升，呈现"戴维斯双击"式的上涨。2012 年底，同花顺的市盈率为 65.23，而在 2014 年底攀升至 394.48，市盈率提高了 5.05 倍，同期股价上涨 5.7 倍。在牛市见顶的 2015 年 5 月，市盈率进一步攀升至 476.52 倍。

▶案例二 吉林敖东

吉林敖东主业为中成药、生物药等药品的制造和销售，副业主要投资广发证券，目前持有广发证券 12.52 亿股。按照吉林敖东 11.63 亿股的总股本计算，平均 1 股吉林敖东对应 1.08 股广发证券，由于主业长期表现一般，股价主要跟随广发证券波动。可以将吉林敖东看成由广发证券和医药业务共同组成的合成体，其中广发证券部分对牛熊市反应敏感，但医药业务相对稳定，整体的波动性弱于广发证券。

仍以 2014 年为例，吉林敖东当年实现净利润 14.11 亿元，其中广发证券贡献 10.56 亿元，占比达 74.84%。但因剔除广发证券后的净利润同比下降 1.13 亿元，造成当年的实际利润增幅小于广发证券（78.58%），仅为 33.24%，对应的股价表现也逊色于广发证券。

表 4-59 吉林敖东与广发证券的财务指标及股价表现

年 份	吉林敖东				广发证券		
	营收增幅（%）	扣非利润增幅（%）	股份涨幅（%）	年末 PE	利润增幅（%）	股份涨跌（%）	年末 PE
2012	26.22	0.74	9.30	23.1	6.19	49.37	39.42
2013	35.38	33.08	5.22	19.87	28.34	-18.00	27.5
2014	14.47	77.43	97.30	24.43	78.58	112.25	43.3
2015	4.23	86.27	-10.66	11.01	162.83	-24.50	11.99
2016	17.22	-37.22	1.36	14.92	-39.17	-9.26	14.28
2017	8.77	9.66	-4.64	14.91	7.04	1.01	15.48
2018	11.67	-48.57	-34.73	12.07	-49.97	-21.62	15.24

资料来源：Wind。

表4-59展示了2012—2018年吉林敖东与广发证券的财务、股价和估值对比数据，可以看出如下规律：

（1）参股券商股相当于重仓券商股的混合型基金，其业绩波动性弱于券商股；

（2）参股券商股，股价波动和估值波动均小于券商股。

3. 行业特征

证券行业的特征可以概括为以下几点。

一是盈利风险低。证券行业的业务多数是代理性质（如经纪、资产管理和承销等），风险较低，能够保证在牛熊市都能较为轻松地盈利。

二是牛市爆发力强。证券行业的成本相对固定，但是收入会因牛市的成交量、融资规模和股市上涨等而受益，出现爆发式增长，推动股价暴涨。其中，2018年开始实施的新会计准则（《国际财务报表准则第9号——金融工具》，又称IFRS 9），将券商金融资产公允价值变动部分计入当期损益，显著加大了当期利润的波动。

上述特征决定了证券行业能一直赚钱，同时在牛市阶段又能赚大钱，呈现强周期特征，使用PB估值较为合适，适合在熊市中后期低估时布局，在牛市中后期撤离。证券公司指数的PB走势如图4-34所示。

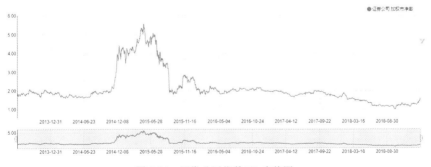

图4-34 证券公司指数PB走势图

数据来源：果仁网。

如图4-34所示，2013年7月15日至2018年底，证券公司的PB波动区间在1.02～5.58，中位数为1.9。PB最大值是最小值的5.47倍，同期沪深300指数只有2.13倍,证券公司指数的估值波动幅度是沪深300指数的2.57倍,弹性非常大。

对于该类指数,定投可以在PB估值处于从低到高20%的分位数以下逐步配置,波段操作者可以在市场整体估值较低或者市场量价齐升阶段买入。

此外,证券行业的发展空间也不小。截至2018年底,代表直接融资的股市和债市约占总融资的4%,而发达国家这一水平在55%左右。未来5~10年,我国的直接融资比重有望提高至15%,证券行业的收入也有望实现2~3倍的增长。

4. 备选基金

由于证券行业弹性大、流动性好,截至2018年底,跟踪证券行业的指数基金多达17只(A类和C类分开计算),其中ETF基金有3只,基金概况详见表4-60。此外,还有5只基金跟踪证券保险指数,我们在后面的保险章节再作详细分析。

表4-60 证券行业指数基金概况表

代码	基金简称	规模(亿元)	最大申赎费率(%)	年运营费率(%)	2018年涨幅(%)
512880	证券ETF	25.85	—	0.6	-24.86
512000	券商ETF	9.85	—	0.6	-24.4
512900	证券基金	4.42	—	0.6	-24.3
161720	招商证券	44.03	2.5	1.2	-23.92
163113	申万证券	26.8	2.7	1.22	-23.55
161027	富国证券	16.94	2.7	1.22	-22.63
502010	易方达证券	6.75	2.5	1.22	-23.24
160633	鹏华证券	4.2	2.7	1.22	-25.34
501016	国泰证券	3.18	2.7	0.65	-22.96
004070	南方证券C	2.15	1.5	1	-23.02
004069	南方证券A	1.32	2.7	0.6	-22.71
160419	华安证券	1.06	2.7	1.22	-23.96
502053	长盛证券	0.91	2.7	1.22	-23.6
501047	汇添富证券A	0.65	2.3	0.6	-26.75
161629	融通证券	0.58	2.7	1.22	-23.88
501048	汇添富证券C	0.35	1.5	0.85	-26.81
006098	华宝证券	0.27	2.5	0.6	—

数据来源:根据天天基金数据整理,年运营费率含托管费、管理费和服务费,规模取2018年底数值。

从产品规模看，场内 ETF 规模最大的为证券 ETF（512880），支持场外交易的指数基金中，规模最大的为招商证券（161720），资金量较大的投资者可以优先选择上述两只基金。

从运营费率看，场外的南方证券 A（004069）、汇添富证券 A（501047）和华宝证券（006098）与 3 只 ETF 一样处于最低水平，但汇添富证券 A 和华宝证券当前规模偏小，较长时间持有可考虑其余低费率的基金。如果是做波段，可以使用规模适中，申赎费较低的南方证券 C（004070），该基金不收取申购费，持有期超过 7 天也不收取赎回费，只按年收取 0.4% 的销售服务费。

从基金共同运作的 2018 年涨跌幅度看，南方基金的证券基金 ETF 和场外联接整体表现靠前，在同等条件下可以优先选择。

4.5.3 保险业

保险是个被叫作"买时不需要，需要时买不到"的产品。保险人和被保险人通过协议的方式，约定特定的风险和补偿条款，被保险人提前缴纳保费，将约定风险转移给保险人。

1. 盈利模式

保险的商业模式：保险公司根据历史数据，使用精算技术，核定每一种风险发生的损失额、可能性以及相关费用等，然后对保险进行定价，并优选客户进行销售。保险公司承保后，可以在预提部分准备金以应对近期赔偿后，将剩余保费进行投资，实现增值。

从上述模式可以看出，保险公司的盈利来源于两部分。

一是承保利润。保险购买人群发生约定风险造成的损失小于预期，实际运营中的各类成本支出小于预计成本，赚取承保利润。其中，实际赔付与预期赔付的差额称为"死差"，实际成本低于预期成本的差额称为"费差"。通常在定价高、实际风险小、营销规模大等情况下，这部分盈利更为丰厚。例如，中国平安 2018 年财产保险的综合成本率为 96%，即每卖出 100 元保险，可以赚 4 元。

二是投资收益。使用保费进行投资赚取的投资收益，比预期收益多赚的部分称为"利差"。保险公司投资水平越高、风险控制越好，这部分盈利越大。

2018年7月的《财富》世界500强排行榜中，保险企业利润排名第一的伯克希尔·哈撒韦公司（449.4亿美元）就以长期投资收益率高、风险控制好和承保规模大而著称，排名第二的中国平安保险集团（131.8亿美元）则以保险定价高、销售好和投资佳著称。

> ▶**案例一　伯克希尔·哈撒韦的秘籍**
>
> 伯克希尔·哈撒韦公司的保险业务分成三大部分：一是国家雇员保险公司（GEICO）的车险业务；二是通用再保险和伯克希尔保险集团的再保险业务；三是伯克希尔保险集团旗下子公司的产险直销业务。1965—2018年，伯克希尔账面价值的年复合增长率为18.7%，比同期标普500指数（含分红）的年化收益率（9.7%）高9个百分点；累计收益率上，伯克希尔为10 918.99倍，同期标普500指数仅为150.19倍，前者是后者的72.7倍。
>
> 2018年全年，伯克希尔通用会计准则下的净利润为40.21亿美元，同比下降91.05%，其中运营利润274.81亿美元，同比增长90.09%，投资亏损175亿美元，同比下降1 823.08%，其他损失为32.6亿元，同比下降598.07%。由于通用会计准则要求将未实际变现的浮动收益/损失计入利润，导致公司的净利润产生较大的波动。2018年底，伯克希尔的投资组合价值1 730亿美元，市场价格的轻微波动就会让公司业绩发生巨大变化。
>
> 巴菲特在年报中阐述了保险的赢利秘籍——**利用浮存金投资**。财产和意外险是公司增长的重要引擎，商业模式是先收取保费，再支付赔偿。在保费未支付之前，留存下来用于应对未来赔付的支出就是"浮存金"。浮存金可以通过两个方式提供盈利：一是在实际支付赔偿前，浮存金的投资收益，相当于加杠杆进行投资；二是实际需要支付的赔偿小于预期，节省下来的保费会转化为承保利润。

伯克希尔在2018年之前的16年中，有15年都实现了承保利润，只有2017年税前亏损32亿美元，这16年的累计税前利润总额为270亿美元。控制风险方面，巴菲特透漏的秘籍是——**永远不接受有直接或短期巨大现金流要求的保单，尽量拉长时间，提高浮存金的投资收益**。例如因接触石棉引起的索赔，赔偿期限可能长达数十年，而飓风、地震和网络攻击等赔付可能在短时间内发生，且金额可能非常巨大，难以有效控制风险，公司会尽量选择前者进行承保。

▶案例二　中国平安的赶超

中国平安集团于1988年3月21日在深圳蛇口成立，前身为平安保险公司，同年5月27日正式对外营业，2004年6月24日在香港证券交易所上市，2007年3月1日在上海证券交易所上市，2017年市值突破1万亿元人民币。

中国平安从最初的区域保险起家，逐步过渡到覆盖金融各领域的全球综合型金融集团，在战略上布局长远。1994年实现寿险与产险分开运营，并引入摩根和高盛两大世界级的顶级财团参股，大幅提升了公司的经济实力和管理水平。1996年构建起以寿险和产险为核心、证券和信托为两翼的业务架构。1998年，实施麦肯锡改革方案，对人力资源管理、信息系统搭建和风险防控能力进行了全面的转型升级。2002年引入汇丰控股，进一步壮大资本实力。2003年经保监会批准，成立平安寿险、平安财险、平安信托（控股平安证券）和平安海外等子公司。2005年成立平安资产管理公司和平安健康险公司。2008年9月成立平安科技公司，加大对科技的投入。2011年7月控股深发展，9月成立互联网金融公司陆金所。2013年8月成立平安好车，2014年3月成立平安好房，8月成立平安好医生，布局互联网生态圈。

中国平安擅长构建不同的业务场景，然后实施客户的交叉营销，深挖客户价值，即一个品牌对外提供多种产品服务。这种策略最大限度地吸引客流，降低拓客成本，同时也提升人均产能，提供全方位的服务，增强客户黏性。该集团也在不断借助科技手段，提升交叉营销的效益。在开放日上，平安人寿总经理余宏公开表示，随着AI（人工智能）培训系统的上线，代理人平均绩优养成时间预计从2018年的36个月下降为2019年的15个月，绩优人群规模将从2018年的38.3万元提高至2019年的45.9万元。

截至2018年，该集团已经成长为拥有5.38亿互联网用户和1.84亿个人客户的综合型金融集团。该集团聚焦于大金融资产和大医疗健康两大产业，前者使用"金融+科技"模式开展保险、银行和资产管理业务，后者使用"金融+生态"模式构建金融服务生态圈、医疗健康生态圈、汽车服务生态圈、房产服务生态圈和智慧城市生态圈，如图4-35所示。

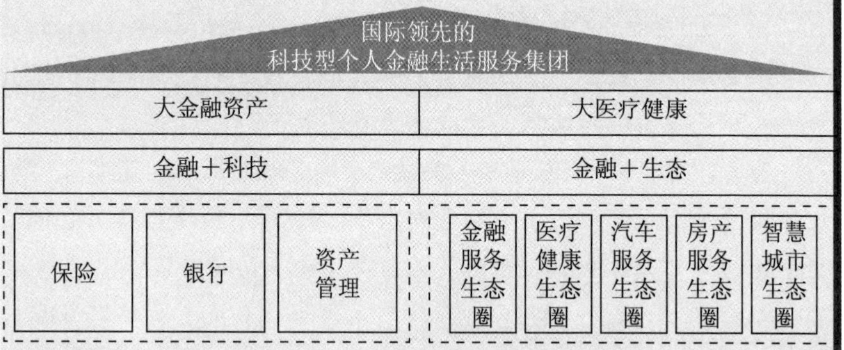

国际领先的科技型个人金融生活服务集团	
大金融资产	大医疗健康
金融+科技	金融+生态
保险　银行　资产管理	金融服务生态圈　医疗健康生态圈　汽车服务生态圈　房产服务生态圈　智慧城市生态圈

图4-35　中国平安业务架构

资料来源：中国平安2018年年报。

2018年，中国平安寿险代理人规模达141.7万，同比增长2.3%，人均新业务价值同比提升1.1%，新业务价值（新拓展业务未来可贡献的价值）同比增长7.3%，年度原保费同比增长18.9%，产险综合成本率为96%，多项核心指标持续好于行业平均水平。过去15年，中国平安总资产和净利润实现近30%的年复合增长率，实现持续快速增长。2009—2018年，集团净投资收益率均在5%以上，年复合增长率约为20%，仅净投资收益即可满足寿险的赔付要求。

2013—2018年的6年间，中国平安总资产、净利润、内含价值和新业务价值四个核心指标的年复合增速分别是16.58%、28.5%、23.26%和28.13%，实现规模和效益的双提升。据悉，平安集团的保险资金重点投向基础建设、非银金融和不动产等领域，长期股权投资主要分布在金融、医药和不动产等行业，在稳健的基础上，适度布局长期成长性较好的行业。该公司与同行业龙头中国人寿的核心指标对比如表4-61所示。

表4-61 中国平安与中国人寿的核心指标对比

保险公司		已赚保费总额（亿元）	寿险及健康险已赚保费（亿元）	财险已赚保费（亿元）	新业务价值（亿元）	内含价值（亿元）	总投资收益率（%）	归母净利润（亿元）
中国平安	2012年	2 131.44	1 340.28	791.16	163.4	258.74	2.90	200.5
	2018年	6 775.01	4 655.83	2 119.18	722.94	1 024.56	5.20	174.04
	增长比例（%）	217.86	247.38	167.86	342.44	250.66	79.31	435.68
中国人寿	2012年	3 221.26	—	—	208.34	375.96	2.79	110.61
	2018年	5 320.23	—	—	495.11	750.52	5.00	113.95
	增长比例（%）	65.16			137.65	135.50	79.21	3.02

资料来源：中国平安和中国人寿财务报表。

通过几项核心指标的对比，可以进一步看出中国平安的竞争实力在逐步增强。从2012年与2018年中国平安和中国人寿的关键财务指标对比看，平安已赚保费总额、新业务价值、内含价值、总投资收益率和归母净利润全面超越中国人寿。规模上，中国平安已赚保费2012年仅为中国人寿的66.17%，2018年为后者的1.27倍，其间增长比例是后者的3倍多。质量上，体现保险新拓展业务价值的"新业务价值"指标，中国平安规模和增速也实现了对中国人寿的超越，2012年，中国平安新业务价值仅为中国人寿的78.43%，2018年变为后者的1.46倍。投资能力上，中国平安的总投资收益率持续高于中国人寿。

2. 行业发展空间

保险主要是保未来的风险，一般在人们解决好当前消费的需求后，才会进行配置，与经济发展水平和人们的富裕程度密切相关。接下来我们从三个最常用的衡量指标看一看保险行业的发展潜力。

一是从保险密度（人均保费）看。2016年年底，我国的保险密度为329美元，仅为全球市场均值（689美元）的47.75%，存在翻倍空间。

二是从保险深度（年度总保费/GDP）看。2016年年底，我国的保险深度为4.2%，距离全球市场均值（6.2%）存在近50%的提升空间。

三是从家庭资产配置占比看。目前我国家庭中，保险的配置占比仅为2.1%，远小于日本的26.8%和美国的32.6%。

综上，从保险密度和保险深度看，我国保险行业相对于经济的增量空间在1～2倍之间；从家庭资产配置角度看，保险行业存在10倍以上的增长空间。

3. 市场表现和行业特征

由于进入门槛较高，保险业务达到一定体量才能实现较好的盈利，我国保险公司的数量显著小于银行和证券公司。目前在A股上市的保险公司数量比较少，最早一批上市的中国人寿、中国平安和中国太保等均于2007年上市，整体市值偏大，行业指数的涨跌幅与沪深300指数相关性很强，年度涨跌对比如表4-62所示。

表4-62 保险指数与沪深300年度涨跌对比　　　　单位：%

年　份	沪深300	保险指数
2008	-65.95	-73.50
2009	96.71	106.18
2010	-12.51	-19.71
2011	-25.01	-22.31
2012	7.55	25.00
2013	-7.65	-14.07
2014	51.66	87.36
2015	5.58	-4.77
2016	-11.28	-1.33
2017	21.78	83.14
2018	-25.31	-21.21

数据来源：Wind。

保险行业指数涨跌具有如下特征。

（1）**波动大**。从2008—2018年各年度的涨跌来看，保险指数的波动大于沪深300，指数上涨的年份多数好于沪深300，指数下跌时则逊色于沪深300，更适合在暴跌之后布局。主要原因是保险部分资产投资在股市中，且相对资本金有比较高的杠杆，收益与股市密切相关，这是影响保险走势的核心因素。具体看，保险喜欢配置蓝筹股，在蓝筹股领涨的年份，业绩更好，表现更佳。典型的如2014年和2017年，2013年因保险配置的蓝筹股表现不佳，保险指数出现下跌且大于沪深300。

（2）**利率上行有利于促进股价上涨**。为了保障未来的赔偿需求，保险资金会将50%左右的资产配置在债券上，其中六成以上为持有到期的债券，此外每年新到期和新增加的资金也需要增加对债券的配置。在财务处理上，持有到期的债券价值基本不受市场利率影响，少量短期持有的债券（交易性金融资产中的债券）收益与利率走势相反，新到期和新增加的资金预期收益则与利率呈相同的走势。由于新到期和新增加的资金占比较多，最终体现为利率上升时，保险机构债券投资部分的业绩会更好。典型的如十年期国债利率在2009年和2017年出现了较大幅度的攀升，2009年和2017年保险指数取得较好的超额收益。

（3）**长期收益高**。从保险指数的长期走势看（见图4-36），长期收益显著好于沪深300。数据显示，剔除新股上市当年的大涨和次年的估值回归，2008—2018年的10年间，保险指数累计上涨345.35%，显著好于同期沪深300指数65.63%的涨幅。

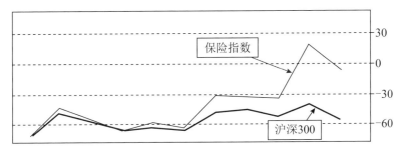

图4-36 保险指数与沪深300走势对比（单位：%）

数据来源：Wind。

指数上涨差距的背后，体现了保险行业盈利能力显著好于沪深300成份股平均水平。主要原因有以下几点。

一是受益于经济的增长和人们生活水平的提高，保险行业发展速度较快。根据银保监会数据，2018年我国原保费收入38 016.62亿元，比2008年增长288.56%（其中产险增幅为403.09%，人身险增幅为252.62%），显著高于同期GDP的增幅182.01%。

二是保险机构的投资水平也高于普通民众和机构。统计数据显示，2001—2017年，保险业每年的总投资收益率均为正数（即每年投资都赚钱），平均每年的收益率为5%（见图4-37）。这种强劲的赚钱能力，也转化为企业业绩和行业指数的长期上涨。

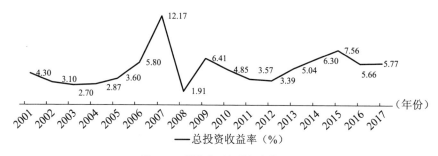

图4-37 保险业历年总投资收益率

数据来源：网络数据。

4. 相关基金

截至2018年年底，直接投资保险行业指数的基金只有保险主题（代码为167301）一只，这里将投资证券和保险两个子行业的相关基金一并拿来比较，共有7只指数基金（A类和C类分开计算），相关基金概况详见表4-63。

表4-63 保险相关行业指数基金概况表

代码	简称	规模（亿元）	最大申赎费率（%）	年运营费率（%）	2018年业绩（%）
512070	非银ETF	11.12	—	0.6	-23.11
000950	非银联接	9.9	2.5	0.6	-21.9
160625	鹏华证保	10	2.7	1.22	-26.33
167301	保险主题	5.42	2.3	1.2	-23.87
001553	证券保险C	1.54	1.5	0.8	-23.72

续表

代　码	简　　称	规模（亿元）	最大申赎费率（%）	年运营费率（%）	2018年业绩（%）
001552	证券保险A	1.22	2.5	0.6	-23.54
160516	博时证保	1.24	2.5	1.22	-24.22

注：根据天天基金网数据整理，年运营费率含托管费、管理费和服务费，规模取2018年底数值。

（1）从规模看，非银ETF（512070）和鹏华证保（160625）两只基金均达到或超过10亿元，前者为场内交易的ETF，后者为场外基金，适合大资金配置。

（2）从费率方面看，场内非银ETF（512070）整体费率最低，场外证券保险C（001553）费率最低，持有7天以上免申购和赎回费。由于证券和保险的上涨主要在牛市阶段，且保险见顶的时间晚于证券公司指数和牛市结束后的跌幅也小于证券公司指数，非银ETF和证券保险C可以作为牛市阶段的稳健配置。

（3）从业绩方面看，在上述基金共同运作的2018年，非银联接基金（000950）跌幅最小，业绩最佳。

接下来我们重点选择非银ETF跟踪的沪深300非银行金融指数、保险主题基金跟踪的保险主题指数进行介绍。

（1）300非银。 沪深300非银行金融指数简称"300非银"，指数代码为H30035，上交所转播代码为000849。该指数从沪深300指数样本股中，选择归属于资本市场、保险行业和其他金融的个股构成样本股，2018年底有样本股34只。指数采用调整市值加权法，以2004年12月31日为基准日，1 000点为基点，每年6月和12月各调仓一次。目前，指数的前十大重仓股如表4-64所示。

表4-64　300非银指数前十大重仓股　　　　　　　　单位：%

序　号	股票名称	权　重	序　号	股票名称	权　重
1	中国平安	38.27	6	华泰证券	3.79
2	中信证券	9.34	7	招商证券	2.53
3	中国太保	5.40	8	广发证券	2.46
4	海通证券	5.19	9	中国人寿	2.39
5	国泰君安	4.44	10	东方证券	2.22

数据来源：中证指数公司。

根据中证指数公司公布的数据，2019年2月，指数的成份股总市值为3.71万亿元，其中指数市值1.98万亿元，个股市值平均值为1 092亿元，整体市值偏大。

前十大重仓股合计权重为76.03%，持股非常集中，其中保险股合计权重为46.06%，接近一半。

（2）保险主题。中证方正富邦保险主题指数简称"保险主题"，指数代码为399809。指数以中证全指为样本空间，剔除最近一年（新股为上市以来）日均成交金额排名靠后20%的股票，按照过去一年日均总市值从高到低进行排列，选择前20只保险行业的个股作为成份股。如果保险行业的个股不足20只，则将参股保险公司金额大于1 000万元的上市公司，按照参股比例从高到低依次纳入，直到成份股达到20只。

指数在调整市值的基础上，对保险行业设置75%的权重因子，对参股保险类设置25%的权重因子，单只样本股权重上限为30%。指数以2011年12月31日为基日，以1 000点为基点，成份股每年6月和12月各调整一次。该指数前十大权重股如表4-65所示。

表4-65　保险主题指数前十大重仓股　　　　　　　　单位：%

序号	股票名称	权重	序号	股票名称	权重
1	中国平安	29.22	6	北京银行	3.76
2	中国太保	24.32	7	光大银行	2.68
3	中国人寿	11.11	8	天茂集团	2.39
4	新华保险	9.71	9	华夏银行	2.02
5	浦发银行	5.44	10	招商证券	2.01

数据来源：中证指数公司。

前十大重仓股合计权重为92.66%，持股异常集中，其中保险股合计权重为74.36%。其余个股则主要是参股保险的银行股。

取上述两个指数共同存在的时间，对比它们与沪深300的年度涨跌幅（见表4-66）。可以看出，两个指数的长期收益均好于沪深300指数，其中300非银含有较多的证券，弹性更大。保险主题全部为保险，累计的净值更高，对应的成长性更好。

表 4-66 保险相关指数与沪深 300 指数的年度涨跌幅　　单位：%

年　份	沪深 300	300 非银	保险主题
2012	7.55	29.61	19.02
2013	-7.65	-6.89	-16.28
2014	51.66	121.21	79.65
2015	5.58	-21.43	-3.36
2016	-11.28	-13.46	-6.40
2017	21.78	19.62	51.46
2018	-25.31	-25.14	-26.81
累计涨幅	28.34	62.54	79.50

数据来源：Wind。

4.5.4　房地产行业

常见的房地产行业可以划分为一级土地开发（拿地整理）、二级土地开发（房屋建造）、产业和商业地产运营、房地产销售等子行业。其中，从事二级土地开发和房地产销售的企业居多。

1. 盈利模式

地产的盈利模式主要有以下几种。

一是一级土地开发模式。一级土地开发指企业按照政府授权委托书对土地（又称"生地"）进行征地、拆迁、安置、补偿和市政配套建设，使土地符合建设条件后（又称"熟地"）进行有偿转让的行为。根据《中华人民共和国土地管理法》，我国城市土地归国家所有，除法律规定归国家所有的以外，农村和城市郊区的土地归农民集体所有，所有的规划使用均需要进行行政审批。从事该开发模式的企业一般具有较强的政府公关能力，并能顺利完成土地征收、拆迁、土地平整、市政建设和取得规划设计条件等各项工作。

企业盈利模式包括：固定利润率、土地出让金分成、土地增值收益分成、持有配套公建设施和一二级联动开发等。具体采取何种模式取决于企业与政府的协商结果。

一级开发的周期比较长，且存在很多不可控因素，包括拆迁协议签署、政府规划调整或用地性质变更等,优点是进入壁垒高、拿地成本低、利润空间大。正常情况下,企业拿地成本和融资成本越低,开发周期越短,转让价格越高,获利越丰厚。上市公司中,中南建设和中天城投等均参与一级土地开发。

二是二级土地开发模式。二级土地开发指直接拿到可用于开发建设的土地(熟地),然后进行房屋建造和销售,实现盈利。在此模式下,土地成本、融资成本和建造成本越低,房屋销售价格越高,开发或回款周期越短,企业的盈利能力越高。该模式下,比较知名的盈利模式有高周转模式和高品质模式。前者追求通过缩短开发周期、加快销售回款,提高整体的盈利能力,典型例子是碧桂园,6个月即可实现资金再周转,一般企业则需要12个月以上;后者追求提高产品销售价格,进而获取更高的盈利水平,典型例子是华润置地,2018年华润置地毛利率为43.39%。

三是持有运营型。该模式下企业将持有的物业对外出租,赚取租金收入。上市公司中的金融街就持有大量的写字楼、商业和酒店,2018年底,金融街合计持有物业面积118.2万平方米,资产管理板块实现息税前利润12.9亿元,物业出租的毛利率达91.76%。这种模式下,企业的物业建设成本回收期长、投资额大、周转速度慢,收入则取决于出租率和租金涨幅,一旦签署中长期的出租合约,未来的现金流较为稳定。如果这类企业持有的物业不能快速增长,企业业绩增速会维持较低水平。

四是综合服务型。该模式下,企业通过提供房地产相关的综合服务,赚取产业链相关的利润。比较有特色的是华夏幸福,该企业主要从事产业园区业务和房地产开发业务。前者包括产业新城和产业小镇的建设和招商,后者包括住宅产品的开发和销售。该模式的优点是可以通过与政府合作,以较低的价格拿到土地,缺点是政府付款周期较长,往往需要较大的前期投入,企业的资金压力较大。综合服务还有很多其他类型,在此不一一介绍。

2. 行业特征

(1)**负债率高,股价波动大。**房地产是典型的资金密集型行业,开发建设中，小型项目动辄需要上亿元的总投入，大型项目甚至需要上百亿元的投入，天然对融资需求迫切。地产、房产均属于不动产，具有价格波动小、保值增值能力强、不能移动等特征，是天然的金融抵押品，融资便利。此外，我国多数地区实施房地产预售制，房地产企业在拿到预售证后（各地政策不一，多数城市在楼盘地下室完成建设可申领预售证）即可对外销售，1～2年后才交楼，客观上进一步放大了地产行业的财务杠杆。上述金融供求的良好对接，注定了房地产行业是个既需要钱又容易拿到钱的行业，高负债率也成为房地产行业的典型特征和普遍现象。根据克而瑞的统计，2018年，上市房企整体的净负债率（有息负债减现金后除以净资产）的加权平均数为85.15%，房地产行业相当于用6.73倍的杠杆在经营，杠杆倍数仅次于金融行业。

较高的负债率，导致企业在年景好时盈利惊人，业绩暴增，在年景不好时一落千丈，在股价上也会得到相应体现。从沪深300指数与国证地产指数年度涨跌来看（见表4-67），在大部分年份，国证地产的涨跌幅都高于沪深300指数，体现了高负债、高杠杆的特征。

表4-67 沪深300与国证地产年度涨跌对比　　　　单位：%

年份	沪深300	国证地产	年份	沪深300	国证地产
2007	161.55	161.34	2013	−7.65	−16.61
2008	−65.95	−64.58	2014	51.66	77.78
2009	96.71	110.65	2015	5.58	36.71
2010	−12.51	−18.85	2016	−11.28	−20.15
2011	−25.01	−24.23	2017	21.78	6.85
2012	7.55	29.92	2018	−25.31	−27.71

数据来源：Wind。

（2）**行业规模大，盈利空间大。** 2018年，我国商品房销售额达15万亿元，是为数不多的10万亿元级别的消费大市场。此外，恒大研究院任泽平估算，2017年底，我国城镇住房总市值为241万亿元。俗话说"大水养大鱼"，这样庞大的市场，为企业成长和盈利提供了足够的空间。

根据果仁网数据，2013—2018年间，国证地产成份股的利润增速中位数为25.07%，大约是同期沪深300指数利润增速的2倍；同期国证地产成份股的净资产收益率中位数比沪深300指数高出近1个百分点，体现了指数较好的盈利能力。在强劲盈利的支撑下，地产行业黑马不断。例如，中国恒大在销售猛增、负债率降低的背景下，2015—2017年3年间股价上涨9.53倍，其中2017年一年就上涨457.97%。

对于需求刚性的行业而言，每次大调整均是对行业龙头企业的一种历练。这类企业抗风险能力强，可以借助行业的低估加快规模的扩张。对于地产行业而言，市场集中度也在行业调整中快速提升。中国产业信息网的数据显示，2012年以来，地产行业销售额前十（CR10）和前二十（CR20）的市场份额占比持续攀升，并在2016年之后进一步加快，如图4-38所示。行业集中度的提升，可以让龙头企业在拿地、融资和销售等方面掌握更多的议价权，行业的盈利能力会进一步增强，业绩的稳定性也会进一步提高。

图4-38 我国房地产行业集中度

资料来源：中国产业信息网。

（3）城镇化加快，行业成长性好。我国幅员辽阔，之前一直是农业大国，农业人口众多。解放之初，城镇化率（城镇常住人口占国家总人口的比重）仅为10.64%，1999年攀升至30.89%，2000年开始加快发展，截至2018年底，城镇化率达59.58%。城镇化率的快速提升以及国家住房政策的市场化，对商品房的需求急剧增加，为房地产企业的发展提供了非常好的发展机遇。体现在市场上，房地产企业和行业的长期成长性非常好。

指数方面，2006—2018 年国证地产指数累计上涨 444.29%，显著好于沪深 300 指数同期 226.02% 的涨幅（见图 4-39）。龙头企业股票万科 A 在 2000—2018 年间前复权价格上涨 40.07 倍，2006—2018 年间上涨 16.78 倍，涨幅更为惊人。

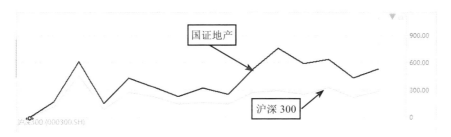

图 4-39　国证地产与沪深 300 年度走势图（单位：%）

数据来源：Wind。

3. 备选基金

截至 2018 年底，严格跟踪 A 股地产行业的指数基金共有 6 只（A 类和 C 类份额分开计算），基金概况详见表 4-68。从指数基金规模看，国证地产（160218）和 800 地产（160628）规模最大，流动性最好，适合大资金配置。从指数基金费率看，场内的房地产（512200）指数基金费率最低，场外房地产联接 C（004643）指数基金费率最低。从指数基金的业绩看，300 地产等权（161721）表现最佳。

表 4-68　地产指数基金概况　　　　　　　　　　单位：%

代码	简称	规模（亿元）	最大申赎费率	年运营费率	2018 年业绩
160218	国证地产	4.39	2.5	1.2	-24.79
160628	800 地产	3.01	2.7	1.22	-22.61
161721	300 地产等权	1.24	2.5	1.2	-21.62
512200	房地产	0.48	—	0.6	-26.98
004642	房地产联接 A	0.12	2.7	0.6	-26.42
004643	房地产联接 C	0.08	1.5	1	-26.71

注：根据天天基金网数据整理，年运营费率含托管费、管理费和服务费，规模取 2018 年底数值。

上述指数基金跟踪的指数概况详见表4-69,其中地产等权指数持股少而精,房地产覆盖面广,大、中、小市值兼顾。从指数的长期业绩看,受益于龙头股的强劲表现,集中持有行业龙头的800地产和地产等权两个指数排名靠前。

表4-69 地产指数概况

指数	投资范围	成份股数量	2009—2018年累计涨幅(%)
国证地产	剔除最近半年日均成交金额排名靠后10%的股票,剩余股票按照最近半年日均总市值从高到低排列,取前50只房地产行业个股	50	110.19
800地产	中证800中,地产行业相关股票组成指数的成份股	44	141.49
地产等权	沪深300中所有的地产股等权重构成	13	137.02
房地产	中证全指样本股中的房地产行业个股,剔除成交额排名靠后的10%以及累计总市值占比达98%以上的股票	101	116.56

数据来源:根据中证指数公司、国证指数公司和Wind相关数据整理。

由于金融和地产共同的特征是需求刚性、负债率高、财务杠杆高、业绩和股价波动大,两者常被看成一个大行业。全指金融指数就采用与房地产指数类似的思路构建,即从全指样本股中选择金融和地产相关行业个股,按照股票的日均成交金额、日均总市值从高到低排列,剔除成交金额排名靠后10%以及累计总市值占比达98%以上的股票,剩余股票构成指数的成份股。如果同时看好金融和地产行业,可以选择性配置,相关的行业指数基金(剔除规模较小的基金)如表4-70所示。

表4-70 金融地产行业指数概况　　　　　　　　　　单位:%

代码	简称	规模(亿元)	最大申赎费率	年运营费率	2018年业绩
510230	180金融ETF	53.73	—	0.6	-16.99
020021	180金融联接	15.41	2.7	0.6	-15.91

续表

代码	简称	规模（亿元）	最大申赎费率	年运营费率	2018年业绩
165521	800金融	7.54	2.7	1.22	-16.66
161211	300金融联接	4.27	2.7	0.73	-15.13
159940	全指金融	3.22	—	0.6	-18.48
159933	300金融ETF	3.18	—	0.73	-16.43
001469	全指金融联接A	2.22	2.7	0.6	-18.28
160814	长盛中证金融	1.6	2.7	1.22	-16.98
002979	全指金融联接C	0.93	1.5	0.8	-18.53

注：根据天天基金网数据整理，年运营费率含托管费、管理费和服务费，规模取2018年底数值。

截至2018年底，跟踪A股金融地产行业的指数基金共有9只（A类和C类份额分开计算，剔除规模较小的基金）。从指数基金规模看，180金融ETF（510230）和180金融联接（020021）规模最大，流动性最好，适合大资金配置。从指数基金费率看，场内的180金融ETF（510230）和全指金融（159940）指数基金费率最低，场外全指金融联接C（002979）和180金融联接（020021）指数基金费率最低。从指数基金2018年的业绩看，300金融联接（161211）表现最佳。

除指数基金外，也有主动管理型的金融地产基金可供选择。成立时间较早、业绩较好的是工银金融地产混合（代码为000251）。该基金成立于2013年8月26日，持有金融地产行业的比例不低于非现金资产的80%，重点选择优质的金融地产行业龙头公司持有，并根据经济周期进行仓位控制。该基金的业绩基准为"80%×沪深300金融地产行业指数收益率+20%×上证国债指数收益率"。根据2018年年报，该基金自成立以来，累计收益为166.01%，相对业绩基准的超额收益为117.78%，同时基金增长率的标准差比基准标准差小0.19%，实现了又稳又快增长，并在多个阶段表现优异，可以作为金融地产行业投资的一个选择。

4.6　原材料行业

原材料是指对自然界采掘品进行直接加工制造的行业,包括铁矿石和稀有金属(铜、铝、黄金、白银等)冶炼、石油化工和建筑材料的提炼和加工等。

该行业主要通过加工产品赚取加工费,盈利取决于购买的材料价格高低以及产成品销售的价格。在材料价格、加工成本等尚未大幅上涨,而产成品价格大幅上涨时,企业的盈利会大幅增长,否则相反。下面逐一对其子行业进行介绍。

4.6.1　钢铁行业

钢铁又被称为"钢",是在铁元素中添加碳(增加硬度)、铬(增加耐磨性)、硅(增加硬度)、锰(增加硬度、强度和耐磨性)、钼(碳化作用剂,防止钢材变脆)、磷(增加强度和耐腐蚀性)以及其他元素构成的一种合金,具有价格低、硬度大、密度低、耐磨好、耐腐蚀等优点,广泛应用于建筑和机械制造等领域。

钢铁生产最主要的原料是铁矿石,其次是焦炭。铁矿石在自然界中主要以混合形态存在,只有达到一定品位的矿石,才有工业加工价值。根据中国产业信息网数据,截至 2016 年底,全球共有铁矿石原矿储量 1 700 亿吨,较上年减少约 200 亿吨。我国原矿储量为 210 亿吨,排在澳大利亚(520 亿吨)、俄罗斯(250 亿吨)和巴西(230 亿吨)之后居第四位。当前铁矿石的生产和定价被四大集团(淡水河谷、力拓、必和必拓和 FMG)控制。

2016 年末,四大集团控制的铁矿石原矿储量分别为淡水河谷 98.85 亿吨、力拓 37.09 亿吨、必和必拓 24.45 亿吨和 FMG12.42 亿吨,合计占全球总储量的 20.3%。四大集团不仅控制的铁矿石储量高,质量也非常好。衡量铁矿石质量的指标为品位，越高越好。全球平均水平为44.74%，四大集团平均品位为57.21%，比平均水平高12.47个百分点，其中力拓最高（62.05%），后面依次是FMG（57.2%）、必和必拓（56%）和淡水河谷（53.6%）。我国虽然铁矿石储量不少，但是平均品位仅为34.29%，总体含铁量为25%～40%，只有1.6%的矿山为高品级。基于上述情况，我国的钢铁生产企业虽多，产能也大，但主要的原料依赖进口，多数利润被提供铁矿石的企业拿走，整体盈利能力一直处于较低水平。

果仁网提供的国证钢铁指数净资产收益率显示，2015—2018年间，行业指数的净资产收益率最低值为-9.86%，最大值为16.74%，中位数仅为2.46%，整体盈利能力不仅偏低，而且波动较大。

2015年是钢铁行业的低谷。宝钢集团的总经理陈德荣曾在一次会议上表示，2015年螺纹钢价格跌到1 900元/吨，赶不上1元/斤的白菜。2015年，14家上市的钢铁公司中，仅6家盈利，盈利能力最强的宝钢仅赚10.1亿元，而亏损企业中，重庆钢铁一家就亏损59.87亿元。钢铁协会统计显示，2015年，大中型会员钢铁企业实现销售2.89万亿元，但总亏损645.3亿元（2014年盈利225.9亿元），亏损企业占会员企业的50.5%。

我国钢铁行业的快速发展，原因除了政策因素外，与经济发展结构也密不可分。改革开放以来，投资一直是拉动GDP增长的主要"马车"，一定程度上带动了钢铁行业的发展。目前钢铁需求量最大的三个行业分别是制造业、基础建设和房地产，2016年钢铁在三个行业固定资产投资占比分别为25%、28%和25%，相关行业的发展周期决定了钢材的需求变化。

曾有网友开玩笑称：全球钢铁产量排名，第一名是中国，第二名是中国河北，第三名是河北唐山。根据国家统计局公布的数据，我国粗钢累计产量为9.28亿吨，而国际钢铁协会公布的数据显示，全球粗钢产量为18.09亿吨，我国的粗钢产量占全球产量的51.3%。

钢铁生产线一旦停工，后期重启的成本较高，行业自身的产能灵活调节性差。行业盈利能力又取决于投资需求，在经济发展减速和结构调整时期，需求减少，但是企业都不愿关停生产线，造成大面积亏损，自身调节能力比较差。钢铁行业还是资金和人员密集行业，大量的企业亏损，也不利于金融行业稳定和社会就业稳定。此外，钢铁生产中排放出来的气体对环境污染严重，在政府不干预的情况下，生产企业的这部分"成本"转嫁给社会公众，对人民的生活也造成较大影响。

2016年2月，国务院发布《关于钢铁行业化解过剩产能实现脱困发展的意见》，推进行业的供给侧改革，计划陆续清退落后产能，关停小企业，推进大中型企业并购和破产重组，用5年时间压减粗钢产能1亿～1.5亿吨。随着相关政策的实施，钢铁行业的产能利用率逐步走高，盈利能力也显著增强。

工信部数据显示，截至2018年5月，钢铁行业就业人员比2015年底减少近136万。天风证券研报显示，钢铁行业产能利用率2017年升至84.7%，比2015年提高17.71个百分点。前瞻产业研究院数据显示，2017年钢铁行业实现利润总额3 420亿元，同比增长178%，盈利能力显著增强。

随着我国经济发展逐步转向消费和高新技术驱动，投资高峰期逐渐远去，同时新材料中能够替代钢铁的产品逐步增多，预计钢铁行业未来的成长空间较为有限。

在供给侧改革的背景下，行业集中度有望进一步提升，大企业的盈利能力有望逐步增强。由于行业缺少原料定价权、资产负债率高、生产线调整能力差，后期行业利润仍会呈现较为明显的周期性波动。

钢铁行业在中短期内仍是工业生产的必需行业，最佳的投资时点是在全行业严重亏损的时期，后期可以享受行业利润回升带来的股价增长。

4.6.2　有色金属行业

有色金属通常指铁、锰、铬三种金属（也称黑色金属）以外的各类金属，又可划分为贵金属（金、银、铂等）、重金属（铜、铅、锌等）、轻金属（铝、镁等）和稀有金属（钨、钼、锗、铀和锂等），涉及64种化学元素。由于稀有金属在现代工业中的作用显著，有时也被单独列为一类，与黑色金属和有色金属并列为金属三大类。

有色金属是工业、消费、科技和国防的基础材料和战略物资，在导电、导热、聚变、裂变、合金加工等方面有特殊性能，广泛应用于电子、航空、航天、国防、汽车、家电、通信、电力和机械等领域，需求量巨大。随着需求量的增大，目前已经探明的优质矿产接近枯竭。当前很多国家都竞相发展有色金属产业，增加战略储备，以便在未来占得发展先机。

我国是有色金属最大的生产和消费国，钨和稀土等7种金属储量居世界第一，但铜、铝和锌等大品种资源储备不多，在铋、钨、钼、稀土和锑等小金属上储备相对丰富，整体品位偏低，总量资源相对需求而言并不宽裕。例如，我国锌、铅和铜的储量分别占全球的15%、16%和5.6%，但是消费却占全球的28%、29%和28%。

相对于铁矿石的加工和提炼，有色金属在矿石中的含量更低，提取难度更大、成本更高、对环境的污染（部分有色金属带有毒性，产生的废水、废气和废渣更多）和破坏更严重。例如，提取1吨有色金属往往需要开采上百吨甚至上万吨的矿石，镁、铝、铜、锌的冶炼耗能分别是钢铁的11.27倍、7.67倍、3.52倍和2.06倍。

有色金属的用途主要是工业领域和电子消费领域，自身的加工流程复杂，产能短期内较为稳定，需求与经济发展密切相关。通常在全球经济发展较好时，有色金属需求量大，产能跟不上，价格快速上涨，行业利润显著攀升，股价大幅上涨。相反在经济低迷时，价格一落千丈，行业大面积亏损，股价也会激烈下跌。

与钢铁行业一致的地方是，有色金属行业负债率高、定价权低、受经济影响较大；有差异的是，有色金属利用范围更广，特别是新兴的高科技产业对有色金属需求量较大，行业的整体成长性更好，此外行业加工门槛更高，竞争相对小一些。

政策方面，国家在2009年出台了《有色金属产业调整振兴规划》，支持行业的深加工、技术升级和并购重组，鼓励企业利用国内外投资机会加大矿石储备，同时对有色金属行业设置收储机制。当铝、锌等有色金属下跌至成本价以下时，国家对部分金属进行收储，以稳定行业利润。

基于行业成长性、战略地位和国家保护作用，有色金属的投资价值高于钢铁行业。果仁网数据显示，2007—2018 年，申万有色金属行业的净资产收益率最低为 -3.28%，最高为 27.06%，平均为 6.38%，整体盈利能力好于钢铁行业。

该行业的最佳投资时机也是在行业低谷、企业大面积亏损或处于盈亏平衡点附近时。在经济过热时期（GDP 增速快、通货膨胀率高），有色金属的价格上涨更快，行业利润和股价上涨更好。此外，当部分金属面临需求端爆发式增长，或者竞争对手产能下降时，也会面临较好的投资机遇。

典型的例子是我国近年来鼓励、支持新能源汽车行业发展，对锂电池需求猛增。2012 年 12 月至 2017 年 9 月间，锂电池指数最大涨幅达 775.58%，显著跑赢同期沪深 300 指数最高 155.95% 的涨幅，如图 4-40 所示。

图 4-40　锂电池指数走势

数据来源：Wind。

4.6.3　化工行业

化学是一门研究怎样利用化学手段改变物质组成、构成或合成的学问。而化工行业是指借助化学技术对产品进行加工和生产的行业。

化工与科学进步密不可分，合成的很多产品在生活中广泛应用，对人们帮助非常大。如果进一步细分，该行业可以划分为石油化工、化学化纤、基础化工和精细化工等子行业。

其中石油化工指以石油和天然气为原料的化工工业，包括油类加工、裂解以及有机物合成等。化学化纤是指利用天然高分子或人工合成高分子加工制作具备纺织性能纤维的工业，包括各类纤维衣物、布料、绳索、缝线、降落伞等加工制作。基础化工包括化肥、塑料、橡胶、纸制品、有机品、无机品和氯碱。精细化工包括医药、农药、染料、涂料、信息技术化学用品（如感光材料）、化学试剂、食品/饲料添加剂、催化剂和香料等。由于化学是一门技术含量比较高的学科，相关的产品和分类在不断变化和扩张中。

化工产业最原始的上游原料主要是原油、煤炭和天然气，其中原油占比最高。当原油价格上涨时，下游的化工企业生产成本会攀升，企业利润会受到挤压。由于化工行业产业链很长，每个环节的利润主要取决于技术含量、石化相关原料占比及对下游的议价能力，技术含量高、石化原料占比越小、议价能力越强的环节对原材料涨价的反应越小。

化工需求端主要是房地产、汽车、家电、纺织和农业等，与国民经济的发展密切相关。经济向好时，相关的下游行业需求旺盛，化工行利润也水涨船高。

随着我国科学技术和生产水平的不断提高，在庞大的市场容量、快速推进的工业化和有力的政策支持背景下，我国逐渐从化学进口大国过渡到化学出口大国。目前我国多数化工产品的产能均居世界第一，化工总量占全球的33.2%，"三酸两碱"（硝酸、硫酸、盐酸、氢氧化钠和碳酸钠）产能在全球的占比已经超过50%，同时领先优势从最初的基础化工逐步扩散到高端化工和精细化工。比较典型的是万华化学，该企业在2002年突破海外技术封锁，自主研发出MDI（化学名为二苯基甲烷二异氰酸酯）工艺，到2016年，其MDI产能已经达到180万吨，跃居世界第一，工艺水平也处于领先位置。此外，玻纤行业的中国巨石产能也居世界第一。

化工是国家的基础产业和支柱产业，是原材料行业中科技含量最高、长期成长最好的子行业。统计数据显示，2006—2015年的十年间，我国石油和化学工业行业产值年均增长20.6%。但我国化工企业多数是单项冠军，产业链一体化程度较低，在原料方面议价能力偏弱，基础化工会呈现更为明显的周期性。例如氯碱行业，11家上市公司2012—2016年营业收入的变化率在15%以内，但归母净利润的变化率都在50%以上。果仁网数据显示，2007—2018年，申万化工净资产收益率的波动区间为4.16%～17.92%，中位数为8.85%，整体处于相对偏高水平。

4.6.4 建筑材料行业

建筑材料是在建筑工程中实用的各种材料总称，包括结构材料（木材、石材、水泥、混凝土、砖瓦等）、装饰材料（油漆、涂料、贴面、石膏、石棉、塑料等）和专用材料（防水涂料、防火材料、隔音材料、保温材料等）。

建筑材料的上游主要是黏土、木材、石材、金属和化工产品等，材料成本也较为敏感。下游方面，需求端主要是基础建设和房地产。受益于我国过去几十年城镇化进程的加快，基础建设和房地产高速发展，建筑材料也取得较好的发展。

受下游的周期波动影响，建筑材料也体现一定的周期性。建筑材料内部各子行业有自身的特征，周期各有不同。

（1）水泥行业。水泥行业停开工成本低，行业适应周期的调整比较快。石灰石是水泥生产中消耗最多的原材料，但石灰石单价低，长途运输不经济，且水泥产品存储期短，成本也受限于运输半径，上述特征共同导致水泥企业的分布受限于石灰石资源和运输半径。其中，公路半径约为200公里，铁路半径约为500公里，水路半径约为1 500公里，各地的产能与需求基本匹配。因水泥生产污染较为严重，政府出于环保压力,陆续关停了一些产能落后的中小企业,行业的集中度持续攀升。根据中国水泥协会发布的《2020年水泥行业去产能行动计划》,2020年全国前十大熟料产能集中度要达到70%(2016年为57%),水泥产能集中度达到60%。较高的行业集中度保证了行业的定价权和盈利能力逐步增强,周期性减弱。

(2)**玻璃**。玻璃下游的需求主要是房地产和汽车等,其中地产占总需求的70%,成为影响行业需求的最关键因素。与水泥行业不同,玻璃行业生产线停产成本高,对行业调整的适应能力较弱。玻璃的主要原料为纯碱(约占成本的35%)、硅砂和石灰石(约占成本的11%),耗能(约占成本的30%)主要是天然气、重油、煤气和石油焦等。龙头企业倾向于使用更为环保的天然气和重油,小企业则偏向于更低廉的石油焦等。该行业的集中度虽然也在逐步上升,但提升进度较慢。

(3)**消费建材**。消费建材指防水材料、涂料、陶瓷等,这类建材消费属性更强,品牌溢价更高,周期性比较弱,盈利能力更强。目前涂料、管材和板材等龙头企业的市场份额占比偏低,多数不足10%,未来的成长空间更大。

果仁网显示,2007—2018年,申万建筑材料净资产收益率的波动区间为3.76%~20.86%,中位数为10.34%,整体处于相对偏高水平。

4.6.5 相关指数和基金

截至2018年底,材料行业有基金跟踪的指数共有5只,分别为全指材料、国证钢铁、国证有色、有色金属和800有色。通过表4-71展示的指数涨跌对比,我们可以发现两大特点。

表4-71 原材料主要指数年度涨跌 单位:%

年 份	沪深300	全指材料	国证钢铁	国证有色	有色金属	800有色
2005	-7.65	-13.98	-20.08	1.47	-14.40	-3.25
2006	121.02	108.77	94.97	185.91	120.80	171.31
2007	161.55	202.45	179.29	274.03	222.36	262.43

续表

年份	沪深300	全指材料	国证钢铁	国证有色	有色金属	800有色
2008	-65.95	-69.93	-71.27	-78.62	-74.04	-77.79
2009	96.71	122.46	94.23	187.95	135.63	194.63
2010	-12.51	1.37	-35.63	19.57	-1.91	19.50
2011	-25.01	-35.73	-27.88	-42.35	-38.24	-42.69
2012	7.55	1.65	-4.46	12.48	6.71	14.09
2013	-7.65	-14.15	-22.45	-35.73	-30.80	-36.51
2014	51.66	36.59	72.44	40.55	47.33	37.83
2015	5.58	29.48	4.16	1.57	5.79	2.49
2016	-11.28	-9.63	-13.24	-4.96	-9.28	-5.60
2017	21.78	6.10	15.53	16.37	15.52	26.14
2018	-25.31	-35.57	-30.57	-42.68	-40.81	-39.87
累计涨幅	201	126	4	201	61	212
标准差	0.61	0.71	0.66	0.99	0.79	0.96

数据来源：Wind，指数涨跌不含分红。

（1）**涨跌的波动大**。材料行业的指数标准差均显著高于沪深300指数。分年度看，在熊市（沪深300跌幅大于20%）时均显著跑输指数；在牛市（沪深300涨幅大于20%）时，多数能跑赢指数，但是2014年以来整体表现落后。主要是2014年以来全球大宗商品和材料未出现整体走牛情况，经济增长速度也未出现大起大落，原材料的价格驱动力不足。上述指数中，波动幅度最大的是国证有色，其次是800有色。

（2）**长期收益偏低**。从累计涨幅看，只有大盘股集中的800有色指数小幅超过沪深300指数，国证有色赶上沪深300指数，其余指数的长期收益率均显著低于沪深300指数。这透露出行业的成长性偏弱，其中有色行业的成长性偏强，钢铁行业的成长性偏弱。

接下来我们重点选择长期收益靠前，波动率也较大的800有色指数进行介绍。

中证800有色是从中证800指数样本股中选择有色金属相关的个股做成份股，按照调整市值加权计算而成，每年的6月和12月各调仓一次，个股权重最高为15%。800有色包括中证四级行业中的铝、铜、稀有金属、黄金及其他贵金属、其他有色金属及合金、非金属采矿及制品等。指数以 2004 年 12 月 31 日为基日，以 1 000 点为基点。

根据中证指数基金公司 2019 年 2 月发布的指数介绍，800 有色成份股总市值为 9 228 亿元，指数市值为 4 801 亿元，个股平均总市值为 256 亿元，共有 36 只成份股，指数的前十大重仓股详见表 4-72。

表 4-72　800 有色指数前十大重仓股　　　　　　　　单位：%

序　号	股票名称	权　重	序　号	股票名称	权　重
1	紫金矿业	9.03	6	方大炭素	4.97
2	洛阳钼业	7.01	7	北方稀土	4.84
3	中国铝业	5.80	8	赣锋锂业	4.38
4	天齐锂业	5.30	9	华友钴业	3.96
5	山东黄金	5.04	10	南山铝业	3.82

资料来源：中证指数基金公司。

目前跟踪 800 有色的基金代码为 165520，基金成立于 2013 年 8 月 30 日，2018 年底的规模为 1.39 亿元。

4.7　公　用　事　业

公用事业是指为社会大众提供公共服务的行业，具体包括电力、燃气、自来水和复合型公用等。

鉴于公用事业具有公用属性，业务具备以下特点。

（1）经营上的垄断性。 对公用事业，出于安全和非营利为主的考虑，以及资源限制和规模效应等，政府通常实施严格的管控，进入门槛极高。在某一区域，提供公用事业服务的通常为一家或几家单位，相应的企业在该业务领域处于垄断地位。

（2）价格的约束性。 从维护公民利益出发，政府会制订公用产品的指导价格，相关的企业按照指导价进行销售，缺乏有效的调节机制。

（3）服务的地域性。 由于公用事业提供的产品通常需要铺设设备，如电线、燃气管道、自来水管道等，前期投入大，日常维护频繁，服务覆盖的范围通常限定在特定的区域。

（4）供求的稳定性。 正常情况下，公用产品的新增供应需要较大金额的投入，储存成本较高，供应相对稳定。需求主要限于特定区域的民众和企业的消费量，也具有相对稳定或明显的季节性，年度总量基本稳定或者小幅增长。

公用事业的上述特征决定了相应企业的业绩较少受到外界因素的干扰，对应的股价波动较小，熊市比较抗跌，是典型的防御品种。对企业业绩最大的影响通常是政府的价格调整。

下面我们重点以电力行业为例，说明公用事业的行业特征。

4.7.1 电力行业

电力行业是指利用发电动力设备，将水能、核能、风能或化石燃料（煤炭、石油、天然气等）等转化为电能并对外提供电力服务的行业。按照使用的能源不同，电力行业可以划分为火力发电、水力发电、核能发电和其他发电形式。其中火力发电和水力发电占比最高。

中国产业信息网研报展示，2017年底全球的发电占比中，火力发电占比73.48%，水力发电占比17.24%，风力发电占比4.3%，核能发电占比3.94%，太阳能发电占比1.04%。2018年，我国的发电量结构中，火力发电占比73.32%，水力发电占比16.24%，风力发电占比4.79%，核能发电占比4.33%，其他发电占比1.32%。

我国火力发电的成本主要取决于燃煤价格，根据长江证券研究所在《电力行业"精研致思"系列深度报告》中展示的数据（见图4-41），火电行业的业绩与煤价呈典型的负相关，即煤价走高时，火力企业利润走低；煤价走低时，火电行业利润走高。需求端主要取决于政府调价，但影响小于煤价，煤价成为影响火电超额业绩的主导指标。当煤炭价格持续走低时，投资火电最容易获取超额利润。

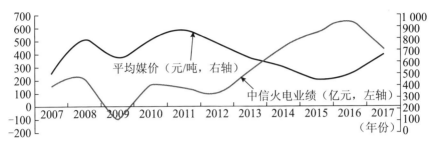

图 4-41 火电业绩与煤价走势

资料来源：Wind，长江证券研究所。

水力发电企业的长期业绩主要取决于新增装机量，中短期业绩取决于税收减免、电站水域丰枯情况和利用小时数等。整体而言，由于水电的发电成本波动性小于火电，且更为环保，利润的稳定性和成长性好于火电，多数企业能持续提供稳定的分红。

水电企业的经营主要可以划分为两个时期：一是水电站建设期，该阶段投资大、时间长，兴业证券在《水电行业深度报告：国之重器宁静致远》中测算，2000年投产的大型水电站单位装机成本大约是0.5万元／千瓦时～0.8万元／千瓦时，水电站建设期一般为8～10年；二是水电站运营期，此阶段成本较小，有稳定持续的现金流入，主要用于前期贷款的还本付息、新电站建设、其他投资或者分红，企业利润会逐步改善。对于水电而言，最佳的投资时机为新增装机投产前或者相应的水电站资产注入前。

目前我国最大的水电上市公司和水电公司均为长江电力。我们可以通过长江电力的发展和模式进一步观察水电企业的特征。

▶案例　长江电力的成长之路

长江电力成立于2002年11月4日，于2003年11月18日在A股上市。公司的水电站建设采取"集团建设、建成注入"的模式，集团分别于2003年、2005年、2007年、2009年、2011年、2012年和2016年注入水电站，注入情况及财务指标详见表4-73。这种模式避免了水电站建设期间上市公司的大额现金流出，可以在新电站稳定贡献盈利后进行一次性收购，用后期的盈利支付收购支出或借款。长江电力上市以来也一直维持着较高的分红率，缓解集团公司的建设支出。

表4-73 长江电力电站注入及对应的财报指标

时 间	注入装机容量（万千瓦）	营业收入（亿元）	净利润（亿元）	资产负债率（%）	ROE（摊薄）（%）
2003	280	29.86	14.38	33.06	7.25
2004	—	61.74	30.39	33.89	13.87
2005	140	72.59	33.39	43.52	15.02
2006	—	70.49	36.15	39.29	14.89
2007	140	87.35	53.72	35.86	13.02
2008	—	88.07	39.3	34.94	10.46
2009	1 270	110.15	46.19	61.78	7.46
2010	—	218.8	82.26	57.98	12.43
2011	210	207	77.01	56.91	11.28
2012	210	257.82	103.53	51.76	13.82
2013	—	226.98	90.71	47.74	11.60
2014	—	268.98	118.3	41.40	13.73
2015	—	242.39	115.2	35.66	12.61
2016	2 026	489.39	209.38	57.00	16.21
2017	—	501.47	222.75	54.74	16.48

数据来源：兴业证券研报《水电行业深度报告：国之重器 宁静致远》和Wind数据。

可以看出，每次注入装机容量后，当年的资产负债率会因为收购而攀升。其后新装机发电业绩助推营业收入再上新台阶，负债率随着还款而逐步下降，净利润和盈利能力（ROE）开始逐步增长。

从图4-42长江电力的股价走势图看，企业股价的整体波动性显著小于上证综指，在长期业绩的不断增长下，股价的成长性也非常出色。

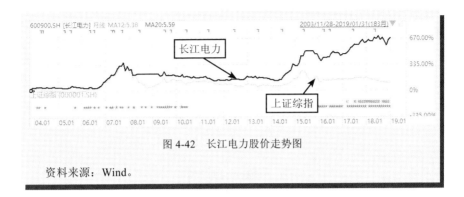

图 4-42　长江电力股价走势图

资料来源：Wind。

4.7.2　相关基金

截至 2018 年底，投资公用事业行业的基金只有一只，为前海开源公用事业股票（代码为 005669）。该基金成立于 2018 年 2 月 26 日，2018 年底规模为 0.89 亿元，属于规模较小的混合型基金。该基金主要投资于 A 股和港股中受经济周期影响小、分红较为稳定的公用事业行业股票。该基金的业绩基准为"MSCI 中国 A 股公用事业指数收益率 ×80%+ 中证全债指数收益率 ×20%"。

从基金成立 6 个月后的情况看，2018 年四季度跑输业绩基准 0.25 个百分点，2019 年一季度跑输业绩基准 6.15 个百分点，进攻性不足。

2004—2018 年，MSCI 中国 A 股公用事业指数与沪深 300 指数的年度涨跌对比如图 4-43 所示。

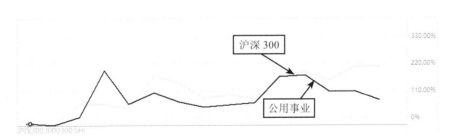

图 4-43　MSCI 中国 A 股公用事业与沪深 300 走势图

资料来源：Wind。

可以看出公用事业指数多数时间的波动小于沪深300指数,但是长期的成长性也偏弱。该类指数更适合风险承受能力偏弱的客户持有,或者作为牛市中后期的配置品种,用以降低组合波动。

对该类行业,可以使用相关业绩稳、分红高的龙头股(如长江电力)代替基金进行配置。

4.8 能源行业

能源是指可以直接或者间接提供能量的物质,具体包括煤炭、石油、天然气等常规能源,以及太阳能、风能、生物能、核能等新型能源。相较常规性能源,新型能源密度小、利用成本高,但是更为环保,发展潜力更大,不少新能源具备可再生性。在能源行业的划分中,把从事能源开采、加工、服务和设备生产的企业一并归入。

4.8.1 行业特点

能源具有如下特点:

一是生活生产必需品。人类需要依靠能源提供生活、生产所需要的光、热和动力。从本质上来说,能源不可或缺,且随着生活水平的提高和生产效率的提升,人类对能源的需求量会越来越大。人类发展史上,每一次科技的飞跃均伴随着能源消耗量的快速提升。

例如,在第一次工业革命开创的"蒸汽时代",蒸汽机的出现让煤炭的消耗量快速提升;在第二次工业革命开创的"电气时代",电的需求增加,煤炭、水、核能和风能等的消耗量快速提升;第三次工业革命开创的"信息时代",进一步带动了用电需求以及相关基础能源的消耗。这也是"能量守恒定律"的一个体现,人类在改造自然的过程中,所借助的能量,归根结底来自各类能源。据世界能源署的测算,2017年,全球能源需求达140亿吨油当量,需求总量比2000年增长

39.51%，并仍保持每年增长。

二是价格的周期波动性。能源的价格主要受供求关系、货币发行量和市场预期等因素的影响。其中，能源的需求取决于经济发展状况、能源用途等，本身会呈现周期性变化。例如，经济增速加快、能源有新增用途时，需求量会快速增加，带动能源价格上涨。绝大多数能源的使用都需要进行开采和加工，能源的供给取决于开采能力和技术水平等。通常情况下，能源市场的供应保持稳定，当大型供应商出现停产检修、意外停产、矿山关闭等情况时，能源的价格往往出现明显上涨。而新技术的出现往往会增加能源的供应量，变相压制产品价格上涨。例如页岩层压裂技术的出现，人类可以从页岩中提炼石油，对石油价格产生压制。国际能源署甚至预测美国2020年或超沙特成为全球最大的产油国，原油的供求关系会发生较为明显的转变。

能源的供应相对稳定，自身具有一定的保值性，价格会随着货币政策的宽松呈现周期波动。石油、煤炭等不少资源有期货市场，相应产品的价格可以反映人们对未来的预期。例如，每次边缘政治或战争冲突发生时，作为战略资源的石油期货市场价格都会率先出现上涨。

环保和供给侧改革等政策会通过限制供给对能源价格产生较为明显的影响。当前政策的主要导向是淘汰常规能源行业的落后产能，鼓励新能源行业加快发展。

三是能源之间的有限与无限。任何一种能源，从总量上来说都是有限的，但是随着勘探和开采能源的技术不断进步，其储量也在不断变化，同时很多能源之间也具有替代性，造成能源在总量上具有较为广阔的空间。以石油为例，历史上，曾多次出现石油将被消耗殆尽的预言，但是随着开采水平的提升，这个预言的年限被不断延长。《BP世界能源统计年鉴》最新的预测是，按照2017年的产量计算，已经探明的1.7亿万桶石油储量能满足全球50.2年的生产需求。随着页岩气、可燃冰、太阳能、核能等能源开采和利用技术的提高，可以充分填补石油资源的不足。以可燃冰为例，根据科学家的推测，仅海底可燃冰的储量就能满足人类1 000年的使用需求。

对于能源企业而言，如果储量稳定，影响业绩的主要因素是产量和售价。产量取决于开采设备的数量，售价取决于市场供求，由于特定时间内的开采和加工成本相对固定，在上述因素有利时，相应企业的业绩会产生较为明显的变化，体现出明显的周期性，造成股价波动高于指数。例如，2001—2003年间，国际金价上涨55%，全球金矿指数涨幅为295%，相对金价放大了近5倍。此外，在发现新储量或收购其他资源时，整体的价值也会显著变化。

4.8.2　行业指数

目前市场上有基金跟踪的能源行业指数主要有6只，其中全指能源、中证能源、中证煤炭和煤炭等权侧重于投资常规性能源，中证新能和国证新能侧重于投资新能源行业和新能源汽车，后两者不仅包括部分能源股，也包括很多新能源汽车行业的工业股和原材料等，相关指数涨跌如表4-74所示。

表4-74　能源相关行业指数年度涨跌幅　　　　　　　　　　单位：%

年份	沪深300	全指能源	中证能源	中证煤炭	煤炭等权	中证新能	国证新能
2005	-7.65	-3.92	4.03	—	—	—	—
2006	121.02	113.85	117.71	—	—	—	—
2007	161.55	195.25	191.55	—	—	—	—
2008	-65.95	-68.99	-69.05	—	—	—	—
2009	96.71	131.62	131.23	202.43	190.08	—	—
2010	-12.51	-10.02	-10.65	-1.20	4.02	—	47.86
2011	-25.01	-26.06	-24.99	-29.69	-28.74	—	-35.26
2012	7.55	-4.23	-5.28	-7.29	-7.47	-14.94	-9.29
2013	-7.65	-27.30	30.41	41.35	-32.87	23.32	34.62
2014	51.66	17.84	19.87	28.18	32.73	33.54	37.34
2015	5.58	-10.12	-15.87	4.92	14.85	50.44	59.70
2016	-11.28	-2.94	-2.03	2.69	4.23	-19.72	-18.69
2017	21.78	1.27	6.31	12.00	6.08	8.15	3.11
2018	-25.31	-29.16	-25.49	-34.86	-35.10	-34.46	-33.65
累计涨幅	201	49	64	15	46	20	43
标准差	0.61	0.71	0.71	0.66	0.62	0.29	0.34

数据来源：Wind。

从全指能源和中证能源的涨跌幅情况看，体现出**短期涨跌大、长期收益低**等典型特征。2009 年之后，能源行业的整体价格波动减少，未出现长期走牛的情况，导致能源行业指数的爆发性减弱，反而体现出**上涨时小涨、下跌时大跌**的情况。

上涨时小涨的主要原因是全指能源和中证能源以常规性能源企业为主，该行业在新能源兴起的冲击下，整体的需求逐步萎缩，压低了相关企业的表现。下跌时大跌主要是供应方面，由于能源的开采固定成本投入大、停产复工成本高，很多煤窑或油井一旦开始开采，轻易不会关闭，造成市场调节能力弱，在经济下行阶段，容易陷入产能过剩、恶性竞争的不利局面。上述情况也是能源行业自身调整周期长的主要原因。

果仁网数据显示，2013—2018 年，细分能源行业的净资产收益率中位数为 5.51%，显著小于沪深 300 指数同口径 12.62% 的数值。

该类行业指数不适合长期持有，短期持有的价值也不大。历史上，能源行业曾阶段性地出现过一些牛股，但是通常具有很大的偶发性，基本无法提前预判。如果希望获取阶段性的收益，可以在行业陷入低谷且具有一定复苏信号时布局，后期有望博得行业反转带来的高收益。

能源行业中，发展比较好的主要是新能源，接下来我们重点介绍其中的代表指数——国证新能。

4.8.3 国证新能

国证新能是国证新能源汽车指数的简称。该指数样本股的构建思路是从新能源或新能源汽车产业中，选取新能源收入占比较高（占主营业务收入 20% 以上）、市值和流动性较好的公司股票，指数的前十大重仓股如表 4-75 所示。

表 4-75 国证新能指数前十大重仓股

证券代码	证券名称	行 业	权重（%）
002664	信质电机	可选消费	1.748 3
600406	国电南瑞	工业	1.599 8

续表

证券代码	证券名称	行　　业	权重（%）
002249	大洋电机	工业	1.586 5
600686	金龙汽车	可选消费	1.535 2
002454	松芝股份	可选消费	1.507 1
000400	许继电气	工业	1.503 6
600884	杉杉股份	信息技术	1.489 5
002276	万马股份	工业	1.487 7
600478	科力远	信息技术	1.487
300001	特锐德	工业	1.485 3
总计			15.43

资料来源：国证指数公司。

从国证指数公司披露的数据看，国证新能指数中，权重占比最高的为工业（44.23%）、信息技术（19.92%）和可选消费（16.09%），能源行业占比仅为4.29%，造成该指数走势与能源行业相关性不高。

从流动市值看，样本股的平均流通市值仅有26.61亿元，偏向小盘股风格。在小盘股表现较好的2013年、2015年，指数涨幅较好，在小市值跌幅较大的2011年和2018年，其年跌幅也较大。

果仁网关于国证新能的历史数据比较少，其在2014年5月19日至2018年12月31日期间的净资产收益率中位数为11.29%，最小值为8.48%，属于盈利能力较强，周期性较弱的指数。

目前跟踪国证新能的指数基金为交银国证新能源指数基金（代码为164905），截至2018年底的规模为2.72亿元，该指数基金成立于2015年3月26日。从该基金2018年年报数据（表4-76）看，基金成立初期跟踪效果不佳，但是过去一年跟踪误差已明显缩小，具有一定的投资价值。

表4-76　交银国证新能源指数基金2018年年报数据　　单位：%

阶段	份额净值增长率①	份额值增长率标准差②	业绩比较基准收益递率③	业绩比较基准收益率标准差④	①－③	②－④
过去3个月	-7.88	1.84	-7.55	1.84	-0.33	0.00
过去6个月	-15.88	1.57	-14.57	1.56	-1.31	0.01

续表

阶 段	份额净值增长率①	份额值增长率标准差②	业绩比较基准收益递率③	业绩比较基准收益率标准差④	①-③	②-④
过去1年	-33.37	1.54	-32.15	1.54	-1.22	0.00
过去3年	43.86	1.59	-42.39	1.60	-1.47	-0.01
自基金合同生效起至今	-42.92	2.14	-33.71	1.99	-9.21	0.15

注：本基金业绩比较基准为国证新能源指数收益×95%+银行活期存款利率（税后）×5%，每日进行再平衡过程。

数据来源：交银国证新能源指数基金2018年年报。

4.9 工 业

根据网络百科相关文献，广义的工业是指从事原料采集与产品加工制造的产业，具体又可划分为轻工业、重工业和化学工业。其中，轻工业指从事生活消费品和手工工具等重量相对轻的产品加工的产业，重工业指从事采掘（伐）、原料加工和再加工等重量相对较重的产品（生产资料）加工的产业，化学工业指从事化学工业生产和加工的产业。但在指数的划分方面，工业仅指重工业中从事航空、海运、铁路、公路、建筑、电气设备、机械设备等产品加工和生产的行业。

4.9.1 行业特点及历史

从各国的发展历程看，基本都经历过从以轻工业为主，过渡到以重工业为主，再发展到以服务业为主几个阶段。重工业具备投资金额大、投资期限长、产业链长、技术门槛高和战略地位突出等特点。上述特征决定了发展重工业负债率高，参与主体以国有资本为主，容易在相应行业形成垄断地位，产业的发展主要受政策因素影响，主题性投资机会比较多。

简要回顾一下我国重工业的发展历史。

第一阶段：艰难的资本积累。 鸦片战争开始的近代史中，我国的现代化工业基础非常薄弱，仅有的发电厂、火柴厂和造船厂等的设备基本全部从海外购买。这种状况造成产品的生产成本高，在对外贸易中处于不利地位；武器装备差，国防力量薄弱，国家整体处于被动挨打的局面。1949年后，我国实施了农业、手工业和资本主义工商业的改造，并优先发展重工业，从体制上加快了资本积累的速度。其后在苏联和东欧各国的援助下，我国的工业进程显著加快。为了进一步加快工业化建设，我国长期执行农业支持工业的发展策略。严瑞真教授曾经撰文指出，我国通过执行"剪刀差"的不等价交换（工业和农业产品交易时，工业产品定价高于价值，农业产品定价低于价值，相当于农业为工业输送利益），在新中国成立之后的20年间，农业为工业提供了7 000亿～8 000亿元的积累，占工业固定资产的3/4以上。经过艰辛的努力与付出，我国工业实现超高速发展，在20世纪70年代初基本完成原始积累。

第二阶段：在开放中均衡快速发展。 20世纪70年代初，随着中美外交缓和，我国有能力从西方国家引进更为先进的资本、设备和技术，在合作与竞争中获得快速发展。同时，为了解决消费产品稀缺的局面，我国将工业发展战略调整为优先发展轻工业和产业结构升级等，为工业的长久发展提供了动力。到1999年，重工业和轻工业的占比接近，基本实现了均衡发展，经济短缺也告一段落。随着我国加入WTO（世界贸易组织），国内市场进一步开放，海外技术扩散迅猛，国内企业兼容吸收，获得更快的发展，国内产品积极参与全球竞争，提高了生产规模和生产效益。到2010年，我国工业已经成为全球第一大国，500种主要工业品种中有220种的产量跃居世界第一。在规模上率先占据主导地位。当前我国的工业存在大而不强的情况，低端产品占比较高，而高科技、高附加值的工业产品占比偏低。

4.9.2 行业指数

目前有指数基金跟踪的工业指数共有 7 个，相应指数的年度涨跌幅情况如表 4-77 所示。

表 4-77 工业相关行业指数年度涨跌幅　　　　　单位：%

年份	沪深300	全指工业	500工业	建筑材料	中证军工	工业4.0	中证国防	空天一体
2005	-7.65	-12.39	-9.90	-19.02	9.35	—	—	—
2006	121.02	97.83	108.40	151.56	140.27	—	—	—
2007	161.55	186.89	176.15	224.41	185.45	—	—	—
2008	-65.95	-64.69	-61.85	-60.85	-66.58	—	—	—
2009	96.71	88.88	131.02	128.80	123.08	—	—	—
2010	-12.51	6.92	12.84	11.33	23.37	—	—	—
2011	-25.01	-35.20	-35.88	-31.22	-34.32	—	-31.76	-27.04
2012	7.55	-2.74	-2.60	1.98	-5.59	-7.99	-7.28	-4.34
2013	-7.65	9.38	21.70	-11.02	43.21	56.75	46.16	52.68
2014	51.66	50.93	45.64	45.68	59.27	38.84	60.39	60.98
2015	5.58	32.76	29.41	15.68	44.81	69.44	38.03	50.48
2016	-11.28	-17.19	-19.30	-6.51	-23.81	-24.88	-21.22	-22.70
2017	21.78	-7.63	-5.22	21.38	-18.37	-3.22	-20.18	-17.37
2018	-25.31	-33.85	-37.30	-28.79	-27.25	-35.23	-27.52	-26.37
累计净值	3.01	2.48	3.54	5.60	6.39	1.60	0.93	1.21
其中：2012—2018	1.28	1.08	1.07	1.24	1.41	1.60	1.37	1.66
标准差	0.61	0.64	0.66	0.78	0.71	0.38	0.35	0.37
其中：2012—2018	0.23	0.27	0.27	0.23	0.34	0.38	0.34	0.37

数据来源：Wind，累计净值指 2005 年初投资 1 元到相应的指数，截至 2018 年底的累计净值。

从累计净值看，中证军工和建筑材料两个指数长期的成长性好于沪深 300 指数，从 2012—2018 年的情况看，空天一体和工业 4.0 的成长性的相对靠前。全指工业的长期成长性弱于沪深 300 指数。

从波动幅度（标准差）看，工业的相关指数波动率多数高于沪深 300 指数，其中工业 4.0 的波动相对较大。

接下来我们重点介绍成长性相对较好的空天一体和工业 4.0 两个指数。

4.9.3 空天一体指数

空天一体是"中证空天一体军工指数"的简称，指数代码为 930875，指数以 2011 年 6 月 30 日为基日，以 1 000 点为基点。指数从中证全指样本股中，剔除最近一年日均成交额排名靠后 20% 的股票，选取飞行器、动力及控制系统、预警系统、武器装备、航空航天材料等领域，主营业务与空天战略高度相关的上市公司股票构成样本股。样本股取日均总市值靠前的个股，总数不超过 40 只，2018 年底为 25 只，然后按照调整市值加权构成指数。2018 年底，空天一体指数前十大重仓股如表 4-78 所示。行业方面，工业股票占 72.11%，信息技术股票占 21.47%，此外还有少量的原材料、可选消费和电信行业个股。该指数的看点是，在军工行业中，该细分行业科技含量高，受益于航空航天技术的发展，未来仍将维持较好的成长性。

表 4-78 空天一体指数前十大重仓股

序号	股票名称	权重（%）	序号	股票名称	权重（%）
1	航发动力	9.67	6	中国卫星	6.06
2	中航飞机	9.61	7	中直股份	5.61
3	卫士通	7.16	8	中航沈飞	5.60
4	中航光电	6.54	9	航天发展	4.88
5	航天电子	6.37	10	中航机电	4.71

数据来源：中证指数有限公司。

目前跟踪空天一体的基金为鹏华中证空天一体（LOF），基金代码为 160643，2018 年底规模为 0.73 亿元，规模偏小。该基金成立于 2017 年 6 月 13 日，根据其 2018 年年报，过去一年落后业绩基准 2.43%，跟踪效果较差。

4.9.4 工业4.0

工业4.0是"中证工业4.0指数"的简称,指数代码为399803。该指数以2012年6月29日为基日,以1 000点为基点。该指数的选股流程与空天一体指数类似,指数选股范围为与工业4.0相关的控制硬件、控制软件、终端硬件等提供商,以及受益于工业4.0的公司。样本股选取过去一年日均总市值靠前的不超过80只股票作为样本股,其中2018年年底为28只,按照调整市值进行加权构成指数。2018年年底,工业4.0指数前十大重仓股如表4-79所示。细分行业方面,工业股票占48.6%,信息技术股票占46.84%,电信行业股票占4.56%。

表4-79 工业4.0指数前十大重仓股

序号	股票名称	权重(%)	序号	股票名称	权重(%)
1	中科曙光	5.96	6	大族激光	4.76
2	金风科技	5.64	7	汇川技术	4.58
3	机器人	5.24	8	中兴通讯	4.56
4	用友网络	5.13	9	隆基股份	4.51
5	浪潮信息	4.99	10	中国中车	4.48

资料来源:中证指数有限公司。

按照业界共识,根据工业发展阶段不同,蒸汽机时代称为工业1.0,电气化时代称为工业2.0,信息化时代称为工业3.0,智能化时代称为工业4.0。工业4.0项目主要包括智能工厂、智能生产和智能物流三部分,其特点是利用"互联网+制造业",降低生产和销售环节的信息隔阂,提高生产和物流的效率。

工业4.0概念最早由德国在2013年4月的汉诺威工业博览会上提出,我国在2015年部署了制造强国的相关战略,启动工业4.0相关发展战略的落地。该指数的看点是,随着工业智能化水平的加快,相关的行业个股有望获得较好的发展,成长空间依然不小。

目前跟踪工业4.0指数的基金为富国中证工业4.0指数,基金代码为161031,2018年底的规模为10.65亿元,流动性较好。该基金成立于2015年6月15日,根据2018年年报,过去一年落后业绩基准 0.55%，处于相对合理的范围。

4.10 电信行业

电信是通信行业的简称。根据中证指数的划分，电信行业可以细分为通信设备、无线电信业务和综合电信业务等三个细分行业。

4.10.1 电信行业发展历史

电信行业最早起源于电报业务。1837 年美国人萨缪尔·摩尔斯发明了摩尔斯电码，并在他人协助下研制出摩尔斯人工电报机，开始通过有线方式进行远距离的文字、图片等信息传输，开启了"电报时代"。

1876 年美国科学家贝尔发明了电话，人们可以实现远距离的交谈，后来随着信号传递技术、增音设备和电话交换技术的不断进步，电话从有线过渡到无线，传递的信息量和速度显著提升，由此开启了"电话时代"。

1939 年英国人里夫斯发明了脉码调制技术，可以将电话通信信号转变为数字信号。技术推广初期，由于成本较高，并未被规模推广。后期随着晶体管、集成电路等技术的不断进步，电子计算机迅速普及，"数字通信技术时代"来临，声音、文字、图像等信号均可以在通信网络实现快速传递。

目前，我国的电信运营商管制严格，只有拿到工信部颁发的运营执照才能从事网络铺设，市场被中国移动、中国电信、中国联通和中国广电垄断，而通信设备领域相对开放，华为、中兴、爱立信等国内外企业从事通信终端、专用设备的生产加工，以及提供通信技术方案。

4.10.2 电信行业特征

结合电信行业的发展历史，我们简要总结一下电信行业的发展特征。

一是技术更替快。历史上，电信行业经历从无到有、从电报通信到数字通信的发展，技术进步居功至伟。小的技术进步更是数不胜数，10年左右通信技术就会有一次质的飞跃。例如20世纪80年代初，无线移动通信使用1G技术，手机为模拟电话，仅支持语音通话；1991年，2G通信技术逐步普及，手机为数字移动电话，除了语音还支持短信和彩信业务；1998年，3G通信技术兴起，手机为高速上网终端，视频通话成为现实。2008年，4G通信技术发布，手机成为超高速上网终端，移动游戏、高清移动电视和视频会议开始出现并流行。2017年，国内运营商开始启动5G技术验证，2018年开始启动小规模试验，2019年6月6日，工信部正式向中国电信、中国移动、中国联通、中国广电等电信运营商发放5G商用牌照，5G通信得到进一步提速。

每次技术的变更，对应的通信设备和通话终端均会掀起一轮更换高潮，通信设备商的竞争地位也会重新排列。例如，2G时代全球尚有10多家企业在通信设备产业激烈竞争，到3G时代只剩下7家企业参与竞争，当4G降临后，逐步过渡到华为、新诺基亚、爱立信和中兴通讯的竞争（见表4-80）。有业界专家预测，当5G降临后，中国厂商华为和中兴的竞争地位有望进一步巩固。

表4-80　全球通讯设备商收入规模排名及变化

序号	2010年	2011年	2012年	2013年	2014年	2015年	2016年
1	爱立信	爱立信	爱立信	华为	华为	华为	华为
2	阿郎	华为	华为	爱立信	爱立信	爱立信	新诺基亚
3	华为	阿郎	诺西	阿郎	阿郎	阿郎	爱立信
4	诺西	诺西	阿郎	诺西	诺基亚	中兴	中兴
5	摩托罗拉	中兴	中兴	中兴	中兴	诺基亚	

资料来源：中国报告网。

此外，每次电信行业的技术变革均需要电信运营商对网络和设备进行更新换代，频繁的技术更迭造成电信运营商的大规模投入需要间歇性进行，盈利水平较难保持稳定状态。同时，电信技术的发展，会导致出现很多新的模式侵蚀电信运营商利益。比较典型的例子是，

2013年微信逐步普及后，人们习惯于通过微信进行文字、语音和视频交流，电信行业整体的盈利能力开始下降。

二是政府导向强。 由于各国普遍对电信运营实施管制，电信也被作为一项基础设施服务对外提供，电信行业每个阶段的发展都带有明显的政策支持色彩。在1G和2G时代，我国处于引进、学习和模仿阶段，技术上受制于海外企业。到3G时代，我国开始参与通信标准合作研制。4G时代，我国自主研发的TD-LTE系统成为全球主流标准之一。5G方面，我国政府、企业和研究机构布局较早，已经逐步走在全球前列。

由于5G技术的极高速率、极大容量和极低延时等优良特征，它在物联网、智能驾驶、人工智能、智慧城市、超高清视频等方面能够发挥显著作用，带动相关产业链的快速发展。我国在《十三五规划纲要》中提出要积极推进5G的发展，并相继推出多个专项研发计划，推动5G技术加快发展。上述措施的实施，使我国5G技术处于全球领先地位。

三是周期性明显。 由于电信技术的变革每隔几年就有一次，每次均会引发设备、终端、线路以及相关零部件的更换热潮，带动相关企业的业绩出现阶段性高峰，同时也会引发竞争格局变化，一批拥有竞争优势的企业脱颖而出。

例如，在3G和4G的快速普及中，手机从之前的功能机快速过渡到智能手机，之前在功能机领域占据绝对优势的诺基亚未能及时把握机遇，原有业务成为发展的累赘。2013年9月，诺基亚将设备与服务部门出售给微软，交易完成后正式退出手机市场，专注于移动网络基础设施软件和服务领域。

与此形成鲜明对比的是苹果公司。该公司在2001年之前主要从事电脑的研发和生产。2001年推出iPod介入智能终端时，市值只有60亿美元；2007年推出iPhone进入智能手机市场时，市值不足1 200亿美元；而到2018年，在智能手机和相关服务的带动下，公司市值一度突破1万亿美元。

4.10.3 相关指数介绍

投资电信行业的指数基金出现较晚,下面重点介绍三个行业指数。

1. 全指电信指数

全指电信指数(000994)以 2004 年 12 月 31 日为基日,以 1 000 点为基点。指数的样本股选取方式如下:

(1)将中证全指样本股主营业务涉及电信业务的个股抽出;

(2)按照日均成交额排序剔除后 10%;

(3)按照累计市值从大到小排序取累计总市值占比达 98% 的个股;

(4)对选出的个股按照调整市值加权,构成全指电信指数。

截至 2018 年底,全指电信指数的前十大重仓股如表 4-81 所示。

表 4-81 全指电信指数前十大重仓股

序号	股票名称	权重(%)	序号	股票名称	权重(%)
1	中兴通讯	10.96	6	烽火通信	4.46
2	中国联通	9.75	7	工业富联	3.52
3	亨通光电	5.71	8	海格通信	3.19
4	中天科技	4.93	9	鹏博士	3.06
5	信维通信	4.54	10	东方通信	2.72

数据来源:中证指数公司。

前十大样本股累计权重为 52.84%,集中度适中。由于华为未上市,中国移动和中国电信未在 A 股上市,很多可以分享电信行业红利的互联网公司在海外上市,造成该指数对行业的代表性、覆盖面不够。目前十大重仓股主要是提供设备、终端和解决方案的中兴通讯,电信运营商中国联通以及提供电缆和天线等设备的各类公司,以中小企业偏多。

2. 通信设备指数

通信设备指数(931160)全称为中证全指通信设备指数,为二级细分行业指数,以 2004 年 12 月 31 日为基日,以 1 000 点为基点。指数的样本股选取方式为:从中证指数成份股中,选择通信设备行业日均成交金额、日均总市值等排名靠前的个股，按照调整市值加权构成该指数。

截至 2019 年 9 月 30 日，通信设备指数的前十大重仓股如表 4-82 所示。

表 4-82　通信设备指数前十大重仓股　　　　　　　　　单位：%

序号	股票名称	权重（%）	序号	股票名称	权重（%）
1	中兴通讯	9.42	6	烽火通信	4.73
2	信维通信	6.89	7	工业富联	4.23
3	闻泰科技	6.67	8	海格通信	3.90
4	中天科技	5.23	9	光迅科技	2.85
5	亨通光电	5.11	10	亿联网络	2.69

3. 5G 通信指数

5G 通信指数（代码为 931079），全称为中证 5G 通信主题指数。该指数以 2015 年 12 月 31 日为基日，以 1 000 点为基点。指数的选股范围是与 5G 通信技术相关的电信服务、通信设备、计算机及电子设备和计算机运用相关的公司，按照调整指数进行加权。

截至 2019 年 9 月 30 日，5G 通信指数的前十大重仓股如表 4-83 所示。

表 4-83　5G 通信指数前十大重仓股　　　　　　　　　单位：%

序号	股票名称	权重（%）	序号	股票名称	权重（%）
1	信维通信	10.03	6	海格通信	5.68
2	中兴通讯	9.52	7	华工科技	5.48
3	中天科技	7.61	8	光迅科技	4.15
4	亨通光电	7.45	9	星网锐捷	3.87
5	烽火通信	6.89	10	硕贝德	2.54

可以看出，上述 3 只指数的选股范围和重仓股重合度非常高，侧重点稍有不同，其中全指电信覆盖电信全领域，通信设备侧重于设备，而 5G 通信则囊括电信和相关的电子设备和计算机个股。

从表 4-84 全指电信指数、电信设备指数和 5G 通信指数的历年涨跌情况看，上述指数的成长性较好，特别是 2013 年开始领涨趋势较为明显，整体涨跌特性与小市值指数较为接近。随着 5G 通信技术的全面建设和普及，相关的指数有望再一次掀起成长浪潮。

表 4-84 电信相关指数年度涨跌幅　　　　单位：%

年份	沪深300	全指电信	电信设备	5G通信
2005	-7.65	-10.93	-25.83	—
2006	121.02	83.55	80.93	—
2007	161.55	131.89	124.07	—
2008	-65.95	-54.51	-52.03	—
2009	96.71	115.36	132.99	—
2010	-12.51	5.59	13.30	—
2011	-25.01	-35.14	-38.62	—
2012	7.55	-11.67	-9.83	—
2013	-7.65	42.59	40.65	—
2014	51.66	35.40	36.58	—
2015	5.58	69.60	73.69	—
2016	-11.28	-13.59	-15.78	-12.04
2017	21.78	7.65	9.46	15.45
2018	-25.31	-33.98	-33.41	-32.86
2019	26.70	27.80	30.33	24.32
累计涨幅	281.47	477.40	462.57	-15.24
标准差	0.59	0.54	0.56	0.23

数据来源：Wind。

相关的指数基金成立时间较晚，均为 2019 年三季度成立，相关基金的跟踪效果有待进一步观察。目前跟踪通信设备的 ETF 代码为 515880，联接基金 A 类代码为 007817，C 类代码为 007818；5G 通信 ETF 代码为 515050。

第5章
投资大师的智慧

> 如果说我看得更远些,那是因为我站在巨人的肩膀上。
>
> ——物理学家、数学家艾萨克·牛顿

人类之所以能够不断前进,就是因为能够不断吸收前人的智慧,不断拾级而上,勇攀高峰。本章重点介绍投资大师们的投资智慧,丰富投资者的阅历,夯实理论基础,节省无谓的探索,以便在巨人的肩膀上前进。

5.1 认清股市的真面目

犹太人致富羊皮卷上有这样一句话:**如果你想致富,那么就需要看看富人们在干什么。**

我们日常除了观察身边的"富人"在干什么,还可以通过福布斯排行榜看看世界顶级富豪们在干什么。这其中最为显眼的是,富豪们均通过控制一个或多个企业跻身富人榜,且企业基本都是上市公司。这里透露出以下两个信息。

一是个人财富投资于企业,能够借助企业这个赚钱机器加速财富的积累速度。例如,腾讯控股 2009—2018 年的 10 年间净利润增长 27.27 倍,前复权股价增长 31.3 倍,让股东们的财富快速飙升。

二是上市公司能放大股东的财富。例如,腾讯在 2018 年年底的市盈率是 30.45 倍,即股东当前持有的市值是企业年度盈利的 30.45 倍,放大作用显著。所以,富豪们基本都是通过创业和上市实现财富的快速扩张。

创业涉及创意、商业模式、团队管理、资金运作等一系列工作，且失败率极高，有调查显示，创业公司三年内倒闭的概率超过90%，这显然不是一般人所能承受的。

除了通过高风险的创业、上市来分享企业的成长以外，在不影响自身工作和生活的前提下，我们可以借助对上市公司的挖掘，用最简单的投资策略来分享企业成长红利，从而加速家庭财富的积累。

上市公司通常具备一定的经营规模，各类信息公开程度高，价值更容易判断。同时，上市公司的股票在证券交易所交易，市场流动性好，每笔投资金额可大可小，整体的投资风险小于未上市公司。

提起股市，很多人都有惨痛的失败经验，笔者身边也有不少高学历的同事和朋友，炒股多年依然亏损或者打平。社会的现实也是，除了个别的大牛年，股市长期流传着"七亏二平一赚"的规律，长期赚钱的不仅是少数，而且是极少数！股市中，既有出类拔萃如巴菲特，仅靠炒股便居世界第四富（2019年福布斯全球富豪榜），也有大量的股民，勤奋得废寝忘食仍严重亏损。不少聪明绝顶的历史人物也难以幸免。

物理学家牛顿曾在股票上亏掉了10年的工资，以至于他感慨地说："**我能计算出天体运行的轨迹，却难以预料到人们的疯狂。**"英国首相丘吉尔，1929年在华尔街证券交易所一天内交易几十笔竟无一获利，还差点破产！美国大作家马克·吐温迫于债务压力，希望到股市中赚一笔，结果屡战屡败，伤痕累累，以至于他在《傻头傻脑威尔逊的悲剧》中借主人公威尔逊之口说出一句名言："**十月，这是炒股最危险的月份；其他危险的月份有七月、一月、九月、四月、十一月、五月、三月、六月、十二月、八月和二月。**"言下之意，一年中没有什么月份适合炒股！

于是股市便流传一种说法，炒股就是赌博，这里列出两者的相同点。

一是两者在任一时段的结果都无法预知，都是在"赌"。赌博，如果不作弊，玩家不可能提前知道开出来的是大还是小；炒股，如果不操纵股价，股民不可能提前知道这笔买卖的盈亏。诺贝尔奖获得者尤金·法玛提出"有效市场假说"，认为股票市场价格是随机游走的，其波动无法预测。最终体现在结果上，赌博者向来没有几个能赚钱的，绝大多数人亏损惨重，股票市场也非常类似。

  二是运气很重要，单独的一场"赌局"没有真正的高手。赌博结果的随机性造成经常出现新手打败老手的情况，任何人都不敢说自己在任何一场可以战胜别人。股票也非常类似，即使是投资大师，也常常在很多年份跑输刚入门的投资者，经验不等于输赢。这种运气造成很多偶然的"成功者"可以推出自己与众不同的制胜秘籍。例如，曾经有一位在某段时间收益非常高的投资者，向别人透露，他买的股票之所以涨得快，是因为股票的名字好听！而投资高手也难免在部分时间遭受"难堪"。

  三是门槛很低，操作简便。赌博的起步价取决于对手是否愿意开局，小到1元多到10亿元都可以参与一场"赌局"，而且操作简便。2013年12月12日，在央视的中国经济年度人物颁奖典礼上，小米科技董事长兼首席执行官雷军和格力电器董事长董明珠均榜上有名。在总结发言环节，基于回应质疑和对自身商业模式的自信，雷军说，请全国人民作证，如果未来5年之内，小米的营业额击败格力，董明珠输给他一块钱。董明珠随即发言，要赌就赌10个亿！就这几句话，一个从1元到10个亿的赌局就这样被全国人民见证。相对而言，股票市场还有一点门槛，年满18岁方可开户，A股每次交易100股即可，股价正常最低1元，加上手续费，理论上105元即可参与交易。实践起来，知道怎么操作买卖即可，简单易懂。

  事实难道真的是这样吗？那为何首富排行榜中，没有出现赌博起家（不含开赌场的）的呢？下面我们分析一下赌博与炒股之间的差异。

  （1）赌博是零和游戏，而股票是正和游戏。 零和游戏是指所有玩家在一起，赢家赢到的钱就是输家输掉的钱。赌博就是典型的零和游戏。也就是说，游戏本身没有创造价值。但是，股市却大不同，数据显示，2008—2017年，A股市场上市公司累计现金分红6.98万亿元，其中8家上市公司累计分红超过1 000亿元。显然，A股市场的参与方合计盈利是正的，这也是炒股能持续赚钱的根本原因。

如果我们放在一起观察股市与经济（业绩）的增长，会惊奇地发现两者有着精妙的关系。例如，2013—2017年，上证综指与GDP的增速基本相同，GDP累计增长41.04%，同期上证综指上涨45.74%。具体到上市公司方面，利润增幅大的公司，股价也好于利润增速慢的公司。例如，贵州茅台在此期间利润合计增长98.5%，其股价增长352.23%；而中国石油期间利润同比下降80.54%，对应的股价仅增长0.11%，如表5-1所示。这充分印证了一句话：**投资就是投国运，买股就是买企业。**

表5-1 GDP增速、企业业绩与股价关系图　　　　单位：%

指标	2013年	2014年	2015年	2016年	2017年	5年涨幅
GDP	7.8	7.3	6.9	6.7	6.9	41.04
上证综指	-6.75	52.87	9.41	-12.31	6.56	45.74
茅台利润	13.74	1.41	1	7.84	58	98.5
茅台股价	-36.56	66.94	28.81	56.45	111.89	352.23
中石油利润	12.36	-17.29	-66.73	-77.84	184	-80.54
中石油股价	-11.67	46.3	-21.58	-4.27	3.19	0.11

数据来源：Wind。

（2）**赌博与炒股的盈亏概率分布不同**。正常的赌博中，盈亏概率均是50%，如果是赌场，庄家的赢面高一些。例如美国的竞争性赌场，平均毛收益25%，即所有参与者每支付100元，大约可以拿回来75元，因此，参与者持续亏损是板上钉钉的事情。如果直接把这个结果告诉赌客，赌客还会参与吗？而股票则不同，如果查看代表各国股价走势的股票指数，我们会发现基本都是一条斜向右上方延伸的趋势。也就是说，参与者整体的盈利是在不断增加的，部分绩优股还可以让投资者持续盈利。以上文提到的贵州茅台（600519）为例，其年度股票价格走势如图5-1所示。

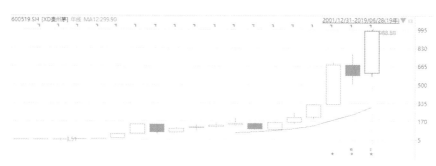

图 5-1　贵州茅台上市以来的股价前复权年线

数据来源：Wind。

该公司自 2001 年 7 月 31 日上市以来，除 2002 年、2008 年、2013 年和 2018 年股价下跌以外，其他年份股票价格均呈上涨态势，截至 2019 年 6 月底累计上涨 207.47 倍。显然，投资这样的公司，会让资产持续增值。

既然股票不同于赌博，那么为何成功者如此稀少呢？

根本原因在于股市本身不同于普通的"科学"，当很多人以科学的逻辑对待和处理股市时，收获的常常不是成功，而是意想不到的损失。

大家熟知的歌词"你问我爱你有多深，我爱你有几分"。回答是"月亮代表我的心"。为何不说具体有几分呢？这是因为"爱"无法精准计量。哲学家卡尔·波普将科学计量划分为两类：一是钟表世界，可以精准进行计量，如路程、时间等；另一种是云世界，无法精准计量，如幸福、悲伤等。显然，歌词涉及的"爱"属于"云世界"，我们无法告诉家人爱她（他）具体有几分。而股市的涨跌虽然可以精准计量，但是影响股价短期波动的市场情绪、消息面等却属于"云世界"，我们无法准确测出某一消息对股价涨跌带来的影响、指数将涨跌到何处。

例如 A 股中的指数证券公司（399975），成立以来至 2017 年底的十余年，它的 PB 历史最低是 1.64，但是 2018 年在内忧外患之下最低下跌到 1.03，大大超出了估值所能理解的范围。

对于无法精准衡量的股市，如何保证科学、稳健获利呢？站在历史成功者的肩膀上，结合各位投资大师的经验，笔者总结出几条经验。

一是低买高卖。也就是以自认为的低价买入,以自认为的高价卖出。这类操作方法以价值投资最具代表性。首先,投资者需要判断企业的真实价值,当其价格低于价值一定比例时(低于的部分相当于安全垫),开始买入并持有,直到该股的价格高于其价值,再逐步卖出获利。在具体的价值判断方法上,有格雷厄姆的捡烟蒂法、巴菲特的现金流折现法、戴维斯的"戴维斯双击"法、指数的低估值投资法,等等。这类方法的难点是判断企业的价值,大师们为了降低价值判断的失误,通常采取限定范围(只投看得懂的企业)、深入研究(通过年报、报道、在线和实地调研等方式进行)、分散投资(同时持有多只个股)、预留安全垫等方式降低组合损失的风险。该方法适合对企业价值理解较深,能够坚定持股的投资者。

二是高买低卖。这是怎么回事呢?没错,以相对的高点买入,在相对的低点卖出。这类操作方法以技术投资最具代表性。它认为趋势会延续,通常在突破关键位置或均线时买入,跌破关键位置或均线时卖出。这种方法认为股市的信息和市场反应会逐步扩散,使价格呈现一定的惯性。在趋势的判断上,主要包括利弗莫尔的关键点买入法(如突破某关键价格或创新高)、江恩法则、达瓦斯的箱体理论、埃尔德的三重网过滤系统和邓尼斯的海龟交易系统。此类方法追求的是不放过大的趋势性获利机会,而在趋势不明时及时收盈或止损撤退。其要点是,做好趋势判断、妥当制订资金使用计划。常见的趋势判断指标是相对近期高点或低点的涨跌幅、收盘价相对均线的位置、成交量和波动率等指标。资金控制上,通常是小笔资金试探,顺势则加仓,否则就不动或减仓。这种方法有什么好处呢?判断客观、直接,单笔投资风险可控,简单易学。而它的难点是准确找到操作目标,并且严格按照投资纪律执行操作。该领域虽被称为投资中的"邪教",但是多位大师的快速盈利能力都笑傲股市,其中的多项指标也成为短线量化投资的基础。

三是系统操作。这类方法强调资金的系统配置,追求大概率的盈利,如动态平衡和定投。以动态平衡为例,将股票和债券等涨跌相关性较弱的资产按照一定的比例配置,并定期调整,卖出涨得多的资产恢复至原有比例,是以不变应万变的投资方法,能确保在波动的股市中稳健盈利。此外,欧奈尔的"CANSLIM法则"融合了基本面和技术面的投资精髓,提供系统化的操作指引,成为长期盈利的宝典之一。该类方法的难点是如何构建自己满意的操作系统。例如,动态资产配置和定投会造成股票仓位偏低,长期收益率偏低,且不能有效把握明显的低点和高点。而欧奈尔的"CANSLIM法则"对标的的选择提出一定的要求,投资者需要对投资标的进行适当的筛选、甄别,并耐心等待操作时机。

上述多数方法均导致出现过大师级的投资人物。大师通过自身的盈利和他人复制后的盈利,证实了面对股市模糊的"云世界",长期稳赚的方法确实存在。在后面的章节中,我们会对上述方法进行逐一介绍。普通投资者可以从中寻找构建自己投资系统的操作灵感,根据自己的资金闲置情况、风险承受能力、预期的收益情况和自己性格特征等调整和优化。具体实施中,侧重于风险是否可承受、预期收益是否满意和自己能否坚持执行。

5.2 璀璨的价值投资

5.2.1 价值投资鼻祖的盈利秘籍

股票投资中,最能引起共鸣的门派就是价值投资!现在主流机构对外基本都宣称自己信仰价值投资。对于投资人而言,最重要的就是找到挣钱的秘籍,现在我们一起看看价值投资鼻祖格雷厄姆的盈利秘籍。

格雷厄姆享有"华尔街教父"和"价值投资鼻祖"等多个美誉。他先后撰写了《证券分析》《财务报表解读》和《聪明的投资者》等著作,严格区分投机与投资的本质，开创了价值投资学派，其个人及多位门生依靠上述方法取得了卓越的投资业绩，其中就有最为大家熟知的巴菲特。

格雷厄姆首次使用数理分析方法确定股票内在价值，提出可以采取三种投资方法进行价值投资：**安全边际法（买入价格低于内在价值的股票）、指数投资法（分散风险）、动态资产配置法（在不同的市场情况下配置不同的股债比例）**，自此掀开了价值投资波澜壮阔的发展史。

俗话说，天将降大任于斯人也，必先苦其心志，劳其筋骨。这句话在国外同样成立。

格雷厄姆 1894 年 5 月出身于一个世代做陶瓷生意的家庭，小时候生活富足。格雷厄姆 9 岁时，其父不幸去世，祸不单行，家族生意不久破产，日常生活主要靠母亲多娜打零工，生活跌入低谷。格雷厄姆 13 岁时，母亲多娜忍不住周围人炒股赚钱的诱惑，将家里的钱都拿去炒股，还借了一些钱，希望借此改变贫困的家境。

上天会眷顾他们吗？

和很多被股指上涨诱惑的散户一样，多娜在当时的蓝筹白马股美国钢铁公司上亏掉了所有的本金，包括借来的钱。这是股市给格雷厄姆的第一个深刻印象。

如果说跟风炒股是个错误，那么借钱跟风炒股更是个大大的错误！

面对困境，格雷厄姆没有气馁，反而发奋图强，以优异的成绩考入美国哥伦比亚大学深造。1914 年，他以荣誉毕业生和全班第二名的成绩毕业，时年 20 岁。

为了改善家庭经济状况，格雷厄姆放弃留校任教的机会，在校长卡贝尔的推荐下，到华尔街劳伯证券公司担任信息员（证券交易所最低等的职位之一）。

但格雷厄姆以其渊博的知识、严谨的思维、富有逻辑的文风，撰写文章推荐个股，得到上司的赏识。工作不到 3 个月，他就被提拔为助理研究员，不久又被提拔为证券分析师。格雷厄姆很快在上市公司隐蔽资产挖掘方面（即找出公司公开信息尚未包括的价值）崭露头角，并为公司带来可观的利润。

此时，格雷厄姆应亲戚朋友之邀，开始代客理财。其后在"萨幅轮胎事件"中，因听取小道消息，重仓即将上市的萨幅轮胎公司，被庄家算计，严重套牢。这件事也让他认识到小道消息的危害。

之后，格雷厄姆设计出期权投资策略，用于规避股市投资风险。例如，看涨某一股票，则买入期权，当股价真的上升时，再行使认购权按照原先约定的低价买入，实现盈利，否则仅损失一笔期权购买费。很快，格雷厄姆又实现了稳健快速的盈利。

1923年初，时年29岁的格雷厄姆自立门户，成立格兰赫斯基金，初始发行规模50万美元。依靠挖掘隐蔽资产和期权投资策略，该基金成立一年半即实现盈利100%以上，跑赢指数20多个百分点。其后因公司股东之间的分歧，该基金解散。格雷厄姆又与黄金搭档纽曼联手成立新的基金公司——格雷厄姆-纽曼公司。

很快，这波从1921年开始的牛市逐步疯狂起来，并在1929年达到顶峰（可以看出美国当时也是长牛走势）。让我们先来欣赏一下1929年美国牛市的几个片段。

（1）有乘客向地铁公司投诉，要求每节地铁车厢都安装能显示股票行情的设备，以免耽误发财机会。

（2）波士顿一家工厂内，所有的车间都安装有大黑板，并安排专职人员每隔一小时就写上最新的交易所行情，方便职工们及时掌握自己购买股票的价格。

（3）得克萨斯州的一个牧场，在牲口棚和牧场上，分别安装上高音喇叭，方便牛仔们随时收听最新的行情信息。

从中可以看出那一轮牛市的疯狂程度，丝毫不亚于历次的牛市。但到1929年10月下旬，牛市开始崩溃（碰巧的是，2007年A股的大牛市也终结于10月，难怪马克·吐温写道："十月，这是炒股最危险的月份"）。这次熊市历时3年，道琼斯指数最大跌幅为90%！

据说格雷厄姆开始阶段亏损并不多，1930年初，当他拜访一位商人时，商人建议崇尚加杠杆投资的格雷厄姆尽快卖出所有股票，还清所有债务。但格雷厄姆过于自信，在基金净值下跌 20% 后，他开始贷款抄底股市。

悲剧由此开始！格雷厄姆贷款抄底后，当年基金再亏近四成，1930 年合计亏损 50%！

在此期间，格雷厄姆只能靠教书、写作等维持生计。屋漏偏逢连夜雨，他的婚姻状况也出现问题，家庭破裂。

1931 年、1932 年基金分别亏损 16%、3%，熊市以来累计亏损 70%。虽然跑赢指数 20 个百分点，但在巨大的亏损面前，那种痛只有经历过的人才会明白。

其间，有位叫马罗尼的富人特别相信格雷厄姆，花了近百万美元购买格雷厄姆的基金。当他急需钱来还债时，格雷厄姆才不好意思地告诉他，那笔钱基本没有了！急得此人当场抱头痛哭……

由于客户纷纷前来赎回基金，格雷厄姆的二次创业眼看就要失败。如果故事到此结束，可能就不会有名扬海外的价值投资鼻祖了。

所谓吉人自有天相。

格雷厄姆的合伙人纽曼的岳父是位有钱人，此时出手相助，帮企业渡过难关，他们的基金才得以继续运营。

1934 年，格雷厄姆撰写的大作《证券分析》热销，他也积累了不少本金。此时，牛市归来（1933 年道琼斯工业指数大涨 66.69%），格雷厄姆的投资业绩开始快速飙升。之后，格雷厄姆于 1936 年出版《财务报表解读》，1949 年出版《聪明的投资者》。《聪明的投资者》第四版称，1936 年至 1956 年格雷厄姆退休，格雷厄姆-纽曼公司向公众发行的基金 20 年运营期间，扣除手续费后的年化收益率不低于 14.7%（扣除手续费之前约为 20%），显著高于同期股票市场 12.2% 的整体收益率。接下来，我们对价值投资鼻祖提倡的投资方法做逐一介绍。

1. 安全边际

1934 年，格雷厄姆和多德合著《证券分析》，区分投资和投机，使得投资变成一种科学。其倡导本金安全、方法简单和获取满意回报相结合的投资理念，使用"低估＋分散＋量化"的投资策略，开量化投资的先河。格雷厄姆的投资方法可以概括为四个字——**安全边际**。具体说来，也就是：

$$安全边际 = 每股价值 - 每股价格$$

判断标准：安全边际越大越有吸引力，"正常每股价格≤每股价值×2/3"时值得购买，此时有不低于1/3的缓冲作为安全边际，对应价格恢复至价值时的涨幅为 1÷（2/3）-1=50%。

股票价格就是每天交易显示的成交价，按照上述标准，我们需要确认的是"每股价值"。计算企业的"每股价值"成为价值投资者的核心任务，这也是格雷厄姆**"买股票就是买企业"**投资理念的体现。

事实上，格雷厄姆承认，无法精准计算一家企业的股票价值，但是有以下方法可以确定一家企业的大致"每股价值"（偏保守）。

方法一：企业的每股价值 =（流动资产 - 负债）/ 股票数量。

方法二：企业的每股价值 = 每股收益 ×（基准市盈率 8.5 + 2 × 预期收益增长率）。

方法三：企业的每股价值 = 企业净现值（NPV）/ 股票数量。

其中企业净现值可通过 Excel 的 NPV 和 XNVP 等函数计算得出。

关于择时，《聪明的投资者》引用了杜克大学的一项研究成果：如果投资者接受准确率前 10% 的择时杂志的建议，1991—1995 年的回报率可达 12.6%，低于股票指数基金平均 16.4% 的回报。美国的现实就是这样残酷！格雷厄姆认为，任何技术性的择时操作在广泛传播后，其有效性会大大降低，最终导致无法获得超额收益。正确的做法是，不要采用预测的方式进行择时投资，应判断企业的价值，在低估时买入，高估时卖出，或者长期持有优质公司。

虽然择时不靠谱，格雷厄姆还是基于历史统计数据给出了一个逆向的大择时策略。**市场每十年左右会出现一个牛熊周期，如果能在熊市相对底部买入，在牛市相对高位卖出，能取得更好的收益。**

牛市的判断特征有以下几点：

（1）市场股价达到历史高位；

（2）市盈率普遍很高；

（3）与债券相比，股票收益率已经很低（可以用市盈率的倒数衡量股票收益率）；

（4）大量的杠杆交易；

（5）大量质量很差的新股发行。

格雷厄姆特别说明，非常明显的牛熊转变未来不一定延续，投资者应避免在牛市购买股票，最稳妥的方法是按照动态配置的方法同时持有股票和债券，两者的比例可以根据估值进行调整。

该方法的好处是，无论投资者的判断是对还是错，总是同时持有股票和债券仓位，避免资产踏空。格雷厄姆建议股票占组合的25%～75%，其余为债券资产。

2. 资产配置及套利

对于风险承受能力偏低，不希望出现较大亏损的防御型投资者，格雷厄姆给出了以下投资建议。

（1）投资范围主要为蓝筹股和高等级债券（如国债）。普通投资者按照股债5∶5的固定比例配置；对于具备一定市场判断能力的投资者，可以用25%～75%的资金投资普通股。牛市市场高估后，股票资产逐步降低至25%；熊市市场低估时，股票资产逐步提高至75%。相应地，债券配置比例范围为25%～75%。

（2）股票投资上，可以选择基金或者自己构建股票组合。具体方法上，采取定投的方式购买股票组合，即每月或每季度使用等额的资金购买基金或股票组合。股票组合方面，建议持有10～30只大型、知名、财务稳健、具备悠久分红历史的公司股票。选择股票计算估值时，建议按照公司过去7年的平均每股收益计算市盈率（当前股票价格÷过去7年平均的每股收益，如果公司有送股或转增股本，可以考虑使用当前的市值÷过去7年的平均净利润），建议市盈率不超过25，过去12个月的动态市盈率不超过20更佳。这样处理分母，能避免某一年或几年业绩不稳定带来的过度悲观或乐观。

（3）债券选择上，重点投资高信用级别的债券；可转债方面，优先投资低于可转债面值的债券，免受低价赎回的风险。

对于风险承受能力较大，愿意承受短期的较大亏损，获取长期较高收益的积极型投资者，格雷厄姆建议的投资策略是以下几点。

（1）在确保安全的情况下，适当投资高折价的高等级债券（建议低于面值30%）、垃圾债、外国债券等提高组合的收益率（建议不超过组合的10%）。 避免购买刚上市的公司，特别是在牛市上市的公司，因为该类公司通常估值较高。

（2）投资不太受欢迎的大公司。 一方面该类公司更容易借助资本和人力资源优势，有能力改善困局；另一方面市场会对这类公司的改善快速做出反应。例如，等额购买道琼斯指数中市盈率最低的10只股票，每年调整一次，以5年为一个观察期，基本每年都能相对指数取得超额收益。美国1937—1969年的数据显示，平均年化超额收益约6.32%。应用该方法时，应避免挑选盈利不稳定的公司股票，如钢铁、煤炭等强周期股，因为该类股票不适合用市盈率进行估值。

（3）购买廉价证券，包括低于面值的债券和优先股，以及低估的普通股（价格低于价值1/3）。 普通股通常在熊市时最适合投资，特别是当期利润令人失望，长期容易被忽视的股票。例如熊市期间利润大幅下降的钢铁股、石油股、券商股等，会在牛市时享受利润回升和估值回升的双重收益。其他判别标准包括市值低于扣除优先债后的净运营资本（流动资产－所有负债）的公司，该公司仅流动较好的部分资产就超过市值，说明被明显低估。

（4）廉价的二类企业股票（简称"二线蓝筹"）。 二类企业包括重点领域的二流企业和非重点领域的龙头企业。市场常常给予龙头股过高的价格，而二线蓝筹被低估。二线蓝筹规模也比较大，持续经营能力较强，符合安全性原则，牛市时该类企业的估值至少会回到相对合理的水平。历史上，龙头股与二线蓝筹会在不同阶段交错领涨，投资者可在二线蓝筹低估时介入。

（5）各类套利。 这主要包括以下几类：

a. 被收购企业（通常是小企业）通常会给予高于市价的收购价，如果能深入研究，会存在一些较好的套利机会。

b. 公司业务分拆后，通常被分拆的公司估值都会明显提升。

c. 涉及破产清算或者法律诉讼时，被低估的债券和股票。

申万宏源金融工程部曾基于 2003—2015 年 A 股的数据，测算格雷厄姆价值投资策略在 A 股的适用性。结果发现，一直满仓使用"经典价值投资策略"和"内在价值投资策略"，均能取得年化 25% 左右的收益率，比上证指数年化收益率高 20% 左右。应该说，格雷厄姆的安全边际投资方法在 A 股同样适用。

5.2.2　费雪的超级成长股

如果从时间角度分析，一家企业的价值应该可以划分为"过去的价值"和"未来的价值"。

"价值投资鼻祖"格雷厄姆看重前者，他曾说：**"我面向过去，背对未来，从来不预测。"** 格雷厄姆更喜欢购买市场价值低于可变现价值的企业，但是随着时间的流逝，"未来"变成了"过去"，企业的价值不断变换，并体现出越来越多的"未来价值"，投资者就不能不重视"未来"。

另一位价值投资大师菲利普·费雪则专注于投资企业"未来的价值"，并取得巨大成就，其 70 年的投资生涯中，年化收益率超过 20%。最经典的两个投资案例就是 1955 年买入摩托罗拉和德州仪器，前者持有 25 年，盈利 30 倍；后者持有 10 年，盈利 30 倍！

费雪出生于 1907 年，比格雷厄姆小 13 岁，父亲是名医生。他在 13 岁时，因听到祖母的谈话而对股票市场产生兴趣，并在当时的牛市中小试牛刀。1928 年，21 岁的费雪从斯坦福大学商学院毕业，应聘做了一名证券分析师。第二年，费雪根据对美国产业供求的研究，撰写了一份报告《25 年来最严重的大空头市场即将展开》。彼时美国正处于牛市阶段，1927 年，道琼斯工业指数上涨 27.67%，1928 年上涨

49.48%，股市已经连续上涨 5 年！

当时这份看空（即认为市场会下跌）报告并未引起人们的注意，甚至连费雪自己都不相信。他买了自认为便宜的股票，结果当熊市降临时，损失惨重！道琼斯指数 1929—1932 年间，每年的跌幅分别为 17.17%、33.77%、52.67% 和 23.07%，1932 年的最低点较 1929 年的最高点下跌 89.35%！这基本上算是人类股票历史上最惨烈的下跌！

费雪中间换过一次工作，但受股票市场影响，又很快失业。1931 年，24 岁的费雪成立了自己的投资管理咨询公司，并逐步培养了一批忠实的客户。随着知名度的不断攀升，前来咨询炒股秘籍的人不断增多。为了让公众对自己的投资方式有个了解，1958 年，费雪出版了自己的第一本专著《怎样选择成长股》。让人意想不到的是，这个书名平平无奇的著作在上市后非常受欢迎，成为有史以来登上《纽约时报》畅销书排行榜的第一部投资类著作。

费雪的投资精髓可以概括为："以不太贵的价格购买能持续快速增长的公司，长期持有，享受公司年复一年盈利增长带来的超额收益。"格雷厄姆的"安全边际"投资法简明扼要、易学、易懂、易操作，能避免大跌，其广泛的应用造成可选标的非常稀缺，机会不多。而费雪的投资方法能够弥补格雷厄姆投资方法的不足，通过投资优质企业，分享企业成长带来的超额收益，一旦选择只需定期评估，省时省力。

费雪提倡集中仓位，重仓 4 只左右自己熟悉的优质成长股，获取大利润。费雪透露，将 65% 的资金配置在 4 只最看好的核心个股上，预留 20%～25% 的现金或现金等价物（如低风险债券），剩余不超过 15% 的资金建仓 5 只有前途的个股（有潜力进入核心 4 股的公司）。在费雪 1987 年接受的采访中，他说自己先后持有过 14 只核心个股，最少的回报也超过 7 倍，最多的高达上千倍，持仓时间在 8～30 年不等。

费雪建议通过"闲聊法"了解公司的情况，闲聊的对象包括公司的竞争对手、供应商、客户、相关领域的专业人士、媒体以及被公司解雇或辞职的员工等。

费雪认为值得购买的企业具有以下特征：

（1）世界级的行业龙头或者具有成本优势，其新老产品和服务未来几年能带动盈利大幅增长。

（2）管理层诚实、正直、优秀，有中长期计划，并能按计划促使盈利持续大幅增长。

（3）公司重视持续研发，销售能力强，未来能将研发转化为利润，形成新的利润增长点。

（4）公司努力控制成本，提高利润率。

（5）公司高层团结，劳资关系和谐。

（6）结合未来的盈利看，企业的估值不高。

（7）低分红甚至不分红的企业，盈利投入新业务，获取高成长。

（8）企业能构建壁垒，让新进入的企业很难分享高成长。

（9）企业不需要持续发行股票融资，摊薄老股东利益。

购买时机的建议：购买被市场误判且价格远低于真实价值的公司，特别是出现的困境有望在几个月内解决的企业，但应回避因没有竞争力而单纯低估的企业。同时，提倡在股价下跌时逐步买入，可以采取定期购买的定投方式买入。评判企业经营时，要基于3年或3年以上的业绩，不能单纯使用某一年的业绩。

费雪认为3种情况下需要卖出企业：

（1）因判断错误而买入的企业。

（2）公司营运每况愈下。

（3）发现前景更好的成长股。

费雪提倡对于判断错误或者经营不佳的企业要及时止损，而对盈利持续增长的公司要坚守，即斩断亏损，让利润奔跑。费雪认为经济的衰退甚至战争都不应当成为卖出企业的理由。

▶附：费雪投资心得

1. 买进优良普通股的15个要点

（1）这家公司的产品或服务有没有充分的市场潜力——至少几

年内营业额能大幅成长。

（2）管理阶层是否决心开发新产品或新服务，在目前有吸引力的产品线成长潜力利用殆尽之际，进一步提升未来销售潜力？

（3）和公司的规模相比，这家公司的研发努力有多大的效果？

（4）公司有没有高人一等的销售组织？

（5）公司的利润率高不高？

（6）公司做了什么事以维持或改善利润率？

（7）公司的劳资和人事关系好不好？

（8）公司的高级主管关系融洽吗？

（9）公司管理阶层深度够吗？

（10）公司的成本分析和会计记录做得好吗？

（11）是不是有其他的经营层面，尤其是本行业较为独特的地方，投资人能得到重要的线索，判断一家公司相对于竞争对手的优势有多大？

（12）公司有没有短期或长期的盈余展望？

（13）在可预见的将来，这家公司是否会因为成长而必须发行股票，以取得足够资金，使得发行在外的股票增加，损害老股东的利益。

（14）管理阶层是否报喜不报忧？

（15）管理阶层的诚信正直，态度是否毋庸置疑？

2."十不"原则

（1）不买处于创业阶段的公司。

（2）不要因为一只好股票未上市交易，就弃之不顾。

（3）不要因为你喜欢某公司年报的格调，就去买该公司的股票。

（4）不要因为一家公司的本益比（即市盈率）高，便以为未来的盈余成长已大致反映在价格上。

（5）不要锱铢必较。

（6）不要过度强调分散投资。

（7）不要担心在战争阴影笼罩下买进股票。

（8）不要忘了你的吉尔伯特和沙利文（两位讽刺戏剧作家的名字，指影响股价的因素是未来而不是过去，不要简单认为过去股价不涨的股票就更安全，而股价上涨的就缺乏空间）。

（9）买进真正优秀的成长股时，除了考虑价格，不要忘了时机因素。

（10）不要随群众起舞。

5.2.3 "戴维斯双击"的暴利

股市中将同时受益于股票业绩增长和估值提升带来的双重高收益称为"**戴维斯双击**"，而将企业业绩下降，同时伴随着估值下降带来的暴跌称为"**戴维斯双杀**"。这里面提到的"戴维斯"是美国投资大师斯尔必·库洛姆·戴维斯（Shelby Cullom Davis）。他出生于1909年，较投资大师费雪晚两年。他在40多年的投资生涯中，年化收益率达23%，与巴菲特投资生涯前40年的收益率（24%）基本一致。

戴维斯最出名的投资方法是，**购买不被市场看好，但是业绩未充分释放的保险股，在后期估值与业绩的上升中获得惊人的收益**。此外，他的儿子斯尔必·戴维斯和孙子克里斯·戴维斯均是知名投资经理，且业绩连续数十年超越市场，非常难得。下面是根据网络资料整理的《爱他就让他投资吧 爱她就为她投资吧》，从戴维斯妻子的角度，梳理了这位投资大师精彩的爱情人生和投资历程，换个角度了解大师的精彩人生和投资哲学。

1. 出身不凡

凯瑟琳于1907年2月15日在费城出生，她的父亲曾长期担任费城地毯纺织商阿特隆集团的董事长，因喜欢大量持有债券，在1929年的大崩盘中保住了大部分财产。

两年后，谢尔比·库洛姆·戴维斯在皮奥里亚出生，家境一般，年少的戴维斯对金融没有表现出强烈的兴趣，却对历史钟爱有加，大学在普林斯顿大学攻读历史专业。

2. 爱情顺利

凯瑟琳从华盛顿的马迪拉女校毕业后，考入卫斯理学院并于1928

年毕业。凯瑟琳从小就很有冒险精神，这应该也是后来能与戴维斯从偶遇到结合的一大原因。本科毕业后，凯瑟琳和妹妹进行过一次高加索山脉的探险旅行。

后来她在从巴黎到日内瓦的火车上邂逅谢尔比·库洛姆·戴维斯，两人一见钟情，回国后共同在哥伦比亚大学攻读国际政治学硕士学位。

1931年，他们在完成哥伦比亚大学的研究生学习后结婚。两个年轻人在纽约举行了民间结婚仪式。

此时，股市在底部盘桓，道琼斯指数跌至41点。新婚夫妇乘船去欧洲，其后戴维斯在哥伦比亚广播公司找到一份工作，凯瑟琳先后生下一男一女，相夫教子。

3. 支持另一半

1936年，凯瑟琳的哥哥比尔聘请戴维斯到他创立的特拉华基金担任统计员和研究员，研究航空、汽车、铁路、钢铁和橡胶等行业。后来由于得不到重用，戴维斯选择辞职并专注于写作。

1938年，他的第一本专著《面向20世纪40年代的美国》出版后好评如潮，他被当时的纽约州州长及共和党候选人托马斯·杜威聘为演讲稿撰写人兼经济顾问。

经济大萧条不仅让股市下跌惨重，交易所的会员席位也大幅贬值。1941年，32岁的戴维斯将原本用于购房的3万美元（价格约是1929年股市崩盘前的5%）在纽约证券交易所买下一个会员席位（眼光独到，抄到大底）。这个席位在60年后被出售，增值了27倍！

1944年，35岁的戴维斯升任纽约市保险司副司长，开始深入了解保险业。1947年，人到中年的戴维斯（38岁）从纽约州州长杜威那里辞职，用凯瑟琳继承的部分资产——5万美元（一笔丰厚的本金）开始职业投资生涯。戴维斯热衷持有经过精心挑选的公司——"复利机器"。这些公司有这样的特点：**股价低廉，产品永不过时，有良好的发展势头，管理者节俭实干。**

戴维斯专攻"被分析师遗忘、被经纪人忽略"的保险。他认为，无论股市潮起潮落，行业热点如何变化，**保险公司都像一辆有轨电车，**

始终在轨道上行驶（具备必须消费行业品的属性，不会死）。

第二年，戴维斯收购了弗兰克·布鲁考保险公司，之后将其改名为斯尔必·库洛姆·戴维斯公司，并利用交易所席位做起了股票经纪和证券承销业务，专门帮助保险公司融资并推荐客户购买优秀的保险股，从中赚取交易佣金。不久之后，他将主要精力用于挑选有潜力的保险股票，并利用公司的融资优势（加杠杆操作），大量购入无人问津的保险股票。到1949年，他所持有的资产价值已高达23.5万美元（两年盈利370%），而同时期道琼斯指数却下跌24%。

20世纪50年代，美国保险公司股票交易的市盈率大约是4倍，10年后，市盈率涨到15～20倍。加上这段时间，保险公司的盈利大幅增长8倍。反映到股价上，股价期间涨幅高达30～40倍。戴维斯把这种公司盈利提高、同时估值上涨的过程总结为"**戴维斯双击**"。戴维斯在保险股投资领域声名鹊起，被称为"美国保险系主任"。

1952年，43岁的戴维斯成为百万富翁（成为专业投资者后，头五年盈利近20倍）。经历了23年的漫长努力之后，道琼斯指数终于超越了1929年的381点（同期道琼斯指数上涨137%）。

1957年，戴维斯的儿子谢尔必从普林斯顿毕业，进入华尔街，在纽约银行担任股票分析师，道琼斯指数直逼1 000点。此时，美国的保险股价格过高，戴维斯开始寻找新的投资机会。1962年，戴维斯飞往日本，访问多家保险公司并进行投资，这可能是他一生中收获最为丰厚的旅行。他发现日本整个保险行业的股票都十分便宜。回国后，他将总资产10%的资金投入东京、三井、住友、安田等四家海上火灾保险公司，后来这些保险股大幅上涨，让他获利颇丰。之后，戴维斯还到南非、俄罗斯和欧洲等地购买保险股票。

但戴维斯并非百发百中，在他1969—1975年担任美国驻瑞士大使期间，他的净资产在70年代初的熊市中从5 000万美元缩水到3 000万美元（亏损40%），多亏他之前布局海外市场，才得以减少亏损（多元化投资有利于降低风险）。

在戴维斯的投资生涯中，他一直专注于金融类股票，尤其是保险股的投资。他早期投资中最喜欢、对其财富贡献最大的共有12只股票，其中包括如今广为人知的伯克希尔·哈撒韦，1990年时，这些股票总价值为2.61亿美元。

投资策略上，只要戴维斯选中公司的领导能力依旧出色，公司保持持续盈利，他就会一直坚定持有。比如，戴维斯最爱的12只股票被他持有数十年之久。正是这些核心资产赋予了戴维斯巨额的财富，**持久耐心是他的最大优势**，这与巴菲特的投资风格不谋而合。相似的投资风格让两位大师惺惺相惜，这也是戴维斯一直持有伯克希尔·哈撒韦公司且永不卖出的原因。巴菲特也承认，如果将自己最重要的几次投资排除，那他的业绩将十分平庸。

4. 精彩夕阳红

凯瑟琳为丈夫提供的5万美元本金到1994年其夫去世时，已增值至9亿美元。戴维斯从1987年至去世一直排在福布斯美国富豪榜。他们的儿子和孙子也在投资领域取得了非凡的成就。戴维斯家族秉承长期投资——终身投资，从大多数人"不敢买股票"的20世纪40年代，一直到大多数人"不敢不买股票"的现在。

丈夫去世后，凯瑟琳便将全部精力投入到慈善中。她主要向教育和国际关系类的项目捐款，不过她所关心的领域很广。母校卫斯理学院就曾得到她的长期资助，而她也曾连续多年担任校董。

2007年，在她100岁寿辰上，凯瑟琳捐献出100万美元以帮助100位大学生实现促进和平的计划。其后2008年、2009年和2010年，她又连续三年捐赠100万美元，最终促成了戴维斯和平计划基金。

1998年，在她91岁高龄之时，她重拾皮划艇的爱好。她在101岁之前都在玩竞技级网球，而她在去世前几周还在游泳。2013年，享年106岁的凯瑟琳安然离世。

她爱他，用行动支持真情，陪他走过两次牛市、两次熊市、一次市场崩溃、三次重大战争和一次漫长的通货膨胀，从来不抽回本金。

他爱她，用专业回报信任，极度节俭，让每一美元都贡献利润，坚持购买适度成长型、价格适中的公司股票，用数十年的耐心等待股价回归合理。

你愿意这样爱你的另一半吗？

5.2.4 巴菲特的"滚雪球"

巴菲特是格雷厄姆价值投资门下迄今为止最成功的投资者。因其年化收益率比标普 500 高出近 10 个百分点，且投资时间跨度长达 60 余年，积累财富曾一度位居世界第二。在投资领域，有些人部分年度收益超过巴菲特，有些人投资年龄高于巴菲特，但是能在如此长的时间积累如此多的财富，实现如此稳定的盈利，非巴菲特莫属！

提到巴菲特，大家首先想到的就是"价值投资"，但巴菲特的"价值投资"与格雷厄姆的有些不同，他将"价值投资"发扬光大，强调投资具备"护城河"属性的垄断型稳定增长个股。此外，他控股保险公司，利用保险公司的浮存金实现低成本的上杠杆，最终创造了无人可以企及的投资神话。浮存金指人们购买保险时缴纳的保费，部分用来准备支付赔付的资金只能购买存款、国债等低风险资产，剩余可拿来投资股票、实业等高风险资产，收益全部或部分归保险公司所有。巴菲特曾说，保险公司的浮存金贡献了伯克希尔超过一半的盈利。巴菲特还凭借个人影响力和能力，帮助控股或参股企业多次化险为夷，是一位集各种投资方法于一身的伟大投资家！

与格雷厄姆类似，巴菲特出身也不平凡。巴菲特的爷爷经营杂货铺，多少算个企业家。巴菲特的爸爸毕业于内布拉斯加大学，头脑灵活，从事过新闻、保险、股票经纪和债券销售等行业，有自己的交易席位，并担任过国会议员，家庭宽裕。应该说，巴菲特出生于具备商业、投资和政治等综合背景的家庭。当然，巴菲特绝非凡人，小时候就聪明过人，尤其擅长数学。同时他具备非常强的赚钱欲望！6 岁开始，就通过各种方式做生意赚钱，例如卖口香糖、卖可口可乐、送报纸、出租游戏机等。这里简要总结下巴菲特小时候的几个赚钱模式。

（1）批发零售+废品回收。巴菲特购买成箱的热门饮料可口可乐，然后拆成一瓶一瓶加价卖出，同时搜集别人扔掉的可口可乐瓶子出售。不仅赚了零售相对批发的价格差，还赚了垃圾回收的利润，可谓风险小、利润大、产业链通吃！

（2）规模效应+横向兼并。巴菲特开始自己做报童送报纸赚钱，将送报路线进行最优设计，能在相同的时间送更多的报纸。后来还承包该路线上另几家报纸的派送，发挥规模效应。当然这些远远不够，小巴菲特后来成为报纸投递负责人，雇用几十个报童送报，完成从打工仔到小老板的华丽转身。

（3）变废为宝+场景搭建。巴菲特的一位同学非常善于维修机械，巴菲特找他合作。巴菲特负责低价收购有故障的弹子游戏机，他的这位同学负责维修游戏机。游戏维修完毕后，巴菲特再拿去出租。他的模式是，将游戏机放置在理发店，供客人等待时玩耍，然后支付一点租金给理发店老板，得到的利润则与负责维修的同学平分。该模式借助技术人员的技术专长，介入游戏机维修的"高科技行业"，借助理发店的场景打开市场，采取的模式是收益分成，有效激发了合作伙伴的积极性，同时还降低了固定开支。

每次看到这里，笔者都很感慨，巴菲特天生就是经商天才啊！

巴菲特 11 岁开始买卖股票，15 岁时用积累的 2 000 美元购置了一片农场，并雇用农夫为自己工作。17 岁时进入宾夕法尼亚大学攻读财务和商业管理。19 岁时，巴菲特第一次读到格雷厄姆撰写的《聪明的投资者》，深受启发。20 岁时考入哥伦比亚大学商学院，师从"价值投资鼻祖"本杰明·格雷厄姆。21 岁时以最高分 A+ 硕士毕业，次年与苏珊·汤普森结婚。

毕业时，巴菲特曾想到格雷厄姆的基金公司就职，但是被格雷厄姆拒绝，格雷厄姆认为巴菲特高估了自己，同时自己的公司主要雇用犹太人。其后，巴菲特一边在家乡父亲的证券经纪公司工作，一边不厌其烦地给格雷厄姆写信，最终在两年后依靠才华和耐心打动了格雷厄姆，争取到一个分析师职位。尽管巴菲特说自己愿意免费工作，但是格雷厄姆还是给出了1.2万美元的年薪。其后的两年里，巴菲特勤奋工作，成绩斐然。1956年，格雷厄姆决定解散格雷厄姆-纽曼公司，退出江湖。巴菲特再次回到家乡，并于次年成立自己的合伙企业（本质上是帮助别人理财，并赚取业绩提成的基金公司），开始了职业投资生涯。

巴菲特的投资理念主要经历了以下几个阶段。

（1）早期非系统性的技术投资。11岁便开始投资的巴菲特，曾经非常认真地研读技术投资书籍，但是实践后感觉并不适合自己。

（2）格雷厄姆的价值投资。从19岁第一次阅读《聪明的投资者》开始，巴菲特就转型开始做价值投资。基于对安全边际的深刻认同，巴菲特早期的价值投资主要以格雷厄姆"捡烟蒂"式的价值投资为主。重点投资股票市值低于企业可变现净资产的企业，获取企业市值恢复至可变现净资产之上的估值差，相当于抽一口烟蒂，但是其投资业绩异常夺目。1957年，巴菲特基金刚成立时，资产规模仅有30万美元，到1968年开始清退基金时，资产规模攀升至1亿多美元！个人财富则从约20万美元攀升至2 500万美元，11年增长125倍！

（3）"格雷厄姆+费雪"的价值投资。20世纪60年代，巴菲特在使用格雷厄姆的投资方式时发现，如果遇到有问题的企业，抽烟蒂可能烫手！此时，他遇到最佳拍档查理·芒格，经过深入交谈后，巴菲特渐渐接受了查理·芒格的建议，开始在适当的安全边际下购买可以长期稳定成长的公司（合适的价格购买具备很深护城河的公司），而不仅仅因为更好的安全边际选择便宜的差公司（很低的价格购买没有什么护城河的公司）。巴菲特称自己是"85%的格雷厄姆和15%的费雪"，但是从其后来的投资风格看，更像是"85%的费雪和15%的格雷厄姆"。

巴菲特的伯克希尔2009—2018年的前五大重仓股如表5-2所示。

表 5-2　伯克希尔 2009—2018 年的前五大重仓股

序　号	2009 年	2010 年	2011 年	2012 年	2013 年
1	可口可乐	可口可乐	可口可乐	富国银行	富国银行
2	富国银行	富国银行	IBM	可口可乐	可口可乐
3	美国运通	美国运通	富国银行	IBM	美国运通
4	宝洁	宝洁	美国运通	美国运通	IBM
5	卡夫食品	卡夫食品	宝洁公司	沃尔玛	沃尔玛
序　号	2014 年	2015 年	2016 年	2017 年	2018 年
1	富国银行	富国银行	富国银行	富国银行	苹果
2	可口可乐	可口可乐	可口可乐	苹果	美国银行
3	美国运通	IBM	IBM	美国银行	富国银行
4	IBM	美国运通	美国运通	可口可乐	可口可乐
5	宝洁	宝洁	苹果	美国运通	美国运通

资料来源：《巴菲特致股东的信》。

从伯克希尔历年持有的重仓股可以看出一些规律：

一是重仓股分布于食品饮料、金融、日用品、超市、能源和科技等行业，如果按照一类行业划分，分别对应必需消费、可选消费、金融、能源和科技行业。

二是周期性的能源股通常重仓时间短，主要是做波段赚估值波动的钱，而食品饮料、金融和科技股等偏大消费的个股持有时间偏长，主要获取长期成长收益。

巴菲特的核心投资理念可以概括为：**低成本资金＋杠杆（保险浮存金）＋合适的价格＋具有很深护城河的优秀企业＋长期投资**。最流行的比喻，就是找到很长很湿的雪道，让雪球在重力的作用下越滚越大！即把财富投资于**具备很深护城河的企业**，在很长的时间内，**企业都可以快速稳健增长，让财富伴随着年复一年的盈利**，稳健快速增长。

作为投资界最杰出的投资大师，巴菲特的个人魅力也引人注目。

一是对赚钱的渴望。早在 6 岁时，巴菲特就开始做小生意赚钱、攒钱，其后又通过兼职打工、炒股、买地、学习财务和金融、成立基金等一系列行为，持续提升赚钱能力。这种对赚钱的渴望，一方面让巴菲特日常生活非常节俭，节省出资金用于投资；另一方面激励其不断学习，持续提升赚钱能力。我们可以清晰地看出，巴菲特一生中不断扩大自己的能力圈，在消费、传媒、金融、能源和科技方面扩大投资范围。在接近 90 岁的高龄仍奋战在投资一线，没有对赚钱的深切渴望，就不会有如此强的驱动力。

二是坚韧不拔。除了持之以恒地节省和赚钱外，巴菲特做其他事情也非常认真。例如，1951 年夏天，巴菲特对苏珊一见钟情，但是苏珊对他毫无感觉，正疯狂地爱着另一个高中时便和她约会又是大学校友的男孩。巴菲特开始走家庭路线，每晚都去苏珊家弹奏四弦琴，并说服苏珊爸爸相信自己是苏珊的最佳选择。最终，苏珊在父亲的干预下，停止和前男友约会，开始接受幽默风趣的巴菲特，并在一年内终止大学学习和巴菲特结婚。前面提到巴菲特用两年时间写信，最终打动原先拒绝自己的格雷厄姆，也验证了他是一个非常有耐心、不达目标不罢休的人。

三是精明能干。估计是受格雷厄姆帮别人理财的启发，巴菲特从格雷厄姆 - 纽曼公司回来后，很快成立了自己的基金公司。刚成立基金时，巴菲特就约定：如果基金年收益超过 4%，巴菲特拿走 50% 的收益；年收益 0～4%，巴菲特拿走 25% 的收益；年收益低于 0，巴菲特承担 25% 的损失。其他基金持有人（即合伙公司的其他合伙人）不能干预基金运营，每年只能在年底追加或者撤出资金。虽然巴菲特愿意承担投资损失，但是相比现在的公募和私募基金，巴菲特收取的费用显然更有利于多赚管理费。其后，巴菲特利用旗下公司的低成本资金进行投资，相当于低利率借钱炒股，进一步放大了自己的投资收益，开创了新的投资模式。此外，巴菲特还非常善于利用各类契机赚取无风险或低风险的暴利。

例如，2008 年 9 月 23 日，在全球金融危机的影响下，企业资金流异常紧张，巴菲特出资 50 亿元收购高盛的永久优先股。按照合同约定，优先股每年可享受 10% 的固定股息，同时此后 5 年内可以以每股 115 美元（当时的股价为 125 美元每股）认购 4 350 万股普通股。

优先股后在 2011 年 3 月被高盛溢价赎回，巴菲特在 2013 年高盛股价达到每股 146 美元时转股，累计盈利超过 30 亿美元。其间高盛股价最低股价仅为 53 美元。巴菲特这种"债券+期权（未来有好机会可以一定价格购买公司股票的权利，如果没有好机会也可以放弃这项权利）"组合，确保只要高盛不破产，自己稳赚不赔。

巴菲特的聪明能干、勤劳节俭和平易近人也为他赢得了很多机遇和幸运。例如，他父亲拿出 100 万美元让其打理；格雷厄姆解散公司后，推荐了很多原先自己的大客户购买巴菲特的基金；聪明睿智的查理·芒格成为巴菲特的长期拍档，不仅影响了巴菲特的投资理念，也帮他发现了很多机遇……

在价值投资领域，格雷厄姆及其追随者都取得了异常优异的长期投资业绩：格雷厄姆基金取得 20 年年化收益率不低于 14.7% 的业绩；巴菲特在 20 世纪 50 年代末至 70 年代初还曾创造过年化收益率接近 30%、无一年亏损的神话，在收购伯克希尔之后的 54 年间（1965—2018 年），取得年化 18.7% 的复合收益率；马里奥·嘉贝利的嘉贝利资本基金在成立 20 多年的时间内，平均年化收益率超过 20%；塞斯·卡拉曼的 Baupost 基金成立之后的 27 年，年均收益率为 19%；沃尔特·施洛斯有限合伙公司在 1956—2000 年的 45 年中，创造了年化 15.3% 的复合收益率……

价值投资已经创造了太多的奇迹，未来该奇迹还将持续！

5.3 耀眼的技术投资

《股票大作手回忆录》中有句非常经典的话：**历史总在不断重演**。其实股市中的技术分析就是基于对历史价格走势和背后的人性进行分析，总结规律，从而预测未来价格走势的决策方法。

人类对自然界的认识都是从观察开始，随着思考的不断深入从而逐步接近事物的原貌。最早的技术分析可以追溯到巴比伦人用泥板记录市场走势和星相变化，希望借此预测市场。

近代的技术分析起源于日本蜡烛图和道氏理论。

日本蜡烛图的起源。日本的大米交易商本间宗久深入研究大米价格走势，设立天气、种植、交通和运输等情报搜集系统，研究投资者的心理变化，曾在大米期货市场创造出连续盈利 100 笔的惊人交易纪录。晚年，本间宗久的相关研究被撰写成《酒田战法》《风、林、火、山》等书，相关的研究成果逐步演化为蜡烛图法。蜡烛图是现代"K 线图"的雏形，用一根线涵盖当日开盘价、收盘价、最高价和最低价等信息，形若蜡烛，常用于单日或连续数日的市场走势推演。

道氏理论的起源。美国新闻记者查尔斯·亨利·道创立了道琼斯公司，推出了道琼斯工业指数，并于 1900—1902 年之间，在其创立的《华尔街日报》上连续刊载股市评论。在其去世后，威廉·P. 汉密尔顿、查尔斯·丽尔和 E. 乔治·希弗等将查尔斯·亨利·道的观点整理成《投机初步》《股市晴雨表》和《道氏理论》等书，提出"道氏理论"，成为后期各类技术分析的研究基础。

虽然很多价值投资者对技术分析嗤之以鼻，但是技术分析旺盛的生命力使之流传至今。学习、了解技术分析，取其精华、兼收并蓄，对理解价值投资、构建投资体系、提高投资水平会有一定的帮助。

5.3.1 道氏理论的假设和定律

"道氏理论"通过三大假设和六大定理揭示了技术分析的基本投资哲学。

1. 三大假设

（1）**人为操作。**人可以干预和操作单日或单周等短期的股票走势，但是主要趋势和走势无法被操纵。理解这一点，更有利于理解股价价格长期走势主要受利润增长影响。

（2）**指数会充分反映各类信息。**市场各类利好和利差等因素，最终会通过投资者的行为反映在市场走势上。

（3）道氏理论是一种分析工具。 任何工具都有其擅长和不擅长的领域。这一点告诉投资者，与其他分析工具相结合，合理利用"道氏理论"会对投资有帮助，但是过于沉迷单一工具的预测价值则容易走向极端。

2. 六大定理

定理一：市场有短期趋势、中期趋势和长期趋势三种趋势，三种趋势同时存在又不完全一致。 其中，短期趋势持续数天到数周，中期趋势持续数周到数月，长期趋势持续数月到数年，三者的预测难度依次减小，获利的方式是识别趋势并顺势操作。

定理二：识别长期趋势是获利的关键。 由于长期趋势最容易观察和判断，且延续时间较长、涨跌幅度较大，最容易获利。投资人应该集中精力于主要趋势，主要仓位的配置也要根据长期趋势进行调整。

定理三：只有股票价格充分反映最坏的情况，下跌趋势才会结束。 下跌趋势（对应"熊市"）起源于投资者的购买意愿和能力不足以支持价格走高，股票指数难以创出新高；下跌趋势会在企业盈利下滑和经济衰退时加速；下跌趋势往往在估值合理、质地较好的股票暴跌后结束。这个阶段是市场整体信心崩溃的反映，容易出现物极必反的走势。当股票市场充分反馈了各类不利影响，卖出的压力基本消失后，下跌趋势会逐步临近尾声。

定理四：上涨趋势可以分为信心恢复、盈利驱动和估值膨胀三个阶段。 上涨趋势（对应"牛市"）第一阶段，人们信心逐步恢复，市场企稳并温和上涨；第二阶段，企业盈利逐步改善，市场上涨幅度加快；第三阶段，投机情绪高涨，股票价格脱离合理的范围，加速上涨。

定理五：次级趋势不改变主要趋势的方向。 在长期趋势中，会出现走势相反的中期或短期走势，但是这种次一级的趋势不会改变长期趋势的方向。例如，在牛市中，短期的调整后会出现更猛烈的上涨，而在熊市中，短期的上涨后是更加剧烈的下跌，为了抓住次级趋势而配置的仓位需要控制在较低水平。

定理六：主要指数共振能提高趋势判断的准确性。"一花独放不是春，百花齐放春满园。"在识别趋势时，如果主要的指数都是同一趋势（共振），那么判断的准确性会大大提高。

5.3.2 艾略特的波浪理论

美国证券分析家拉尔夫·纳尔逊·艾略特出生于1871年，先后做过列车调度员、速记员、铁路会计、车站管理员、餐馆顾问和中美洲国际铁路总审计师等。1932年，他开始研究道琼斯工业指数，基于75年的数据，他于1938年提出"波浪理论"，并逐步将相关理论拓展至其他领域，在1946年出版了集其研究大成的专著——《自然法则——宇宙的奥秘》。

"波浪理论"从指数的形态、比例和时间三个维度，归纳出涨跌循环、涨跌幅度和涨跌时间等基本规律，让人领略到股价、数学与自然的神秘关系，并用于预测未来走势。其不足是操作因人而异，俗称"千人千浪"，即不同的人看图数浪，就算是同一张图，也可以得出彼此各异的结论。

在介绍"波浪理论"之前，我们先熟悉一个数学概念"斐波那契数列"（又称"黄金分割"数列，由意大利数学家列昂纳多·斐波那契率先提出）。斐波那契数列是指由两个数字1开头，后面的任一数字均是前两个数字之和的一组数列，具体为：1，1，2，3，5，8，13，21，34，55，89，144，…，其中，后一个数字与前一个数字的比值无限接近黄金分割比值0.618。人们发现自然界中很多地方存在斐波那契数列规律。例如，所有花朵中的花瓣数都是斐波那契数列中的数字；树木各年份长出的枝丫数来自斐波那契数列……波浪理论在涨跌幅度和涨跌天数的判断上会用到该数列。

波浪理论的要点可以归结成以下几点。

（1）指数以波动形态演进。 指数呈现波浪式的循环波动，涨跌循环可以按照层级进行划分，每个层级又可以划分为更小的波形循环，每一层级像俄罗斯套娃一样可以层层展开，具体见表5-3。例如，第一层级的循环由上升浪和下跌浪组成；第一层级的上升浪可以划分成第二层级的5个次级浪；第一层级的下跌浪可以划分为第二层级的3个次级浪……

表5-3 波浪理论的层级关系

层 级	上 升 浪	下 跌 浪	单循环合计浪数
一级	1	1	2
二级	5	3	8
三级	21	13	34
四级	89	55	144

但是第二层级的5个上升浪并非全部上涨，其可分为3个上升浪和2个下跌浪。由于展开过于复杂，这里仅作简单分析，上述波浪数均为斐波那契数列中的数字。

（2）涨跌幅度符合斐波那契数列。下面仅举几个小例子来说明。上涨浪中，"2浪的底部点数+1浪涨幅×1.618"大致为3浪的目标点位。下跌浪中，主要跌幅有33%（1/3）、50%（1/2）和67%（2/3）三种，达到上述幅度通常会结束调整。

（3）涨跌天数符合斐波那契数列。涨跌天数满足斐波那契数列后，行情容易发生反转，具体天数可参照之前行情变化的交易日天数。

由于相关研究是从道琼斯指数的涨跌总结出的规律，对分析指数更为适用，对个股指导意义较小。

5.3.3 利弗摩尔的投机

在埃德文·拉斐尔撰写的《股票大作手回忆录》一书中，作者以第一人称的写法记录了个人投资者杰西·利弗摩尔传奇的投资生涯，基本上每位投资者都能在这本书中看到自己或其他投资人的身影，包括很多思考。

利弗摩尔出生于1877年7月26日，14岁开始在证券交易所从事股票报价记录工作，20 岁时赚了 1 万美元，获得"投机小子"的称号；30 岁时（1907 年）依靠做空股市赚到人生的第一个 100 万美元；52 岁时（1929 年）依靠做空股市赚到 1 亿美元，被称为"华尔街巨熊"，名震华尔街。他在股票、期货等市场中数次起落，摸索出"关键点交易法"，成为后期各流派技术分析的奠基石。

利弗摩尔"关键点交易法"的要点可以概括为以下几点。

（1）时间上找准关键点，在拐点出现后再入场 / 出场。 市场多数时间缺少赚钱的机会，只有做大波动才能赚取大利润。在市场"关键点"（大拐点）出现前，不要交易，但是"关键点"出现后，要及时把握住，重仓参与。市场"关键点"通常伴随着交易的变化，例如股价的上涨只有伴随着交易量上升时，才具有较好的持续性。而在价格大幅上涨后，成交量和价格不能继续突破时，通常会出现下跌拐点。单只股票突破"关键点"后，通常会再上涨一段时间，而且涨速可能加快。当时的"关键点"主要是 100、200 等整数。

（2）投资选择上，找准强势"关键"目标。 市场上的品种很多，但是领涨的板块、个股涨幅更为惊人。投资者需要通过企业利好消息和价格走势，找准"关键"目标——领涨股，重仓参与。利弗摩尔后期已经意识到，当投资目标的业绩与走势相吻合时，才有更大确定性的投资机会。

（3）资金管理上，做好关键点控制。 买卖时，先使用小笔资金试探市场，当走势符合预期时（盈利时）再大举加仓。当亏损达到一定程度时（一般为 5%），必须止损出场，保住本金。此外，留好备用资金，以防不时之需。利弗摩尔曾说："在成功结束一笔交易时，要记得将获利的半数抽出来锁进保险柜里。"

（4）情绪管理上，只在全神贯注、能严格遵守交易纪律时才交易。 影响市场价格走势的因素有很多，需要投资者多加关注，对信息进行过滤，看清影响价格背后的真正主力，才能做出正确的投资决策。利弗摩尔曾这样总结——"我只在违背自己的规则时，才会亏损"。此外，市场上其他投资人的意见也会对投资者产生干扰，利弗摩尔曾因选错合作对象，听信别人的意见而产生巨额亏损，后期一直告诫自己"不要轻易相信小道消息和内幕信息"。日常交易中，他喜欢孤独地思考，独自做投资决策。

5.3.4　江恩的技术预测

江恩 1878 年 6 月出生于一家农场，少年时代卖过报纸、食品和小饰品，并在棉花仓库工作过一段时间，从小熟读《圣经》，并从中领悟到价格的周期波动规律。为了掌握价格预测知识，他曾经游历埃及、印度、英国等多个国家，花费数十年学习天文学、宗教、数学、几何学等知识，以提高预测价格的能力。24 岁时他进入棉花期货交易市场，后于 1908 年提出预测市场的方法——"控制时间因素"，其发表的价格预测准确率比较高。有传言称，江恩曾经依靠自己的理论在 25 个交易日内完成 286 次交易，92.3% 的交易实现盈利，赚取 10 倍的收益。其相关研究构成的"江恩理论"，融合了数学、几何学、宗教和天文学等知识，主要成果可以概括为江恩时间法则、江恩价格法则和江恩线等。

1. 江恩时间法则

江恩时间法则，又称"波动法则"，主要是研究股票价格回调规律的法则。它主要提及三条法则。

一是周期数 7。江恩认为一周的天数 7 是重要的时间周期，一般的市场回调在 14 天、28 天或 49 天结束，主要顶部或底部出现后的 7 个月会出现小级别的调整。

二是周期数 8。江恩认为以 1/8 作为分割基础，回调结束的时间点为上涨时间或年度时间的 25%（2/8）、50%（4/8）和 75%（6/8）。

三是按年循环。江恩认为 30 年对应 360 个月，与圆的 360°角对应，是个重要的循环周期，将其按照 1/8、2/8、…等进行切割，对应各自的循环周期。任何一个上升和下跌趋势不可能持续 3 年，其间必然经历 3～6 个月的调整。

2. 江恩价格法则

江恩价格法则是研究股票价格回调幅度规律的法则。江恩提出分割比率以 8 为基础（1/8，2/8，3/8，4/8，…），回调的幅度依据可能性依次为 50%（4/8）、25%（2/8）、75%（6/8）和 100%（8/8）。

此外，在价格上涨对应的幅度位置，也容易发生回调。对应的上涨幅度为 25%、50%、75% 和 100% 时，往往遇到较大的阻力，容易引发回调。

3. 江恩线

江恩线是描述股票价格运动时间和运动幅度关系的图形。用 X 轴表示时间，用 Y 轴表示价格，以重要的高点或低点为起点，按照 1∶1 过另一个高点或低点（对应 45°），据此在 X 轴和 Y 轴上分别按照 1/8 和 3/8 等间隔画线，参照间隔线标出对股票价格具有重要支撑的支撑线以及具有压制的阻力线。

江恩还创造性地使用圆形、正方形、六边形等阐述股票价格和时间的关系。

5.3.5 埃尔德的三重网过滤系统

三重网过滤系统由著名的技术分析师亚历山大·埃尔德设计，在 1986 年 4 月刊发于《期货杂志》。该系统通过设置三层交易信号过滤机制，提高交易信号的准确性和交易成功率。该系统的要点可以概括为以下几点。

第一层过滤网剔除一个买卖信号。 买卖信号分为做多（买入）、做空（卖出）或观望三种，适度拉长周期，则信号更为精准。例如，观察 MACD[①] 柱状突的斜率，斜率向上可以做多或观望，斜率向下可以做空或观望，不能逆势操作。通过观察指标，可以排除掉一个交易信号。

---

① 由双指数移动平均线演变而来，表示短期价格均线与长期均线差异，相对于该数值均值的位置。MACD 由正转负为卖出信号，反之为买入信号，MACD 距离 0 轴的位置表示市场买卖的力度，越远买卖力度越大。

第二层过滤网确定买卖信号。 确定较长周期的信号后，只在较短周期再次与长期周期一致时操作，胜率更大。例如，当周趋势向上时，在日 MACD 柱线回落至 0 轴以下，再度拐弯向上时买入，胜算更大。此外，也可以借助 KD、RSI 等指标作为短期趋势的判断依据。

第三层过滤网确定买卖价格点。 经过前两个过滤网的选择，已经确定了买卖信号，接下来主要是确定买卖时点。该系统提示，在周信号、日信号均为买入时，等待价格超过上一日价格的最高点再买入；在周信号、日信号均为卖出时，等待价格跌破上一日价格的最低点再卖出。这样能进一步提高交易的准确率。

任何系统均不能保证 100% 盈利，对于止损，该系统建议单笔交易亏损达 2% 时止损。

5.3.6　丹尼斯的海龟交易法则

1983 年，著名的期货交易大师查德·丹尼斯与好友争辩一个问题：伟大的期货交易员究竟是天生的，还是后天培养的？为了证明自己的观点，丹尼斯公开招募 13 人（被称为"海龟"）进行培训，传授交易心法。随后的 4 年中，这些"海龟"取得了年化 80% 的收益。直到若干年后，其中的两名"海龟"才将投资法则公布于众，这就是著名的"海龟交易法则"。

"海龟交易法则"本质上是通过技术指标和仓位管理构建盈利模型，然后严格执行模型的一套投资法则。该法则的最终难点在于执行。查理德·丹尼斯曾说："我说过很多次，你可以把我的交易系统法则刊登在报纸上，但没有人会遵守它们。关键是统一性和纪律性。"

接下来，我们一起看看这个神秘的"海龟交易法则"。

一是选择交易市场。 "海龟"们主要交易期货市场，首选的条件是交易市场的流动性要好，可以快速成交。对于股票投资者而言，流动性比较好的 ETF 也是较好的选择。其次，交易市场之间的关联性越小越好，一方面提供了更多的交易机会，另一方面分散了投资风险，降低了组合的波动性。

二是仓位控制。按照同风险的原则配置仓位，保证每个品种在一天内的波动与其他品种基本相同，即波动大的仓位小（少投资）而波动小的仓位大（多投资）。在具体的仓位管理上，按照以下公式设定仓位。

先计算真实波动幅度的 20 日均值：$N_t=(19 \times N_{t-1}+TR)/20$

其中 t 表示交易日，$t-1$ 表示之前的一个交易日。

TR 表示 t 日的真实波动幅度，计算公式为 Max（当日最高价－当日最低价，当日最高价－前一日收盘价，前一日收盘价－当日最低价），即真实波动幅度为下面三个数值的最大值：当日最高价－当日最低价，当日最高价－前一日收盘价，前一日收盘价－当日最低价。其中第一次计算 N_t 时，直接取最近 20 日真实波动的平均值。

单位交易规模 = 账户金额的 1%/（N_t× 期货每一点对应的资金）

由于期货是高杠杆市场，为了防止爆仓，做了进一步的仓位限制。单一市场最多配置 4 单位交易规模；走势关联较强的市场最多配置 6 单位交易规模；走势关联较小的市场最多配置 10 单位交易规模；看多或看空等一致方向最多配置 12 单位交易规模。

三是买入策略。海龟法则一般使用简单、有效的买入策略，这里仅举一个例子。该策略简称"20 日突破策略"，即在价格突破最近 20 日的最高价就做多，跌破最近 20 日的最低价就做空。同时采取梯度加仓策略，在计算出 N 的基础上，价格按照有利的方向变动 $0.5N$ 就加仓一单位。

例如，某股票的 $N=0.8$，$0.5N=0.4$。

如果最近 20 日的最高价为 10 元，则在价格向上突破 10 元时，买入一单位，以后每上涨 0.4 元就加仓一单位。

四是卖出策略。海龟法则一般设置 2% 的止损点（到此价格时卖出）。由于 1 个 N 对应账户 1% 的波动，2% 对应 $2N$。仍以上述的"20 日突破策略"为例，开始买入价格为 10 元，止损点 =10-2N=8.4 元。买入第二笔后，价格为 10.4 元，止损点同时提高至 8.4+0.5N=8.8 元。

海龟法则还会设置"退出策略"，在价格没有触及止损点时卖出，实现更好的收益。更多的细节内容不再一一展示。目前雪球网参照海龟法则制订了"二八轮动策略",操作对象设置为沪深 300 指数、中证 500 指数和国债指数,按日监测轮动,但是仓位设置为全仓。根据回溯的业绩,2006—2018 年间,累计收益近 24 倍,最大的回撤为 37.4%。虽然策略并不完美,但是整体显著好于沪深 300 指数、中证 500 指数和国债指数,后三者对应时间段的涨幅分别为 2.26 倍、3.85 倍和 0.64 倍。

5.3.7 西蒙斯的量化投资

量化投资可以看成利用投资模型、数学公式和计算机技术进行的投资方式。其思路是根据投资理论、经济规律、套利模型等构建投资模型,通过大量的历史数据测算确定各类参数,然后使用模型寻找投资机会,进行投资交易,并在实战中根据业绩成效进行模型和参数的修订。其特点是纪律性强、系统性强、交易速度快、依靠概率获利。量化投资伴随着计算机的广泛运用而产生,从 19 世纪 70 年代开始逐步兴起,从 90 年代开始蓬勃发展。

历史上对量化投资的质疑不断出现。1987 年 10 月美国股市的"黑色星期一"据称是由于过多的机构使用量化投资,市场下跌触发电脑自动止损,带动市场进一步暴跌。但毋庸置疑的是,电脑技术加快了交易速度、交易规模以及数据分析能力,相对人工分析和手工交易具有天然的优势,量化投资将以不可逆转的方式加速普及。

在量化投资领域,最知名的投资大师当数詹姆斯·西蒙斯。西蒙斯是位数学天才,23 岁获得加州大学伯克利分校的数学博士学位,其后在美国国防研究院任职,并在麻省理工学院和哈佛大学教授数学;30 岁时出任纽约州立大学石溪分校数学学院院长;38 岁赢得了美国数学协会的几何大奖,他还与我国数学家陈省身联合研究出陈氏-西蒙斯定理;40 岁时(1978 年),被资本市场赚钱魔力吸引的西蒙斯下海成立第一只主要投资商品期货和外汇市场的基金,借助宏观基本面分析进行量化投资，实现了 10 年 25 倍的惊人收益。

但是西蒙斯仍不满意，认为基本面分析在控制波动方面不够优秀，转向更为纯粹的量化投资，以期获取更稳定、可持续的收益。他这样评价两者的差异："我是模型先生，不想进行基本面分析，模型的优势之一是可以降低风险。而依靠个人选股，你可能一夜暴富也可能在第二天又输得精光。"

50 岁时（1988 年）他关闭第一只基金，成立了文艺复兴科技公司，在同年推出赫赫有名的大奖章基金。文艺复兴科技公司雇用了顶尖的数学家、物理学家、统计学家、计算机专家和天文学专家等业界牛人，借助电脑技术对金融产品历史数据进行分析和挖掘，寻找各项指标的关联。结合学术理论从价格波动中提取模型灵感，预测交易市场的价格走势，并投入交易。相关的模型持续优化和更新，以保证适应市场，持续具备交易优势。历史上，该基金也曾因为模型不佳出现大额亏损而阶段性地暂停交易。西蒙斯曾经这样形容自己的交易："像壁虎一样，平时趴在墙上一动不动，蚊子一旦出现就迅速吃掉，然后恢复平静，等待下一个机会。"

大奖章基金表现非常优异，1989—2009 年间，平均每年的回报率是 35%（扣费后收益），比"金融大鳄"索罗斯和股神巴菲特高出 10 多个百分点，比标普 500 指数高出 20 多个百分点。更让人惊叹的是，在科技股崩盘的 2000 年，标普 500 指数下跌 10.14%，大奖章基金赚 98.5%。在全球金融危机的 2008 年，标普 500 指数下跌 38.49%，大奖章基金赚 98.2%！也就是该基金实现了与股市基本无关的超额稳健收益。

据西蒙斯透露，他的量化投资策略具有以下特点。

（1）以赚取超额收益为主要目的。构建的组合主要是赚取与市场波动无关的超额收益（又称 Alpha 收益），其次是赚取少量的波动收益（又称 Beta 收益）。该类收益的特点是，无论市场涨跌如何，均能获取较好的收益。

（2）广泛选择投资品种。组合会尽可能多地选择资产进行配置，降低品种之间的相关性。例如，文艺复兴机构股票基金一般持有

2 500～3 000只股票，基本占到市场的一半。其选择投资对象的标准是公开交易、流动性好、符合模型设置要求。

（3）**高频交易**。该基金依靠获取短期的超额收益为目的，可能仅仅存在几秒，基金依靠电脑抓住机会进行短线交易，积少成多、集腋成裘。西蒙斯曾透露，旗下基金每天的交易达上万次，平均12～14个月资产会换一遍。

（4）**持续更新模型**。西蒙斯的量化投资方法并非一成不变，由于市场在不断变化，相应的模型也需要不断改进。西蒙斯曾这样描述，没有一个长期不变、一直赚钱的模型，人并不是机器的奴隶，需要人去寻找市场规律，不断更新模型。

由于量化模型容纳的资金有限，几乎所有的机构都将量化投资模型视为机密。本书后面的章节中，将展示部分公开的量化交易，让各位读者有机会见识量化投资的魅力。

5.4 精巧的投资体系

股市长期流传一个谚语"七亏二平一赚"，即长期投资股市的人，七成是亏损的，两成基本打平，只有一成是赚钱的。从实际经验看，长期在股市杀进杀出的人确实赚钱比较少，这一现象在古今中外的股市都存在。为了应对这种情况，很多投资大师提出了完善的投资体系，以应对股市几乎无规律的波动，实现相对可靠的盈利，接下来，我们挑选几个具有代表性的投资体系逐一介绍。

5.4.1 格雷厄姆的定投

定期定额投资是指定期购买固定金额的股票或基金，简称"定投"。该方法曾被美国证券交易所作为"月度购买计划"大力推广，格雷厄姆在1973年出版的《聪明的投资者》一书第五章"防御型投资者与普通股票"中对此作专门的介绍。在该书中,格雷厄姆引用了一位专家露西尔·汤姆林森基于23年数据的研究,对该方法评价:"无论证券价格出现怎样的波动,这种投资方法都使人满怀信心地取得最终的成功。迄今为止,尚无任何可与美元成本平均法(即'定投')相媲美的投资法问世。"

定投之所以如此受欢迎,与简单、可靠的系统性操作密不可分。多数股票在企业自身利润的驱动下,价格会呈现长期上涨的态势。在此背景下,投资者亏损的主要原因是没有踩对节奏。买的价格高于平均水平,而卖的价格低于平均水平。定投则能保证,如果你有规律地投资,未来的胜算提高,其优势主要有以下几点。

(1)**降低购买成本**。相同的金额,在股票/基金价格低时买的数量多,在价格高时买的数量少,从一个完整周期看购买的均价略低于价格的简单平均(见表5-4)。

表5-4 定投价格变动情况演示

情形一:先跌后涨周期				情形二:先涨后跌周期			
序号	投资额	价格	购买数量	序号	投资额	价格	购买数量
1	100	5	20	1	100	4	25
2	100	4	25	2	100	5	20
3	100	5	20	3	100	4	25
合计	300	4.62	65	合计	300	4.29	70

表5-4分别测算了上涨周期和下跌周期的情况,例如,每个月花100元购买一只股票。在"先跌后涨"周期中,三个月每股价格分别为5元、4元和5元,购买数量分别为20股、25股和20股,合计300元购买了65股,每股价格为4.62元。而价格的算数平均值=(5+4+5)/3=4.67元。在"先涨后跌"周期中,也有类似的规律,保证了购买的平均成本处于较低水平。在该类操作方法下,即便长期股价没有上涨,只是简单地回到股价的相对高点,投资者也能取得不错的盈利。

(2)**改变投资观念**。普通的投资者喜欢追涨杀跌,用较高的价格买入，期待上涨更多，这也是亏损的一大原因。使用定投方式操作后，投资者的观念会从"炒"股转变为"攒"股，价格越低"攒"得越多。这种投资心理的转变，让人在不知不觉中成为有耐心的"价值投资者"。

（3）方法简单，省时省力。 很多投资者由于工作繁忙或者从事与投资不相干的工作，没有时间和精力专门研究投资方式、技巧和投资对象。使用定投的方式，可以解决困扰投资者的"什么时间买"的问题。

当然定投并非十全十美，例如在上涨的市场中，购买成本会不断提高；出现明显偏高的阶段性价格时，不适合继续购买。人们在使用定投的过程中，也在不断摸索和改进，提出一些不错的改进方式，这里介绍几种。

（1）价值平均定投。 每月设置一个账户资产目标，按照差额部分追加投资。如果超过目标值则卖出多余部分对应的股票/基金，自动实现高抛低吸。例如，每个月计划账户资产增加1 000元，第一个月投入1 000元后，如果不涨不跌则第二个月继续投资1 000元。如果首月投入的资产涨到1 200元，则第二个月只需要投入800元。如果首月投入的下跌至800元，则第二个月需要投资1 200元。有测算显示，在理想的情况下，价值平均定投的收益可以达到普通定投收益的两倍。

（2）估值定投法。 根据指数或股票的历史估值区间，仅在处于较低估值时定投，正常估值时持有，而在较高估值时卖出。该方法结合了价值投资的估值要点，长期投资的胜算更大，收益率更高。对于指数或股票而言，投资主要赚取三部分钱：**估值波动的钱、业绩增长的钱和分红的钱**，如果能选择在较低的估值买入，能够同时赚到上述三部分的钱。

此外，类似的改善方式还有金字塔法（越跌买入量越大）、均线定投法（低于某一长期均线则加倍投）等，如果能够坚持使用，都能比普通定投多赚一些。

5.4.2 彼得·林奇的十八般武艺

彼得·林奇出生于 1944 年，22 岁毕业于宾夕法尼亚沃顿商学院，之后进入富达资产管理公司担任研究员，33 岁成为麦哲伦基金的基金经理。他在担任基金经理的 13 年中，实现了年化 29% 的收益，堪称大师级的投资人物。作为公募基金的基金经理，彼得·林奇研究的范围非常广泛，管理的基金买过 1 400 多只股票。在退休之后，他先后出版了《彼得·林奇的成功投资》《战胜华尔街》和《学以致富》等投资理财书，向普通人介绍投资理财的理念，并提出 Tenbagger（十年十倍）股的投资理念和判断成长股 PEG 的估值方法。

彼得·林奇认为普通投资者具有专业投资者所没有的优势，只要留心观察，研究并投资自己熟悉的公司，坚持持有，就有机会买到十年十倍的大牛股。

作为基金经理的彼得·林奇曾经错过自己最熟悉的一家基金公司股票。该股票在 1977—1986 年间，实现了 9 年上涨 100 倍的巨大涨幅。痛定思痛，彼得·林奇提醒投资者，一定要购买自己了解的公司的股票，每个人都不应该让自己熟悉的行业大牛股从眼皮底下白白溜走。

为了帮投资者找到自己的牛股，彼得·林奇建议投资者发现受欢迎的公司产品后，进一步观察产品对公司利润的影响以及公司规模的大小等，然后将企业划归为不同的类型，选择对应的投资策略。

彼得·林奇将上市公司划分为六大类，并提出了针对不同类型公司的投资原则，这里一起回顾一下。

（1）**缓慢增长型**。这类公司的特点是公司市值庞大，盈利增速非常缓慢，一般不高于 GDP 的增速。但该类企业盈利稳定，派息往往比较丰厚。当一个公司所处的行业处于停滞增长状态，多数企业业绩难有亮点，长期的投资回报也会一般。该类型的行业主要为水、电、煤气等公共事业，以及部分市场趋于饱和的行业。彼得·林奇较少关注该类行业，也建议投资者不要花费太多精力在此类企业上。

（2）**稳定增长型**。这类企业一般来自吃喝等必需消费品行业，较少受到经济周期的影响，每年可以实现10%～20%的稳定增长。这类企业多数会走出长牛行情，在经济衰退或低迷时比较抗跌，甚至因为避险资金的买入而上涨，持有这类企业股票可以提高组合的稳定性。这类企业获利多少主要取决于买入价格和买入时机，更适合在企业遇到阶段性困难或股价低迷时买入。彼得·林奇喜欢在组合中配置部分稳定增长型的企业，赚取30%～50%后就转换到其他还未涨起来的公司上面。

（3）**快速增长型**。这类企业一般规模较小，年均增长在20%以上。这类企业最容易赚钱，关键是要弄清楚企业增长的时间会延续多久，并在价格相对合理时买入。典型的行业代表就是处于扩张期的连锁零售商以及网络电商等。彼得·林奇喜欢购买行业增速一般，但是可以通过抢占竞争对手而实现快速增长的企业，同时选择企业负债良好又有丰厚利润的公司，获益的概率更大。

（4）**周期增长型**。这类企业的收入和利润波动较大，很难预测，但是整体呈现一定规律的周期性波动。这类企业的投资时点非常重要，最佳的投资时机是在营销收入和盈利能力启动新一轮上涨时，最佳的卖出时机则是在收入和利润达到顶峰前。该类企业包括铝材、钢铁、化学、汽车、能源和航空公司等。如果投资者在相关行业工作，熟悉行业特征，更容易看出行业拐点，取得好收益。最大的危险是买入过早，同时未能及时卖出，市盈率较低往往是这类企业繁荣的顶点。

（5）**困境反转型**。这类公司往往因为产品质量、公众形象、技术变化或其他利空等导致股价重创，市场将所有的恐慌都充分反映在股价上。此时，如果相关的不良预期未能兑现、企业得到资助或者甩掉负担，股价会一飞冲天。该类企业投资风险较大，需要投资者具备较好的判断能力，在情况基本明朗之后再买入。

（6）**隐蔽资产型**。这类企业有一些尚未被投资者广泛掌握的资产，这些资产可能是土地、房产、煤矿、现金、股票、航空权等，甚至可能是可以抵税的债务，股价没有公允地反映该部分价值。如果能够及时发现隐蔽型资产并买入，可以享受相应资产价值被认可后带来的增值收益。投资者需要具备发现隐蔽资产的能力，以及持有至价值兑现的耐心。

对于发现身边牛股的方法，彼得·林奇归纳了与嘴相关的吃喝选股、与玩乐有关的逛街选股、与公共事件有关的利空选股等方法。

5.4.3 欧奈尔的"CANSLIM法则"

威廉·欧奈尔出生于美国经济大萧条时期，曾在1962—1963年的两年之间狂赚400倍收益，并曾在1978年3月和1982年2月刊登广告，精准预测大牛市的来临。欧奈尔基于1953年开始的500多只牛股研究，归纳出一套融合了基本面分析和技术分析于一体的"CANSLIM选股法则"。据悉，美国个人投资者协会曾在1998—2002年期间，对各类选股策略进行了比较分析，发现CANSLIM选股法则是表现最稳定、业绩最出色的系统之一。

下面详细介绍CANSLIM选股法则。

C——季度每股收益，寻找季度营业收入和每股收益均同比加速上涨的企业，优先选择每股收益同比增长25%以上的企业。此外，同一行业中，如果找不到第二家企业具备类似特征，要提防该增长可能不可持续。

A——每年盈利，过去三年利润连续增长，年均增长25%以上，且近期的季度收益大幅提升。这类企业的净资产收益率（ROE）一般大于17%。对于季度业绩增速下滑的个股需要规避。

N——创新。公司有新产品、新服务、新模式或新的行业政策和新管理层等，同时股价创出新高，成交量同步放大。

S——代表供给和需求，尽可能选择公司的流通股本较小的公司，重点关注成交量显著放大（一般为前一日成交量的3倍以上），且创出近期股价新高的股票。负债率低、实施股票回购或管理层持股较多的公司，对应的股价更容易上涨。

L——选择季度/年度销售额和收益增长最快、ROE和利润率最高的企业，这类企业往往能够抢夺更多的市场份额。可以借助强度指标进行筛选，选择 PRS（一年股价强弱）数值在 80 以上，即个股过去一年涨幅超过市场 80% 的股票。此外，领涨个股通常在市场回调时，达到指数跌幅的 1.5～2.5 倍，优先选择同类个股中相对抗跌的个股。为了防止买错，一旦股价跌幅超过买入价的 8%，需要尽快止损卖出。

I——选择得到机构认可的股票，特别是几家业绩水平优于行业平均水平的大型机构同时新买入或者增持的股票。但要提防股票被机构过度持有，可能导致卖出压力较大。

M——准确判断大盘走势，不要逆势操作。重点买入走势与大盘一致、量价齐升的股票。对于判断市场的顶部，欧奈尔建议观察四个信号：**一是指数上涨，但是成交量萎缩；二是成交量放大，但是指数涨幅微小；三是低价股、劣质股和投机股领涨；四是美联储显著加息 3 次以后。** 对于市场见底的信号，欧奈尔建议观察如下信号：**指数盘中下跌但是收盘上涨，并在一周左右出现领涨的指数放量大涨。**

欧奈尔还强调学习和总结牛股的走势图规律，认为多数牛股的走势都像一个带有手柄的茶杯，此外还有 8 种经常出现的走势图。

5.4.4 达利欧的全天候组合

瑞·达利欧（Ray Dalio）出生于 1949 年，8 岁开始打零工，12 岁开始投资股票，从哈佛商学院毕业后进入证券公司从事大宗商品和期货等交易。1975 年，达利欧创立了目前已是全球最大的对冲基金——桥水（Bridgewater Associates），寓意为"在不同的水域之间架起桥梁"。

20 世纪 90 年代中期，达利欧已经拥有充足的钱为家庭建立信托，精通金融的他知道如何让资产快速增值，但也明白这些资产或方法都具有一些不可控的风险，于是他思考如何才能构建一个无论市场如何变化，都能帮助信托资产保值并稳健增长的资产配置策略。基于这一思路，他在合作伙伴的帮助下构建了一个"全天候组合"，可以适用于所有环境，并于 1996 年正式设立组合运作。该组合推出后，非常受欢迎，12年间便增长到800亿美元。

2005年，磐安资产管理公司（PanAgora）首席投资官钱恩平博士提出与"全天候组合"配置思路异曲同工的"风险平价"（Risk Parity）投资策略，这类配置思路开始被其他金融机构广泛使用。在股票与债券5∶5、6∶4和7∶3等传统的资产配置策略中，股票资产占比虽然不算高，但是贡献了组合的绝大部分波动。风险平价的意思是，通过构建涵盖不同资产的组合，将各类资产对组合整体波动的贡献控制在相同的水平。

在经济的不同时间段，股票、债券、商品和现金等四类资产均会有较好的表现，我们可以根据四类资产的波动率（用方差测算）来计算"风险平价"策略下的配置权重。下面我们通过一个例子（见表5-5）来演示一下。

表5-5 风险平价中资产权重的设置

资产	波动率（%）	波动率的倒数	资产权重计算公式	资产权重（%）
股票	32	3.13	3.13/134.79	2.32
债券	4	25	25/134.79	18.55
商品	15	6.67	6.67/134.79	4.95
现金	1	100	100/134.79	74.19
合计	—	134.79	—	100

（1）计算过去一年各类资产的波动率（方差）；

（2）计算波动率的倒数；

（3）计算各类资产波动率的倒数比组合各类资产波动率倒数的和，即这类资产应该配置的权重。

可以看出，波动率越大的资产，计算出来的权重就越低，通过这样的设计，保证组合整体风险可控、收益可观，达到全天候保值和增值的能力。

国内的蛋卷基金基于达利欧公开的一个组合，构建了"蛋卷安睡全天候（海外）"指数。该指数自2006年7月1日起使用纳斯达克100指数（10%）、标普500等权重指数（20%）、15～18年长期国债指数（40%）、7～10 年国债指数（15%）、黄金指数（10%）和油气指数（5%）构建组合，每年底将组合恢复至上述比例。

"蛋卷安睡全天候（海外）"指数自成立之日起至 2018 年底，累计上涨 98.10%，年化收益率为 5.62%。在 12.5 年中，只有两年下跌，其中跌幅最大的为 2015 年（-3.32%）、全球股灾的 2008 年（0.21%），基本达到了保值和增值的效果。

但是细究起来，以黄金和油气为代表的资产，长期收益率较低，但是波动较大，而两个债权类的指数相关性也比较强。如果在波动率较大的资产中，只保留成长好、长期收益率靠前的纳斯达克 100 指数，而在波动较小的资产中，只保留长期收益靠前的 15～18 年长期国债，并将两者按照 4∶6 进行配置，效果也不错。

简化后组合业绩如下：2007 年 1 月—2018 年 8 月的测试年化收益率为 11.11%，领先于全天候的 7.16% 和标普 500 的 8.48%。最差的年份也有 2.71% 的正收益，好于全天候的 -3.25% 和标普 500 的 -37.02%。上述测算引用雪球投资达人 Gyro 的测试结果。笔者使用 Wind 数据测试，优化后组合的年化收益率为 8.38%，最差的年份收益率为 0.19%，预计是指数分红产生的偏差，但同样取得较好的效果。当然，这个测算时间比较短，未能有效覆盖大宗商品表现较好的年份，仅供读者借鉴。

5.5　投资智慧小结

投资目的是持续赚钱，虽然"条条大路通罗马"，但只有逻辑上靠谱、实践中可行的策略才能提供持久的赚钱能力。

本章详细介绍了价值投资、技术投资以及典型的投资体系，目的是帮助投资者快速了解投资历史上影响较大的各"门派"，熟悉投资大师的投资思路和策略，为寻找和构建适合自己的投资体系奠定基础。

对于个人投资者，每个人的性格、风险偏好、理财需求和业务专长各有差异，可以积极吸收各位大师的精华，提升自己的投资能力。

投资成功的关键取决于两个方面：**一是获胜的把握；二是单笔赚钱的多少。**

价值投资从判断股票价值的角度出发，追求以远低于企业当前价值或未来价值的价格买入，享受价值回归的收益。即通过买得够便宜，提高获胜把握，争取单笔多赚，难点在于企业价值的判断。

技术分析侧重于对历史价格走势的研究，预测未来可能的走势，并从中获利，难点在于预测是否实现受到很多条件制约，不确定性较大。

投资体系则侧重于用相对稳定的规则，应对看似无序波动的市场。在市场上上下下的颠簸中达到"任尔风吹雨打，我自闲庭信步"的投资效果。

人类的认识是个渐进的过程。每一代投资大师也都在借鉴前人研究的基础上，不断对投资策略进行改进。目前在价值投资领域，融合了"安全边际"和"成长股投资"的"巴菲特式价值投资"走在前沿。技术投资领域，融合了计算机技术和各学科顶尖研究的量化投资异军突起。投资体系上，达利欧提出的"全天候组合"，实现了既能多赚又能稳赚的目的。

对于刚入门的投资者，任何一个领域的学习都是非常耗费时间和精力的，且实践中难免经历很多挫折。个人建议借助基金投资，直接迈入专家理财的行列。

目前基金种类很多，整体的波动幅度小于股票，选择基金的难度也显著小于股票。只要把握选基金的窍门，构建适合自己风险收益需求的组合，就能较好地实现投资目的。

第6章
基金组合的常见战术

> 资产配置是投资市场唯一免费的午餐。
>
> ——诺贝尔经济学奖获得者哈里·马克维茨

借助资产配置理论，用多只基金构建一个基金组合，往往能在减少波动的同时提高收益率。这是理论上认可和被实践验证过的投资真经。

如果说投资理念是提供全局指导的投资战略，基金组合则是实施具体作战方案的投资战术。本章借助几种公开透明的策略，让大家熟悉和掌握如何用基金构建基本的作战团队。接下来，我们先来一起看看基金组合的战绩。

6.1 稳健组合

人们对未知或不熟悉的领域通常怀有天生的恐惧心理，投资也是如此。我国的改革开放没有成功的经验可以借鉴，党中央提出"摸着石头过河"，边探索边前进。在实际的投资中，我们也可以借鉴这种方法，先从最稳健的方法开始学习，逐步熟悉和尝试其他投资方法。

6.1.1 货币基金轮动

在20世纪70年代初，美国曾经出现过一段时间的"滞胀"。当时银行存款利率低于通货膨胀率，存钱会不断贬值，人们的存钱意愿很低。因监管限制，银行不能明目张胆地调高利率抢存款。这时，部分银行推出了理财工具——大额存单，即对一次性购买10万美元以上的大客户提供较高的利率，普通客户无法享受。

这时，一位名叫鲁斯·班特的分析师突然灵光一现，如果把普通客户的钱聚在一起，不就可以帮助大伙享受较高的存款利率吗？

说干就干，他在1970年创立了"储蓄基金公司"，在办理完一系列手续后，该基金购买了30万美元的大额存单，然后切分成以1 000美元为一单位的基金份额对外出售，并且允许将份额单独进行买卖。这让资金不多的小客户既享受到银行大额存单的高额利率，又有非常好的流动性。

后来，这类专门帮助投资者购买低风险、较高收益品种的基金有了自己的名字——货币基金，即等同于货币的基金。货币基金资产主要投资于短期货币类投资产品，一般期限在一年以内，平均期限在120天左右。具体可投资的品种包括国债、央行票据、商业票据、银行定期存单、政府短期债券、高信用企业债券、同业存款等。

中证指数公司将成立满三个月的所有货币基金和理财债券型基金（不含货币ETF）按照份额加权编制成一个指数——货币基金（H11025），以反映货币基金整体的收益。大家可以通过图6-1看一看"货币基金"指数的走势，体会一下它的稳健。

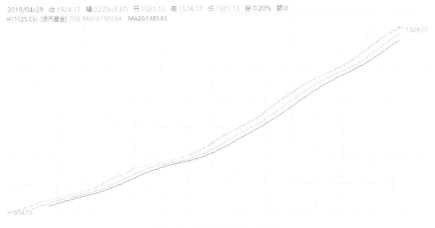

图6-1 货币基金指数走势

资料来源：Wind。

该指数的特征是，基本每个月都在上涨，2004年1月至2019年4月，货币基金的年化收益率约为3.1%，高出一年期定期存款一大截。相对于其他理财工具，货币基金的优点有以下几点。

（1）风险低。由于主要投资到期时间短、信用级别高的产品，这类基金基本上不会亏损。历史上仅在外部形势剧烈恶化，基金集中大规模赎回时发生过短暂的微小亏损。

（2）收益高。相对于持有现金或者其他超短期理财工具，货币基金能获取相对较高的投资收益。此外，更吸引人的是，当短期资金成本攀升或者避险需求增加时，该类资产的收益率会快速提高。例如，当2013年6月资金紧张时，部分时间货币基金的年化收益率超过10%。

（3）流动性好。定期存款、国债逆回购等虽然收益率也不算低，但流动性普遍赶不上货币基金。目前有不少平台支持客户随时申赎一定金额的货币基金。即便慢一些，也会在1～2个交易日内到账。

（4）买卖无成本。货币基金是唯一一个申赎费率不受管制的基金，多数基金的申赎费率为0，相当于买卖无成本。

（5）复利计息。多数货币基金每天结息，第二天将前一天赚的利息折成份额（目前免税），相当于分红再投资，可以享受利息生利息的复利效果。

货币基金的稳健表现在即便是"股债双杀"（股债同时下跌）的滞胀期间，一般也能取得不错的收益。如果按照一定的策略进行选择，有机会获取更高、更稳定的收益。下面我们以且慢平台运作的"货币三佳"为例进行介绍。

"货币三佳"的选基流程如下：

（1）将起购金额低于1 000元的货币基金作为备选基金。

（2）每个月第三周的周二，计算备选基金过往四周非交易日的收益率表现，考察基金的交易状态和起购金额，优选前三的基金进行配置（初始排名第一的权重为33.34%，第二和第三为33.33%）。如果遇到非交易日则之后的第二个交易日重复上述工作。

（3）轮动时，如果三只基金全部更换，则新买入的基金按照初始比例配置，否则仅将更换的基金仓位买入新加入的基金，有 2 只基金变动则等权重分配。

（4）如果调仓遇到连续节假日，则放弃调仓。

该策略使用了量化策略中的动量策略，即买入最近一段时间表现靠前（最近四周非交易日收益率靠前）的基金。由于货币基金没有调仓费用，上述策略可以发现并买入适合当时行情的基金。从实际运作效果看，基本上每个观察期组合的收益率都可在同类货币基金中排在前 2%，表现非常稳定。

此处需要说明的是，交易日货币基金可能因兑现盈利造成收益率突增，参考非交易日的收益率数据，可以规避上述行为对判断的干扰。

6.1.2 稳健策略

货币基金虽然安全性高、流动性好，但这些是以相对偏低的收益率为代价的。如果我们配置较高仓位的高收益债券，同时小幅持有股票类资产，可以在稳健的基础上，提高组合的长期收益率。

蛋卷基金基于资产配置的思路，构建了一个动态配置版的"蛋卷安睡二八平衡"，使用高仓位的高收益债券基金和低仓位的股票指数基金，构建了一个稳健的投资组合，其操作流程如下。

（1）选择两个指数作为投资对象，分别为沪深 300 指数和企债指数。

（2）组合初始配置"20% 沪深 300 指数 +80% 企债指数"。每月第一个交易日检查持仓沪深 300 指数市值占比，决定是否调仓。

（3）如果沪深 300 市值占比大于 25% 或小于 15%，则进行再平衡，恢复至初始配置比例。

根据上述思路编制的"蛋卷安睡二八平衡"指数以 2006 年 1 月 1 日为基日，以 1 000 点为基点。截至 2018 年底，指数收于 2 538.64 点，年化收益率为 7.43%。13 年中仅有 3 年下跌，最大的年度跌幅为 2008 年的 -4.7%，中间自最高点到最低点的最大回撤为 13.04%。如果借鉴上述思路，使用盈利能力更强的指数基金（如白酒、家电、医药等行业指数基金）或者稳定性更好的城投债/金融债基金分别代替沪深 300 指数和企债指数，投资效果会更好。

6.1.3 安睡组合

全球最大的对冲基金——桥水基金创始人瑞·达利欧，曾经基于"风险平价"理论，推荐过一款适合各类经济周期的"安睡组合"。该组合的特点是同时配置了适合美林时钟各经济周期的资产，但是对于波动大的资产给予较小的配置比例，对于波动小的资产给予较大的配置比例。

全天候组合使用的是美股指数，各类资产的搭配如下（净值走势如图 6-2 所示）。

（1）股票仓位 30%，其中 QQQ（纳斯达克 100 指数）为 10%，RSP（标普 500 等权指数）为 20%。

（2）债券仓位 55%，其中 TLT（15～18 年长期国债指数）为 40%，IEF（7～10 年国债指数）为 15%。

（3）大宗商品为 15%，其中黄金仓位（GLD）为 10%，油气仓位（XOP）为 5%。

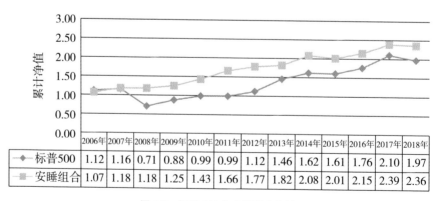

图 6-2 标普 500 与安睡组合比较

注：根据 Wind 和雪球网相关数据整理。假定在 2006 年 6 月底分别投资 1 元在标普 500 和安睡组合，对应的各年度末资产净值。

按照上述思路配置的"安睡组合"在2008年的金融危机期间仍然创出新高,在2006年7月—2018年12月期间,其资产净值一直高于标普500指数,并不断创出新高,年化收益率为7.11%。当然由于组合每年仅调仓一次,中间的波动比较大,在2008年6—12月间阶段性的最大跌幅达19.18%,在2018年9—12月间的阶段性跌幅达21.62%。

如果借鉴上述思路,增加资产调仓的次数,可以降低组合的波动。交银施罗德基金公司的多元资产管理部在且慢平台上推出一款基于"风险平价"策略的基金组合"我要稳稳的幸福",优选债券和股票基金进行配置,大约一个季度调仓一次。组合自2017年1月成立以来,最大的回撤仅为2.79%,同期沪深300指数的最大回撤达32.67%,具体走势对比详见图6-3。

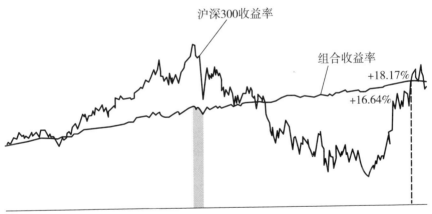

图6-3 "我要稳稳的幸福"组合与沪深300收益率走势图

数据来源:且慢平台。

大家可以借鉴上述组合的思路,参照股债配置比例和调仓频率,优选股票基金和债券基金构建属于自己的"安睡组合"。

6.2 进取组合

从稳健组合的收益看，年化收益率普遍在 10% 以内，对于这样的组合，虽然稳但是进攻性略显不足。接下来，我们介绍几款进攻性较强，可以将收益率大幅提升的策略。当然，需要说明的是，进攻性强的组合对应的波动也会增大，需要做好心理准备。

6.2.1 二八轮动

二八轮动又称为"大小盘轮动"，该策略的雏形就是本书 5.3.6 的"丹尼斯的海龟交易法则"。只是在品种上，限定于大市值股票指数（使用沪深 300 指数代替）、中小市值股票指数（使用中证 500 指数代替）以及国债指数，在仓位上使用全仓交易。

蛋卷基金推出的二八轮动策略的具体操作方法：每日收盘查看代表大小盘的两个股票指数，过去 20 个交易日（1 个月左右）谁的涨幅大且为正，如果与上一日结果一致则持仓不动，否则以下个交易收盘价作切换。如果两者涨幅均为负，则切换至国债指数，策略思维导图详见图 6-4。

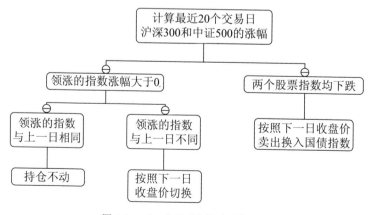

图 6-4 "二八轮动"策略思维导图

根据雪球展示的"蛋卷斗牛二八轮动"组合，该组合在2006—2018年期间，累计上涨23.94倍，年化收益率达28.07%（不考虑手续费），其间最大年度跌幅为23.19%，最大回撤为33.35%，组合走势详见图6-5。

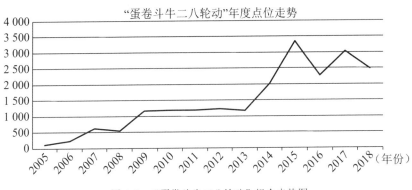

图6-5 "蛋卷斗牛二八轮动"组合走势图

数据来源：雪球网。

虽然这个策略并不完美，但是每次牛市均能创出新高，每轮行情的最低点也在不断抬高，长期业绩足以跑赢很多个人和机构投资者，属于不错的进取型组合。

二八轮动策略在实际运用中遇到的一个问题就是比较敏感，平均两周切换一次，买卖的成本比较高，特别是在震荡市中。为了弥补模型的上述缺陷，天弘基金联手蛋卷基金推出"蛋卷斗牛二八轮动Plus"。该策略相对于二八轮动的特点是：每日收盘后比较沪深300、中证500较前19日、20日和21日的涨幅均值，并与设定的阈值比较，只有对应股票指数涨幅均值为正且超过阈值时，才持有领涨的股票指数基金，否则持有货币基金，策略走势详见图6-6。

根据回溯数据，在2006年1月1日至2018年4月27日期间，二八轮动Plus策略比二八轮动交易次数下降了2/3，平均约1.5个月交易一次，但是扣除手续费之后的累计收益却提高了223%，业绩更为优异。

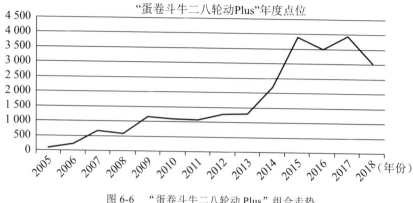

图 6-6 "蛋卷斗牛二八轮动 Plus"组合走势

数据来源：雪球网。

感兴趣的读者可以在雪球网客户端搜索上述组合，关注即可查看、接收组合调仓信号。目前蛋卷基金在客户端推出"二八轮动 C"和"二八轮动 C Plus"基金组合，使用 C 类指数的基金跟踪上述策略，支持一键买入。

下面我们根据年度涨跌数据，进一步查看相应策略的风险和收益特征，详见表 6-1。

表 6-1 二八策略与常见指数的涨跌对比　　　　　　　　单位：%

年　　度	沪深 300	中证 500	二八轮动	二八轮动 Plus
2006	121.02	100.68	128.02	133.77
2007	161.55	186.63	170.62	191.68
2008	−65.95	−60.80	−13.06	−15.26
2009	96.71	131.27	118.39	101.98
2010	−12.51	10.07	2.09	−5.83
2011	−25.01	−33.83	−1.26	−2.42
2012	7.55	0.28	3.32	19.02
2013	−7.65	16.89	−4.06	1.50
2014	51.66	39.01	72.97	70.05
2015	5.58	43.12	65.23	77.02
2016	−11.28	−17.78	−18.40	−10.37
2017	21.78	−0.20	10.98	12.75
2018	−25.31	−33.32	−17.68	−23.19
累计涨幅	226.03	384.62	2 394.28	2 927.18
年化收益率	9.52	12.91	28.07	29.99

数据来源：根据 Wind 和雪球网数据整理。

相对于沪深 300 和中证 500 指数的均值，"二八轮动"组合超额收益超过 10% 的年份主要是 2006 年（17.17%）、2008 年（50.32%）、2011 年（28.16%）、2014 年（27.64%）、2015 年（40.88%）和 2018 年（11.64%）。

上述轮动组合表现最佳的年份可以划分为三类：一是牛市中大小盘指数轮番领涨，轮动组合把握住强势指数的阶段性涨幅，如 2006 年和 2014 年；二是牛市震荡大，轮动组合躲避了下跌，把握住上涨，最典型的就是 2015 年；三是熊市暴跌期间，及时止损躲避了下跌。

而"二八轮动"组合超额收益为负的年份分别为 2007 年（-3.47%）、2012 年（-0.6%）、2013 年（-8.68%）和 2016 年（-3.87%）。这些年份可以划分为两类：一是牛市期间指数轮动快，轮动组合因切换过于频繁，买入后的指数涨幅偏小，典型的为 2007 年；二是震荡市期间，追涨买入的指数随后表现较弱，俗称"频繁打脸"，典型的为 2012 年、2013 年和 2016 年。

优化后的"二八轮动 Plus"组合因切换的频率较低，在"二八轮动"不佳的年份，收益往往好于后者。"二八轮动 Plus"组合因切换慢反应迟钝，在突然爆发的牛市以及持续下跌的熊市中，表现会弱于"二八轮动"。

6.2.2 行业轮动

在股票市场中，除了大小市值指数会轮番领涨外，不同的行业在自身周期和市场情绪等作用下也会轮番领涨，且机会更多。按照国际通行标准，一级行业指数有 10 个，如果算上二、三、四级细分行业，则可以划分出上百个行业，如果能把握其中的机会，收益会非常惊人。由于行业内部的商品和经营模式更为相似，它们的周期波动性比大小市值指数更为明显。

目前公开的行业轮动策略中，相对简单有效的策略是招商基金和蛋卷基金联合开发的"蛋卷斗牛八仙过海"组合，走势如图6-7所示。该策略的操作流程如下。

（1）买入信号。当T日上证50指数K线上穿修正后的40日均线（MA40），T+1日依旧站稳，且交易日K线不被T日K线包含（即T+1日最高价高于上一日最高价或者最低价低于上一日最低价，下同），则T+2日按收盘价买入资产池中近10个交易日涨幅较大的3个主题指数基金。

（2）卖出信号。当T日上证50指数K线下穿修正后的40日均线（MA40），T+1日依旧在均线之下，且交易日K线不被T日K线包含，则T+2日按收盘价买入国债指数。

K线的修正方法是，如果上证50指数T日K线包含T+1日K线（即T日的最高价大于T+1日的最高价，同时最低的价小于T+1日最低价），则使用T日的K线代替T+1日的K线。含义是新的K线（T+1日）如果没有创出新高或新低，相当于没有提供有用的信息，直接过滤掉。

该策略的资产池包括招商基金8个指数基金对应的指数，它们分别是中证大宗商品、中证煤炭、300高贝塔、证券公司、300地产等权、中证银行、中证白酒和生物医药。

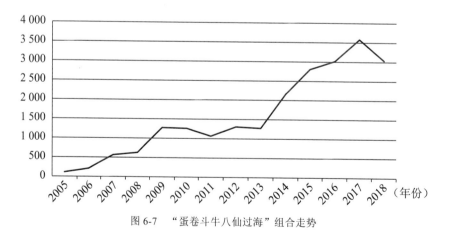

图6-7 "蛋卷斗牛八仙过海"组合走势

数据来源：雪球网。

该策略指数在 2006—2018 年期间，累计上涨 29.24 倍，年化收益率为 29.99%，其中，最大的年度跌幅为 15.3%，最大回撤为 32.03%。该策略的风险和收益水平与二八轮动旗鼓相当，但择时更少，大约两个月切换一次。

感兴趣的读者可以在雪球搜索并关注该组合，能及时接收和查看对应的择时信号。接下来，我们通过表 6-2 查看该组合年度涨跌与常见指数的对比。

表 6-2 "八仙过海"年度涨跌与常见指数的对比　　单位：%

年份	沪深 300	中证 500	指数均值	八仙过海	超额收益
2006	121.02	100.68	110.85	95.76	-15.09
2007	161.55	186.63	174.09	185.09	11.00
2008	-65.95	-60.80	-63.38	11.23	74.61
2009	96.71	131.27	113.99	105.02	-8.97
2010	-12.51	10.07	-1.22	-1.96	-0.74
2011	-25.01	-33.83	-29.42	-15.02	14.40
2012	7.55	0.28	3.92	22.03	18.12
2013	-7.65	16.89	4.62	-2.21	-6.83
2014	51.66	39.01	45.34	70.69	25.36
2015	5.58	43.12	24.35	29.34	4.99
2016	-11.28	-17.78	-14.53	7.58	22.11
2017	21.78	-0.20	10.79	18.82	8.03
2018	-25.31	-33.32	-29.32	-15.30	14.02
累计涨幅	226.03	384.62	305.33	2 924.48	2 619.16
年化收益率	9.52	12.91	11.22	29.99	18.78

数据来源：根据 Wind 和雪球网数据整理，"指数均值"为沪深 300 和中证 500 两个指数涨幅的中位数，超额收益 = "八仙过海"涨幅 - "指数均值"涨幅。

从年度涨跌数据看，"八仙过海"的大跌主要集中在市场震荡下跌的 2011 年和 2018 年，其余年份整体表现较好。该轮动组合的超额收益主要发生在如下时间段：一是行业轮番上涨，且持续性较好的牛市，如 2007 年、2012 年、2014 年、2016 年和 2017 年；二是市场整体下跌，依靠择时避开下跌的 2008 年、2011 年和 2018 年。

当然，组合也有不足之处。主要是资产池的 8 个指数，强周期的指数有 6 个，弱周期的只有白酒和医药 2 只，在每次选择的 3 个指数中，必然会至少包括 1 只强周期指数。此外，行业中缺少高弹性高成长的信息技术行业，导致轮动组合在 2009 年、2013 年和 2015 年等信息技术行业领涨的年份里整体表现不佳。

6.2.3 增强轮动

基于上述轮动组合的优缺点，我们可以通过添加一些辅助要素，提高轮动信号辨别的成功率，提高胜算和累计投资收益。这里提供几种优化思路供参考。

1. 估值增强法

我们可以借助估值指标，对"二八轮动 Plus"组合进行优化。

因市场高估时，买入股票指数虽然有机会赚钱，但是概率比较小，此时不轮动，改为直接持有国债指数更为稳妥。在估值相对低估时，股票市场存在一定的机会，参照"二八轮动 Plus"信号参与市场，有更大的机会把握阶段性赚钱行情。

由于 A 股市场很多盈利能力弱、周期较强的能源股、化工股和金融股等权重较高，直接使用上证指数的市盈率估值存在不稳定、不可比等情况。这里以规模适中、更能反映市场真实情况的中证 500 加权市盈率作为参考依据。

中证 500 指数的市盈率中位数主要波动区间为 20～60，中位数约为 40，相关数据可以在果仁网上查询。

我们可以设定一个相对保守的数据，在年初市盈率超过 50 后持有中证国债指数，不再轮动，其他情况下参照"二八轮动 Plus"信号进行操作。

改善后的策略，在 2008 年、2010 年和 2016 年等大盘暴涨后持有国债指数，规避了不必要的折腾和损失，整体收益率达 5 068.64%，比"二八轮动 Plus"高出 2 141.46%，效果非常明显。优化后的策略年度收益见表 6-3。

表 6-3 "二八轮动 Plus"优化后的表现　　　　　单位：%

年　份	二八轮动Plus	中证国债	年初市盈率	持 有 组 合	优化后收益率
2006	133.77	2.84	21.33	二八轮动 Plus	133.77
2007	191.68	-2.44	42.81	二八轮动 Plus	191.68
2008	-15.26	16.83	70.4	债券	16.83
2009	101.98	-1.83	21.43	二八轮动 Plus	101.98
2010	-5.83	1.93	91.06	债券	1.93
2011	-2.42	6.85	44.3	二八轮动 Plus	-2.42
2012	19.02	2.64	23.77	二八轮动 Plus	19.02
2013	1.50	-2.81	31.5	二八轮动 Plus	1.50
2014	70.05	11.07	28.61	二八轮动 Plus	70.05
2015	77.02	7.87	37.2	二八轮动 Plus	77.02
2016	-10.37	2.55	54.53	债券	2.55
2017	12.75	-1.87	46.72	二八轮动 Plus	12.75
2018	-23.19	8.64	28.75	二八轮动 Plus	-23.19
累计涨幅	2 927.18	63.76	—	—	5 068.64
年化收益率	29.99	3.87	—	—	35.46

数据来源：根据 Wind 数据整理，其中 2006 年和 2007 年的初始市盈率数据缺乏实际值，根据 2007 年 1 月底估值和其间的涨跌进行估算，可能存在偏差。

这里仅提供一种优化的思路供大家借鉴，具体可以根据自己的风险收益偏好作进一步的优化。例如，只在低于一定市盈率时才参与股票市场，按季度监测市盈率制订操作策略等，这里不再一一演示。

2. 优质指数增强法

观察中证全指一级行业指数年度涨跌情况（见表 6-4），我们会发现，在指数上涨的年份，最容易领涨的指数主要是全指信息、全指金融和全指消费。其中，消费行业为典型的弱周期，主要在震荡市领涨；公用事业为典型的防守行业，一般在熊市期间比较抗跌。

表 6-4　中证全指一级行业指数年度涨跌情况表　　　单位：%

行业指数	2013年	2014年	2015年	2016年	2017年	2018年
全指消费	1.32	17.09	34.27	-1.90	29.21	-21.82
全指医药	34.85	12.65	50.43	-14.22	5.10	-26.40
全指金融	-9.07	**83.95**	-2.51	-11.46	14.39	-21.62
全指电信	42.59	35.40	69.60	-13.59	7.65	-33.98
全指信息	**58.38**	28.74	**81.05**	-25.78	-1.97	-35.22
全指可选	23.32	25.50	52.61	-18.27	0.41	-35.05
全指工业	9.38	50.93	32.76	-17.19	-7.63	-33.85
全指材料	-14.15	36.59	29.48	-9.63	6.10	-35.57
全指公用	2.98	68.94	11.90	-19.32	-8.23	**-17.40**
全指能源	-27.30	17.84	-10.12	-2.94	1.27	-29.16

数据来源：Wind。

由于股票提供的高收益主要在牛市阶段，我们可以选择全指信息、全指金融作为股票指数的代表，按照二八信号的择时原则进行投资。

广发基金的基金经理罗国庆曾在雪球网专栏测试过上述方法。该方法的择时原则是：每日收盘比较全指信息和全指金融两个指数最近20日的涨跌情况，选择领涨的指数，在下个交易日收盘时切换。如果两个指数均下跌，就在下个交易日买入国债指数。

根据测算数据，2008年12月31日至2017年3月31日期间，改进后的策略累计收益为1 853%，最大回撤为21%，同期"二八轮动"收益率为921%，最大回撤为19%。改进后的策略虽然回撤有所扩大，但是收益率改进明显，累计收益翻番，多赚了932%。

笔者曾拿消费刚性、弱周期的全指医药借助"八仙过海轮动"信号做过测试。在2006年1月至2017年3月24日的测试期间，优化轮动组合的累计收益率为29.43倍，略高于同期"八仙过海"的29.34倍。因医药熊市和震荡市比较抗跌，年度最大跌幅仅为6.19%，比原版"八仙过海"组合少近10个百分点，优化轮动组合表现更为稳定。

6.3 简易轮动信号的设置

对于普通客户,除了关注上述组合,及时查看轮动信号外,也可以通过简单的设置,快速构建自己的轮动组合。下面介绍两种可以快速查看组合信号的方法。

6.3.1 "二八轮动"信号设置

(1)登录 Wind 官网,下载电脑版客户端。

(2)进入 Wind 客户端主页面,单击鼠标右键,加入自选股—自选股设置,进入设置页面,见图 6-8。

图 6-8　Wind 自选股设置

(3)单击设置页面的左上方"新建"—输入名称"二八优化",单击"确定"完成监测页面设置,见图 6-9。

图 6-9　Wind 新建观察页面

（4）在新增的监测页面右下角"输入证券代码"中输入指数名称"全指信息"或对应代码"000993"，即可增加全指信息指数。用同样的方法增加全指金融指数，见图 6-10。

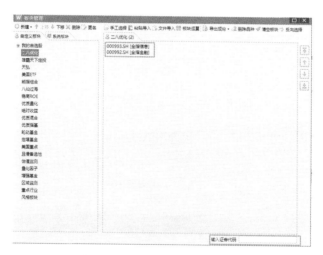

图 6-10　Wind 添加自选组合品种

（5）单击客户端右上方的"自选股监控"—"二八优化"进入新设置的监测页面，再选择"设置指标"，进入特色指标设置页面，见图 6-11。

图 6-11 Wind 特色指标设置菜单

（6）在"设置指标"页面，我们可以将右侧"显示指标"中不需要的指标通过"＜"按键删除，同时在左侧"基本行情"中找到"20日涨跌幅"，单击"＞"键添加至"显示指标"中，并可通过"↑"调整位置。最后单击"确定"完成设置，见图 6-12。

图 6-12 Wind 特色指标设置操作

（7）再次回到指标页面，即可查看到两个指数最近的"20日涨跌幅"，如果均为负数，则买入国债指数，否则于下个交易日买入领涨指数对应的指数基金，见图 6-13。

图 6-13 特色指标观察

投资者也可以根据个人爱好,选择其他行业指数进行观察和跟踪。

6.3.2 "八仙过海"信号设置

仍以 Wind 客户端作为演示案例。

(1)打开客户端页面,输入"上证 50"或者对应的代码"000016"。单击鼠标右键,选择"叠加 MA(移动平均线)",选择一组均线,例如"均线组 2"。再次进入该菜单,下移鼠标,单击"均线参数设置",见图 6-14。

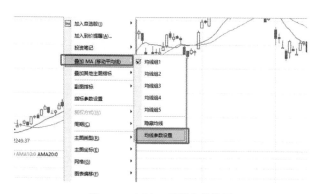

图 6-14 上证 50 指数均线设置

(2)在"均线设置"页面,可以双击对应的数字进行修改。我们可以将前两个数字设置成 1 和 40,其他数字设置为 0。其中 1 表示当日的收盘价，40 对应最近 40 日的均线 MA40。单击"确定"完成设置，见图 6-15。

图 6-15　Wind 均线参数设置

（3）回到上证 50 指数的页面即可看到对应的均线，其中，走势平缓的蓝色线为 MA40，紧跟 K 线的红色线为 MA1。当 K 线连续两天收于超过 MA40 之上（即红线连续两个交易日在蓝线之上），且第二日 K 线不被第一日 K 线包含时，即可认为是发出买入信号，见图 6-16。

图 6-16　Wind 均线观察

该方法相对原版方法而言，没有体现对 MA40 的修正，部分买卖信号会稍多或稍早，但是设置起来简单，更适合不会编程的投资者。

第7章
打造自己的基金战舰

> 读书是学习，使用也是学习，而且是更重要的学习。
>
> ——毛泽东

> 其实不是因为我们才华横溢，只是避免了愚蠢。你可能想象不到，只是避免愚蠢就能让我们做得如此出色。
>
> ——投资大师巴菲特的合伙人查理·芒格

在介绍和学习很多投资理论、投资策略、行业特征和基金要点之后，我们可以融会贯通，设计出自己的基金投资战舰，并在实践中逐步打磨，避免愚蠢行为。本章是笔者在投资中摸索和实践的几种投资策略，供大家借鉴、交流。

话说明朝末年，日本流浪的武士（俗称"倭寇"）勾结土匪在东南沿海作乱。当时明朝的军队主要为规模化的单一兵种，最小作战单位通常为25人，在水塘、河道密集的东南地带面对四处出击的倭寇，灵活性不足，疲于应付，且因缺乏征战锻炼，单兵作战素质也明显低于对手。面对这种情况，抗倭名将戚继光吸收前人智慧，创造性地推出"鸳鸯阵"，取得奇效。阵法应用第一年，九战九捷，其中，台州花街之战斩敌308人，明军仅牺牲3人；牛田之战杀敌近700人，明军无一人牺牲。

该阵法由12人组成（战斗人员10人，负责指挥的队长1人，伙食兵1人），在距离敌人较远时，利用长盾牌挡箭支和长枪，使用标枪攻击；距离中等时使用狼筅（毛竹及其枝杈制作的攻守兼备的武器）攻防和刺杀；距离较近时使用轻便的藤盾防御，利用镋钯（一种带横梁的刺杀工具）和短刀刺杀。另外，该阵法还可以根据地形需要，变换为规模更小、攻守兼备的三才阵和两仪阵，充分兼顾防守和进攻，同时构建多层级攻击体系是该阵法的精髓，投资可以吸收借鉴。

面对风云变幻的外部环境和经济周期，我们可以根据各类资产的特征，构成各类攻守组合，提高投资的稳定性和长期盈利能力。根据资产组合理论，持有多只基金可以在维持投资收益的情况下，分散投资风险，降低组合波动。

根据本书4.2节提到的经济周期特征，市场可以划分为复苏、过热、滞胀和衰退四种情况。在每种市场情况下，均有一种资产表现最佳，一个组合持有满足四种市场的资产即可实现全天候的配置要求。

"指数基金之父"约翰·博格在他的《共同基金常识》一书里，对不同风格基金的数据做测算后指出，当持有的基金数量超过5只以后，组合分散风险的作用急剧下降。国内好买基金研究总监曾令华对250万组基金数据进行研究后也发现，持有4只基金已经可以大幅降低组合波动，后续增加基金持有数量，对组合波动率的下降贡献较小。

在日常的投资中，我们也无须持有过多基金，正常4只不同类型的基金最佳，如果追求高收益可以适当减少持有数量，追求低波动则可以适当增加持有数量。此外，在同一类资产中，也可以通过持有3～4只基金来进一步改善投资的风险收益性价比。

7.1　稳赚的债券战舰

债券相对股票的一大优点就是保本付息，是现金类资产以外表现最稳定的投资品。债券按期限可以划分为短债、中长债，期限越长波动越大；按信用特征可以划分为利率债、信用债，后者对经济周期的反应更为敏感，此外还有带认股权的可转债，与股市的走势关系更为密切。

如果我们是保守型投资者，可以构建一个债券基金的全天候组合，借助不同经济周期下不同细分债券的特征，获取与风险收益相匹配的债券基金组合。

我们分别选取一些上述的债券指数,尝试构建一种低风险、偏高收益的组合。其中,短债选择中证短债指数,中长期利率债可选择中证金融债指数,中长期信用债选择沪城投债指数,可转债选择中证转债指数。最常见的就是根据"全天候组合"的配置思路,参照上述债券的波动情况,按照波动小多配置、波动大少配置的原则构建"安心债券"。

根据相应指数基金的方差情况,"安心债券"的构成为:63.68%的中证短债 +14.76% 的中证金融债 +18.76% 的沪城投债 +2.8% 的中证转债。计算过程参见本书 5.4.4 节"达利欧的全天候组合",具体表现见表 7-1。

表 7-1 "安心债券"组合表现　　　　　　　　　　单位:%

年份	中证短债	中证金融债	沪城投债	中证转债	安心债券
2009	1.35	-0.67	-0.26	42.63	1.91
2010	1.53	2.73	6.74	-6.33	2.46
2011	4.00	5.14	2.18	-12.77	3.36
2012	3.78	2.08	10.05	4.11	4.71
2013	3.35	-1.81	4.57	-1.42	2.68
2014	4.31	11.98	11.48	56.94	8.26
2015	4.31	8.51	9.61	-26.54	5.06
2016	2.59	0.55	5.05	-11.76	2.35
2017	3.47	-0.64	2.18	-0.16	2.52
2018	4.42	9.89	7.09	-1.16	5.57
累计涨幅	38.41	43.45	75.84	20.09	46.21
年化收益	3.30	3.67	5.81	1.85	3.87
方差	1.07	4.62	3.64	24.36	1.90

注:根据 Wind 数据整理,"安心债券"组合为根据债券指数波动特点构建的债券全天候配置模型。

构建的"安心债券"确实够稳健,在 2009—2018 年间,年年赚钱,累计收益率超过沪城投债以外的三个指数,而方差(代表波动)仅仅比中证短债稍高。

当然，肯定有不少人对"安心债券"年化 3.87% 的收益不满意，希望能再提高一些。根据上文思路，如果想提高收益率，需要从两方面着手：一是持基更加集中；二是适当实施轮动。

下面我们构建一个持有 2 只基金、根据市场适当进行轮动的"进取债券"组合。首先在品种选择上，去掉长期收益率偏低的短债，保留另外 3 个债券指数；其次根据股市涨跌情况，在熊市结束后配置中证转债。也就是说，"进取债券"日常持有 50% 的中证金融债和 50% 的沪城投债，但是当沪深 300 指数年度下跌 20%（技术分析上公认的"熊市"）的年末调整为"50% 的沪城投债 +50% 的中证转债"，持有时间为 1 年，组合表现详见表 7-2。

表 7-2 "进取债券"组合表现　　　　　　　　　　单位：%

年份	中证金融债	沪城投债	中证转债	进取债券	沪深 300
2009	-0.67	-0.26	42.63	21.19	96.71
2010	2.73	6.74	-6.33	4.74	-12.51
2011	5.14	2.18	-12.77	3.66	-25.01
2012	2.08	10.05	4.11	7.08	7.55
2013	-1.81	4.57	-1.42	1.38	-7.65
2014	11.98	11.48	56.94	11.73	51.66
2015	8.51	9.61	-26.54	9.06	5.58
2016	0.55	5.05	-11.76	2.80	-11.28
2017	-0.64	2.18	-0.16	0.77	21.78
2018	9.89	7.09	-1.16	8.49	-25.31
累计涨幅	43.45	75.84	20.09	95.60	65.63
年化收益	3.67	5.81	1.85	6.94	5.18
方差	4.62	3.64	24.36	5.78	36.28

数据来源：Wind。

根据测算，"进取债券"在 2009—2018 年间，仍然年年实现正收益，但是累计收益提高到惊人的 95.6%，比其他品种高出一大截。此外，该组合的方差为 5.78%，只有中证转债的 1/4 或沪深 300 指数的 1/6，实现了较低风险情况下的高收益。

此外，优秀的主动型债券基金业绩延续性较强，也可以借助部分优秀的主动型债券基金进一步优化债券基金组合。

7.2 积极的红利战舰

红利基金是以高股息率相关个股为投资对象的一种主题投资基金。根据量化投资各因子回溯，红利因子（对应高股息个股）中长期的收益率靠前，在熊市中比较抗跌，属于非常优秀的因子。股息率＝股息/股价，派发的股息高或者股价比较低，股息率都会比较高。选择高股息的个股相当于选择了高分红、低价格的高性价比股票，且红利需要使用现金支付，企业必须切实赚到钱才能实现持续的高分红，自动淘汰低质量盈利和虚假盈利，保证了盈利的质量，多赚钱也在情理之中。股票指数的收益＝①指数的估值收益＋②指数成长收益＋③指数分红收益

①取决于市场情绪或脾气，是指数中短期收益的主要决定因素；

②取决于成份股的市场空间和利润增长速度，是指数中长期收益的重要决定因素之一；

③取决于成份股的发展阶段、现金流状况和股价高低，是指数长期收益的重要决定因素之一。

天风证券研究所在一份研究报告中指出，1970—2017年，标普500指数年化收益率为6.3%，其中，估值贡献了0.6%，股息贡献了3.4%，业绩增长贡献了2.3%，后两者是主要决定因素。我国的经济增长较快，成份股利润贡献更大，其次是股息贡献。根据Wind数据推算，2005—2018年间，沪深300指数全收益回报率为275.59%，其中股息贡献74.53%，估值贡献-36.77%（Wind最早的估值数据为2005年4月底，按照期间成份股利润不变估算2005年底估值数据），成份股利润增长贡献237.83%。

目前常见的红利指数编制方法如表7-3所示。红利指数多数采用股息率加权，即股息率越高的个股在指数中占的比重越高。深证红利

采用流通市值加权，即股票的流通市值越高，在指数中占的权重也会越高。上述两个加权方式均有可能对个股或行业分配过高的权重，常见红利指数中只有标普红利对行业和个股权重做出控制。可以看出，持股最均衡的红利指数为标普红利，持股最集中的为深证红利，前者还对企业的盈利增长做出要求。从表 7-3 中几个红利指数的盈利数据看，中长期业绩靠前的两个红利指数也是标普红利和深证红利。

表 7-3 常见红利指数点位编制方法

指数	加权方法	选股流程
中证红利	股息加权	（1）过去两年连续现金分红且每年的税后现金股息率均大于 0； （2）过去一年日均总市值和日均成交额均排名在全部 A 股的前 80%； （3）按照过去两年的平均税后现金股息率由高到低进行排名，取前 100 名
红利低波	股息加权	（1）剔除最近一年的红利支付率过高（前 5%）和过去三年的每股股利增长率为负的股票； （2）计算剩余股票过去三年的平均税后现金股息率和过去一年的波动率，挑选股息率居前的 75 只股票； （3）将步骤（2）中的股票按照过去一年波动率升序排列，挑选前 50 只
上证红利	股息加权	同中证红利
深证红利	流通市值加权	将备选股票近三年累计分红额占深市上市公司分红额的比重和最近半年日均成交金额占深市比重按照 1∶1 的比例进行加权排名，取前 40 名
标普红利	股息加权，单一行业不超过 33%，单一个股不超过 3%	（1）最近一年的每股盈利为正； （2）过去三年的盈利正增长
港股高息	股息加权	（1）中证香港 300 样本股中符合港股通条件的股票； （2）过去三年连续现金分红且每年现金股息率均大于 0； （3）剔除过去一年日均成交金额低于 5 000 万港币的股票，剩余股票按过去三年平均现金股息率降序排列，取前 30 名

资料来源：根据中证指数公司和标普官网指数数据整理。

下面使用"一进二退法"对红利指数进行增强。"一进二退法"的策略来自笔者的一个观察和统计：**优质资产最大的风险往往在一年内释放完毕，每次价格在翻倍以后风险会逐步积累。**我们可以制订这样一种策略：在资产暴跌的年末（市场指数年度跌幅大于 20% 的年末，即技术性熊市年末）满仓该类资产或买到理想的最大仓位，其后每年末观察，如果赚取 100% 或以上收益则调整至"50% 资产 +50% 国债"，剩余资产再赚取 100%，则全仓国债，整体操作方法是熊市一次买入，牛市分两次卖出。使用该策略增强操作标普红利全收益指数（红利再投资），其表现详见表 7-4。

表 7-4 "一进二退法"操作标普红利全收益指数的收益　　单位：%

年　　份	标普红利 R	中证国债	一进二退	持　　仓
2006	101.67	2.84	101.67	标普红利
2007	231.82	-2.44	114.69	5∶5
2008	-56.59	16.83	16.83	中证国债
2009	135.19	-1.83	135.19	标普红利
2010	4.82	1.93	3.38	5∶5
2011	-20.18	6.85	-6.67	5∶5
2012	9.40	2.64	9.40	标普红利
2013	8.87	-2.81	8.87	标普红利
2014	60.97	11.07	60.97	标普红利
2015	36.62	7.87	36.62	标普红利
2016	-3.73	2.55	-0.59	5∶5
2017	13.16	-1.87	5.65	5∶5
2018	-21.46	8.64	-6.41	5∶5
累计收益	1 181.06	63.76	2 855.15	—
年化收益率	21.67	3.87	29.75	—

数据来源：标普红利使用含分红的全收益指数，中证国债涨跌数据取自 Wind。

为了演示方便，这里仅取标普红利为投资标的（实践中也可以同时配置标普红利和深证红利），国债使用中证国债代替，测算时间为 2006—2018 年。可以看出，使用"一进二退"策略后，组合的年度最大跌幅由 56.59% 缩小至 6.67%，年化收益率由 21.67% 提高至 29.75%，增强效果较好。

此外，由于不同行业的增长和波动差异明显，我们也可以在相应的行业中使用红利策略进行投资。目前消费红利、信息红利、可选红利和医药红利等指数的长期收益均好于对应的行业指数。例如，消费红利（不含分红）指数 2018 年底收于 20 214.33 点，基日为 2005 年 12 月 30 日，基点为 1 000 点，13 年上涨了 19.21 倍，同期中证消费指数涨幅为 8.88 倍，叠加红利因子的消费红利指数多涨 10.33 倍。由于目前缺少行业红利基金，暂无法使用基金配置，接下来，我们将介绍龙头股增强或复制策略。

7.3 长赢的"巴菲特指数"战舰

2019 年，价值投资大师巴菲特 89 岁，他在 35 岁以后的 54 年间缔造了 1.1 万倍的投资奇迹，相当于每年赚取 18.7%。对于很多中国投资者来说，如果掌握正确的方法，也有机会实现那个似乎遥不可及的目标。

巴菲特曾说："我的嘴在哪里，钱就投到哪里。"在具体选择股票时，除了估值，巴菲特还看重两个指标：**一是盈利能力强，可以用高 ROE 衡量；二是稳定增长，体现为弱周期**。巴菲特曾声明，只有净资产收益率不低于 20% 并且能稳定增长的企业才会入其法眼。

如果按照上述逻辑投资 A 股基金，结果会怎样呢？

在 A 股的指数类基金中，盈利能力（ROE）靠前的指数分别为白酒、家电、银行、房地产和医药，其中银行和地产周期性较强，其余三个指数体现一定的弱周期，且白酒、医药均和"嘴"密切相关。我们可以将上述三者每年末等权重组成一个"巴菲特指数"。假设 2003 年初投资 1 万元到该指数上，账户资产的走势如图 7-1 所示。

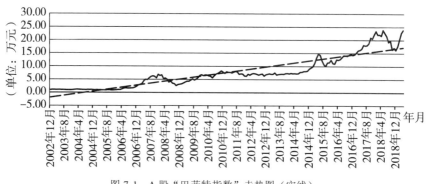

图 7-1 A 股 "巴菲特指数" 走势图（实线）

注：根据 Wind 相关数据整理，不含指数分红。

虽然中间经过 2008 年的全球金融危机、2010—2011 年的滞胀、2015 年以来的多轮股灾以及 2018 年的去杠杆和中美贸易摩擦，截至 2019 年 4 月底，15 年零 4 个月，该指数仍累计上涨 22.8 倍（未考虑分红）。账户资产从 1 万元增长至 23.8 万元，年复合收益率为 22.97%。伯克希尔公司净资产在 2003—2018 年间的涨幅约为 410%，也大幅落后于 A 股 "巴菲特指数"。

如果每月底定投 1 000 元到该指数上，则一共投资 196 期，合计成本为 19.6 万元，资产增长至 151.8 万元，累计收益率为 674.5%，显著高于同期沪深 300 和中证 500 指数的涨幅。

由于白酒、医药等行业与 "嘴" 密切相关，具有典型的重复消费和高频消费特征，家电行业与 "舒适" 密切相关，也具备重复消费属性，只是周期相对稍长。上述指数未来仍有望依靠源源不断地赚取利润再创新高。

如果在此基础上采用适当的增强策略，收益更为惊人。下面针对上述 A 股 "巴菲特指数" 用 "一进二退法" 进行增强测试，见表 7-5。

表 7-5 A 股 "巴菲特指数" 使用 "一进二退法" 的表现　　　　单位：%

年　　份	巴菲特指数	中证国债	一进二退	持仓信号
2006	149.47	2.84	149.47	巴菲特指数
2007	190.30	-2.44	93.93	5∶5
2008	-53.63	16.83	16.83	中证国债

续表

年　份	巴菲特指数	中证国债	一进二退	持仓信号
2009	111.91	-1.83	111.91	巴菲特指数
2010	15.53	1.93	8.73	5∶5
2011	-18.44	6.85	-5.79	5∶5
2012	7.54	2.64	7.54	巴菲特指数
2013	7.37	-2.81	7.37	巴菲特指数
2014	22.92	11.07	22.92	巴菲特指数
2015	37.73	7.87	37.73	巴菲特指数
2016	14.68	2.55	14.68	巴菲特指数
2017	54.23	-1.87	26.18	5∶5
2018	-26.46	8.64	-8.91	5∶5
累计收益率	1 604.73	63.76	3 060.97	—
年化收益率	24.38	3.87	30.43	—

备注：相关数据根据 Wind 数据整理，均不含分红。

需要说明的是，2011年"巴菲特指数"下跌18.44%，未超过20%，但是市场绝大多数指数跌幅均超过20%，是典型的熊市，年末满仓"巴菲特指数"。

使用上述方法增强后，2006—2018年间，针对A股"巴菲特指数"的"一进二退法"累计收益率为30.61倍，显著好于"巴菲特指数"。此外，改进后的策略年度最大跌幅从53.63%缩小至8.91%，稳定性也显著增强。

最后，套用一句名言作为本节的结束语：**这世界不是缺少美，而是缺少发现；A股不是缺少价值，而是缺少眼光和坚持。**

7.4　暴利的"牛指"战舰

在各类投资方法中，"戴维斯双击"是获利最快也最容易理解的一种策略。因每股价格 = 每股盈利 × 市盈率。其中市盈率主要由市场无风险利率、预期增长率和风险偏好等因素决定。由于人们的预期会受到短期业绩的影响，当企业利润增速加快时，预期的增长率也会提升，从而给予企业更高的市盈率。在这种情况下，企业股价同时受到每股盈利和市盈率提升的双重推动，从而出现"戴维斯双击"式的上涨。

"牛指"的构建思路是在业绩周期性波动的个股中，选择能够在牛市阶段出现"戴维斯双击"的行业进行组合构建。基于历史数据和行业特征，这里选择最容易在牛市阶段爆发的证券、地产和计算机三个行业，每年末恢复至等权重配置，构建"牛指"组合。

证券行业的逻辑是，在牛市阶段，股市的开户量、交易量快速放大，投资者理财需求旺盛，企业融资热情高涨，自营、经纪、财务管理和投行业务等均会显著放量，行业的营业收入和盈利利润均呈现爆发式增长。

地产行业的逻辑是行业高负债，牛市阶段通常政策面和资金面宽松，利率处于较低水平，居民收入增长过快。一方面该行业融资成本下降，降低了成本和费用；另一方面，房子的销售状况好转，营业收入增长加快，行业股价也会出现较大幅度的上涨。

计算机行业的逻辑是行业整体属于高成长阶段，对资金的需求比较迫切，并主要依靠权益类融资。在牛市阶段资金宽裕，投资者愿意"听故事"投资，企业可以低成本地实现融资，进行收购、兼并、研发启动和市场大规模推广等，行业业绩和估值均容易上涨。

此处需要说明的是，有色金属虽然也因为高负债率和商品价格高弹性等因素在牛市阶段领涨，因其整体的盈利能力偏弱，长期收益率偏低，此处使用盈利能力更强的房地产行业代替。

下面我们分别使用国证证券、国证软件和国证地产作为"牛指"的成份组合，每年底恢复至等权重，该指数与沪深300的年度涨跌对比如表7-6所示。

表 7-6　"牛指"与沪深 300 年度涨跌对比　　单位：%

年　份	"牛指"	沪深 300	年　份	"牛指"	沪深 300
2005	-5	-8	2012	20	8
2006	221	121	2013	26	-8
2007	168	162	2014	91	52
2008	-60	-66	2015	32	6
2009	111	97	2016	-24	-11
2010	-12	-13	2017	-7	22
2011	-31	-25	2018	-26	-25

数据来源：根据 Wind 数据整理，指数不含分红。

2005—2018 年，"牛指"有 10 年涨幅跑赢沪深 300 指数，累计涨幅达 7.33 倍，显著好于同期沪深 300 指数 2.01 倍和中证 500 指数 3.17 倍的涨幅。在 2006—2007 年、2009 年、2014—2015 年等牛市阶段，"牛指"的涨幅更是显著好于指数，进攻性明显。当然，由于组合的弹性较大，在 2008 年、2011 年、2016—2018 年等年份也出现较大的跌幅。

如果采用"一进二退法"对"牛指"进行增强操作，也能借助仓位择时提升业绩，减少波动，但是由于指数的业绩不如"巴菲特指数"稳定，效果稍差，如表 7-7 所示。

使用"一进二退法"后，2006—2018 年组合的累计收益可以从 7.8 倍提升至 24.58 倍，年化收益率从 18.2% 提升至 28.32%，最大年度跌幅从 59.76% 下降至 26.26%。

此外，鉴于该指数的高波动性，还可以借助定投和"二八轮动"策略实施增强，这里不再一一演示。

表 7-7　"牛指"使用"一进二退法"增强的表现　　单位：%

年　份	"牛指"	中证国债	一进二退	轮动信号
2006	221.05	2.84	221.05	牛指
2007	168.01	-2.44	82.79	5∶5
2008	-59.76	16.83	16.83	中证国债
2009	111.27	-1.83	111.27	牛指
2010	-12.19	1.93	-5.13	5∶5
2011	-30.93	6.85	-12.04	5∶5

续表

年　　份	"牛指"	中证国债	一进二退	轮动信号
2012	19.65	2.64	19.65	牛指
2013	26.32	-2.81	26.32	牛指
2014	90.54	11.07	90.54	牛指
2015	31.65	7.87	19.76	5∶5
2016	-23.84	2.55	-10.64	5∶5
2017	-6.88	-1.87	-6.88	牛指
2018	-26.26	8.64	-26.26	牛指
累计收益	779.53	63.76	2 457.68	—
年化收益率	18.20	3.87	28.32	—

备注：相关数据根据 Wind 数据整理，均不含分红。

7.5　基金轮动方法

鉴于上文提到的"巴菲特指数"（为了与"牛指"对应，下面改称"熊指"）在各个市场阶段都表现不错，只有在大熊市表现不佳，而"牛指"在牛市表现更为出色，但也抵御不了熊市的暴跌，只有国债指数能在熊市取得不错的业绩。而牛市容易在估值较低的基础上出现，熊市容易在高估值之后出现。

从标普 500 和恒生指数的市盈率波动区间看，15 倍大致为一个中位数，在 20 倍以上属于偏高区域。我国的沪深 300 指数是大中盘股票代表，估值也呈现类似的特征。考虑我国成长性较高的估值，我们可以制定一个带估值择时信号的交易策略。

（1）每年年底观察，当沪深 300 指数市盈率低于 15 且经历熊市时（年度跌幅大于 20%），次年满仓"牛指"，直至累计盈利超过 100%。

（2）如果"牛指"累计盈利超过 100%，但沪深 300 市盈率仍低于 40，则满仓"熊指"，直至信号（1）出现或者盈利超过 100%。

（3）如果沪深 300 市盈率高于 40 倍或者"熊指"投资收益超过 100%，则满仓中证国债。

上述策略的年度涨跌情况如表 7-8 所示。

表 7-8 "牛熊指轮动组合"策略演示　　单位：%

年份	"牛指"	"熊指"	中证国债	沪深 300 年初估值	轮动信号	轮动组合
2006	221.05	149.47	2.84	14.27	牛指	221.05
2007	168.01	190.30	−2.44	32.32	熊指	190.30
2008	−59.76	−53.63	16.83	43.41	国债	16.83
2009	111.27	111.91	−1.83	12.93	牛指	111.27
2010	−12.19	15.53	1.93	28.49	熊指	15.53
2011	−30.93	−18.44	6.85	15.34	熊指	−18.44
2012	19.65	7.54	2.64	10.45	牛指	19.65
2013	26.32	7.37	−2.81	11	牛指	26.32
2014	90.54	22.92	11.07	8.92	牛指	90.54
2015	31.65	37.73	7.87	12.91	熊指	37.73
2016	−23.84	14.68	2.55	13.67	熊指	14.68
2017	−6.88	54.23	−1.87	12.91	熊指	54.23
2018	−26.26	−26.46	8.64	14.3	国债	8.64
累计收益	779.53	1 604.73	63.76	—	—	16 420.75
年化收益率	18.20	24.38	3.87	—	—	48.21

备注：相关数据根据 Wind 数据整理，均不含分红。

根据测算，使用上述估值择时信号的轮动策略的"轮动组合"在 2006—2018 年间的累计收益率达 164.21 倍，显著高于"牛指"和"熊指"，年度收益率达 48.21%，而年度最大跌幅仅为 18.44%。

上述策略类似查理·芒格说的一句话："**当成功概率很高的时刻，下最大的赌注，而其余时间按兵不动。**"

由于上述择时信号是低频择时，年度内可能出现最大 30% 左右的回撤。投资者可以结合自己的风险承受能力，改进上述投资策略，形成自己的投资体系。风险承受能力较弱的投资者可以多配置债券基金，只配置一定比例的上述投资组合。

7.6 龙头股增强策略

由于指数基金按照指数权重进行配置，会将部分质量不佳的个股囊括其中，且为了应对日常的基金申赎，多数指数基金并不能100%进行股票配置，长期收益率常跑输对应的指数。如果投资者风险承受能力较强，且对行业个股比较熟悉，也可以使用龙头股的策略对上述组合进行增强。在龙头股的选择上，尽量选取行业指数权重股中业绩增速靠前且经营稳健的个股，防止可能出现的黑天鹅。

下面在"熊指"和"牛指"组合的各行业指数中，分别选取上市时间较长的权重股构建龙头股增强组合，如表7-9所示。

表7-9 龙头股增强版组合演示 单位：%

年份	中信证券	用友软件	万科A	"牛指"增强	贵州茅台	恒瑞医药	格力电器	"熊指"增强
2006	434	221	267	307	341	259	124	241
2007	227	71	182	160	163	131	316	203
2008	-59	-12	-64	-45	-52	-19	-40	-37
2009	80	65	68	71	57	64	126	82
2010	-39	11	-23	-17	9	36	-4	14
2011	-20	-22	-8	-16	17	-26	-3	-4
2012	43	-33	37	16	10	13	51	25
2013	-2	43	-19	7	-37	39	33	12
2014	169	107	83	120	67	9	19	32
2015	-42	64	82	34	29	71	27	42
2016	-15	-34	-12	-20	56	11	19	29
2017	15	2	56	25	112	82	86	93
2018	-9	31	-20	1	-14	0	-18	-11
累计收益	1 111	1 902	1 682	2 420	4 636	6 495	6 347	7 422

注：相关数据根据Wind数据整理，个股涨跌为前复权数据。

仍取 2006—2018 年间的数据进行分析，我们看到"牛指"增强累计收益率为 24.2 倍，显著高于"牛指"7.8 倍的涨幅，同时年度跌幅最大跌幅也从 59.76% 缩小至 45%。由于龙头股超强和超稳的业绩增速，"熊指"增强累计收益率为 74.22 倍，也显著高于"熊指"16.05 倍的涨幅，年度最大跌幅也从 53.63% 缩小至 40%。

当然，站在当前写作、分析的角度看，上述选择带有一定的后视镜效应。不过该策略从原因上来看，主要是龙头股的业绩在起作用，且上述多数龙头股的地位非常稳固，在这十余年间基本没有发生变动。

如果将本书 7.5 节的"基金轮动方法"的大盘择时信号套用在龙头股增强上，会取得怎样的投资效果呢？如表 7-10 所示。

表 7-10 龙头股增强版的轮动组合演示　　　　　　　单位：%

年　　份	牛指增强	熊指增强	中证国债	轮动信号	轮动增强
2006	307	241	3	牛指	307
2007	160	203	-2	熊指	203
2008	-45	-37	17	国债	17
2009	71	82	-2	牛指	71
2010	-17	14	2	熊指	14
2011	-16	-4	7	熊指	-4
2012	16	25	3	牛指	16
2013	7	12	-3	牛指	7
2014	120	32	11	牛指	120
2015	34	42	8	熊指	42
2016	-20	29	3	熊指	29
2017	25	93	-2	熊指	93
2018	1	-11	9	国债	9
累计收益	2 420	7 422	64	—	28 323

注：相关数据根据 Wind 数据整理，增强组合使用的龙头股涨跌为前复权数据。

参照牛熊指轮动的估值和指数信号，在"牛指"增强、"熊指"增强和中证国债组合之间进行轮动，效果令人吃惊。"轮动增强"在 2006—2018 年间的累计收益率达到惊人的 283.23 倍，年化收益率达

54.43%。从涨跌幅的分布看,上述"轮动增强"基本在每轮牛市中都能抓住涨幅最大的行业龙头,而在大的熊市阶段又能巧妙躲开,整体的收益分布较为均衡。

实践中,可能因种种因素不能达到上述效果,但是其估值择时思路和牛熊指轮动思路具有很好的借鉴意义。

第8章
家庭资产的配置

> 资产配置，是投资人所能做的最重要投资决策。
>
> ——美国投资家查尔斯·埃利斯（Charles Ellis）

三位美国学者加里·布林森、兰道夫·胡德与吉尔伯特·比鲍尔于 1986 年 7 月在《财务分析月刊》（Financial Analysts Journal）期刊发表一项研究：**基于对 91 个大型退休基金 1974 年至 1983 年的业绩来源分析，资产配置贡献了投资业绩的 93%。**

投资中，很多策略需要冒一定风险才能获取收益，但是通过对多种不同风险和收益特征的资产进行合理配置，可以在保持风险不变甚至降低风险的情况下，达到同样或更好的收益。家庭资产如同我们的粮仓，既需要应付眼前的吃喝玩乐，也需要为未来的买房、教育、养老等提供保障，还需要对可能发生的风险进行防御，本章我们一起来看看如何借助资产配置捍卫自己的家庭财富。

饮食中，套餐非常流行。小小的一份套餐，搭配着香喷喷的鸡肉、鱼肉，新鲜爽口的青菜，清香四溢的炖汤，让人付出比较小的代价就能摄取一顿大餐才能提供的营养。

家庭资产配置就如同一份针对家庭资产的套餐。通过诊断家庭的财务状况，梳理未来的收支安排，为各类资产制定防御、稳健或激进的投资策略，在抵御通货膨胀、保持家庭生活水平的前提下，较好地满足未来的各项支出要求。

8.1 资产配置的目的和特点

家庭资产可以看成是一个"钱包"，包内有现金类资产、保险类资产、债券类资产、房地产、基金和企业股权等，此外每个月的收入会增加"钱包"的价值，而开支则会消耗"钱包"的价值。我们进行家庭资产配置的目的是保证财务稳健、适度增长，满足未来的支出需求。

投资中，如果一项资产价值下跌50%，那需要上涨100%才能回本，即造成的损失往往需要花费更多的努力才能挽回。对于家庭资产的配置而言，我们应当极力避免重大损失，特别是永久性本金损失。为了实现这一目标，我们需要提前制订投资计划，熟悉投资资产的风险特征，做好风险防控措施。

例如，某知名歌星在金融危机中，因为持有雷曼债券损失4 000万港币，但这只占其资产的2%，对家庭影响并不大。而另一位知名影星将所有的资产都用来炒楼，不幸遇到金融危机，花了很多年才慢慢把债务还清，还因钱的问题得罪不少朋友。前者显然比后者在资产配置上高明很多、稳健很多。

纸币本身没有多少价值，长期有贬值趋势。我国第一套人民币在1955年停止使用前，单张最大的面值为5万元，最小面值为1 000元，买个馒头都需要几千元。在兑换第二套人民币时，按照1∶10 000兑换，最大面值为10元，最小面值为1分。到1999年首发第五套人民币时，最大面值提高至100元。时至今日，1元以下的货币已经很少能看到了，从中可以感受到货币的贬值趋势，即"钱不值钱"。实际生活中，可以使用消费者物价指数（CPI）来衡量消费物价的整体涨幅或钱的贬值速度。

根据国内数据，2008—2019年，消费者物价水平的年均增幅为2.88%，如果理财收益低于该水平，购买力会持续下降。衡量物价的CPI由烟酒食品、衣着、生活用品、医疗保健、交通通信、娱乐教育、居住和其他这八大类加权构成，权重较高的食品和居住占比均在20%上下。如果家庭消费支出结构与CPI构成差异较大，个人的消费支出涨幅可能超过CPI涨幅。此时代表货币总量的M2与代表生产总量的GDP增速之差可以更全面地衡量整体物价上涨的幅度。2008年至

2019年一季度，"M2-GDP"的增速差累计达113.76%，年均增速为6.99%。该数值可以作为家庭财产适度增值追求的目标值。上述指标的变动情况如表8-1所示。

表8-1　2008年至2019年一季度物价变动情况表　　　单位：%

年　份	消费者物价指数CPI	国内生产总值GDP	货币和准货币M2	M2-GDP
2008	7.1	9.7	18.88	9.18
2009	1	9.4	18.79	9.39
2010	1.5	10.6	25.98	15.38
2011	4.9	9.5	17.2	7.7
2012	4.5	7.9	12.4	4.5
2013	2	7.8	15.9	8.1
2014	2.5	7.3	13.2	5.9
2015	0.8	6.9	10.8	3.9
2016	1.8	6.7	14	7.3
2017	2.5	6.9	10.7	3.8
2018	1.5	6.6	8.6	2
2019	1.7	6.4	8.4	2
累计涨幅	36.62	150.87	406.13	113.76

数据来源：东方财富网，CPI均为每年1月的同比涨幅；GDP和M2为年度同比涨幅，其中2019年GDP增速取一季度数值，2019年M2数值取1月数值。

如果我们未来有购房或换房需求，则需要结合当地的经济和人口变化情况，进一步调高理财目标。长期来看，房屋价格主要取决于当地的经济发展状况和人口增长情况，在上述两个因素占优的一二线城市上涨的幅度较快。以广州为例，2010—2018年间，某地产中介数据显示，比新房价格更真实的二手房均价累计上涨125%，年均涨幅为9.43%，大约每7.6年翻一番，快于全国同期GDP和房价涨幅。

除购房支出外，教育费用和医疗费用也是增长较快的消费支出。美国CPI细项数据显示，2000年至今，美国居民消费支出中增长最快的两个细项就是教育支出和医疗保健支出。

8.2 资产配置策略

目前流行的家庭资产配置模型主要有标准普尔家庭资产配置模型、生命周期模型和目的导向模型，分别适用于不同阶段和情况的家庭。下面逐一进行介绍。

8.2.1 标准普尔家庭资产配置模型

标准普尔家庭资产配置模型是标准普尔公司在调研了十几万个中产家庭的资产配置情况后，总结出的一套资产配置指导模型。按照该资产配置模型配置资产的家庭，财务状况基本都比较健康，该模型对于绝大多数中产家庭的资产配置都有较好的指导意义。

该模型将家庭资产分成四个账户匹配未来的需求，进行单独管理，按年实施动态调整。

(1) **消费账户（占比 10%）**。该类账户主要用于满足未来 6 个月内的各项消费开支，包括衣、食、住、行、教育等支出。该类账户的特点是要求随时能支取，不能有亏损，占比一般为家庭可自由支配财产的 10%。家庭可自由支配财产是指可以用来投资的各项存款、基金、股权、住房等，不包括满足自住需求的房产。

(2) **保障账户（占比 20%）**。该类账户主要用于满足日常医疗、重大疾病和意外事故等家庭保障性支出，防止意外事故给家庭财产造成的重大冲击。该类账户的特点是保障要充分，适度追求未来 7～12 个月的保守理财收益，占比一般为家庭可自由支配财产的 20%。

(3) **增值账户（占比 30%）**。该类账户主要用于保证家庭资产的长期增值需求，通常 3 年内不会使用。该类账户资产可以承受较大的风险，获取较高的投资收益，一般占比为家庭可自由支配资产的 30%。

（4）保值账户（占比40%）。该类账户主要用于应对可能性较小的偶发支出、未来1～3年可能发生的大额支出，同时追求家庭财产的稳健增长。该类账户资产可以承受适度的风险，获取稳健的投资收益，一般占比为家庭可自由支配资产的40%。

该模型简单易懂，又被称为"1234"资产配置法则。该模型的不足之处是，并未考虑该家庭是否达到中产阶层、当前处于什么阶段、未来有什么特色支出需求等。

对于中产阶层的定义非常多，各地的生活水平和工资水平差异也非常大，具体怎样才算中产阶层呢？笔者认为，我们可以反向思考，满足如下条件的家庭可以参照上述模型配备资产。

（1）居住无忧，有一套满足居住需求并还完贷款的住房；

（2）收入稳定，并能拿出30%以上收入用于3年以上的投资；

（3）基本有保，社会基本保险足额缴纳。

其中，条件（1）决定了你基本解决了最大开销的居住问题，有闲余资金理财；条件（2）决定了你可以进行相对长期的持续投资；条件（3）决定了家庭基本有保障。对于尚未达到中产阶层的家庭，虽然也可参照该模型进行资产配置，但是资产配置比例需要结合自己的特色需求进行调整。

8.2.2 生命周期模型

家庭生命周期最初由美国学者P.C.格里克于1947年首次提出，其后被很多学者不断完善。该理论的基础是，家庭会经历从单身过渡到结婚生育的形成期、从子女出生到独立的成长期、从子女独立到夫妻退休的成熟期，以及从夫妻退休到离世的衰退期。每个阶段家庭的收支情况以及资产负债表情况差异较大，需要结合各阶段的家庭财务情况，制定针对性的理财规划。结合我国当前的实际情况，各阶段家庭的收支和资产负债特征如表8-2所示。

表 8-2　不同阶段家庭的收支和资产负债特征

周期	单身期	形成期	成长期	成熟期	衰退期
对应阶段	参加工作到结婚	结婚到子女出生	子女出生到独立	子女独立到夫妻退休	夫妻退休到离世
大致年龄段	18～30岁	25～40岁	30～55岁	50～65岁	55～90岁
收支特征	收入快速增长，支出相对稳定，盈余增加	收入逐步增加，支出快速增加后稳定，盈余阶段性增长	收入逐步增长，支出趋于稳定，盈余稳步增长	收入达到高点，支出显著下降，盈余快速增加	收入快速下降后稳定，支出逐步增加，需要用资产补贴支出
资产负债特征	资产逐步增加，基本无负债	购房负债较多，资产阶段性增长	资产稳步增长，房贷压力逐步减轻	资产快速增加，大额负债逐渐消失	资产逐步下降，基本无负债

资料来源：根据网络信息加工整理。

（1）在单身期，有了独立的收入来源，无大额负债。随着工作经验的增长，收入快速增长，而支出基本稳定，家庭的盈余也快速增长。在此阶段，可以使用较大比例的资金进行相对高风险的投资，以获得更高的中长期投资收益，为未来家庭形成阶段的购房支出、结婚支出等积累本金。该阶段适合多配置高风险的理财产品，也能为后期投资理财积累丰富的实战经验。在该阶段，可分配10%～20%的资产用于满足日常开支和保障需求，10%～20%的资产用于保值性资产配置，将剩余60%～80%的资产用于高风险高收益的增值投资。

（2）在形成期，购房、结婚和子女抚养等支出快速增加，家庭负债上升较快，但支出在购完房、孩子上幼儿园之后逐步稳定。该阶段工作收入会随着职业进入黄金期而出现阶段性的增长，相应的家庭盈余也会经历先减少后阶段性增长的波动特征。该阶段，可分配10%～20%的资产用于满足日常开支和家庭保障，20%～30%的资产用于稳健的保值性资产配置，50%～70%的资产用于增值投资。

（3）成长期，收入保持稳定并呈现阶段性增长，家庭开支趋于稳定，房贷压力逐步减轻，财富盈余逐步增多。该阶段，可分配10%～20%的资产用于满足日常开支和家庭保障，30%～40%的资产用于稳健的保值资产配置，40%～60%的资产用于增值投资。

（4）成熟期，收入逐步达到职业顶峰，随着子女的独立，家庭开支显著下降，房贷还款逐步结束，家庭盈余出现快速增长。该阶段最适合积累财富，为未来的养老金储备打好基础。该阶段，可分配20%～30%的资产用于满足日常开支和家庭保障，40%～50%的资产用于稳健的保值资产配置，20%～40%的资产用于增值投资。

（5）衰退期，退休后收入锐减至只有退休金，而开支随着健康问题的出现不断增加，每月的盈余会由正转负，需要不断变卖资产支持日常开销。该阶段，可分配30%～40%的资产用于满足日常开支和家庭保障，50%～60%的资产用于稳健的保值资产配置，0～20%的资产用于增值投资。

家庭不同生命周期阶段的资产配置建议如表8-3所示。

表8-3 家庭不同生命周期对应的配置建议表

阶段	日常开支和保障需求	保值投资	增值投资
单身期	10%～20%	10%～20%	60%～80%
形成期	10%～20%	20%～30%	50%～70%
成长期	10%～20%	30%～40%	40%～60%
成熟期	20%～30%	40%～50%	20%～40%
衰退期	30%～40%	50%～60%	0～20%

8.2.3 目的导向模型

家庭资产配置的一个主要目的是为了应对支出，特别是一些刚性需求的大额支出，如购房、教育、养老等。不同开支需求对应的资金需求量以及驱动涨跌幅因素不同，我们需要制定针对性的策略才能保证用于该部分的资金在稳健的基础上保值增值。

根据巴菲特的名言——"**嘴在哪里，钱就在哪里**"的投资思路，我们可以将上述资金配置在与需求相匹配的基金和股票上，实现保值增值的目的，这里重点选取家庭常见的大额资金需求并提供对应的资产配置建议。

1. 购房基金的构建

从历史数据看，房屋的价格主要取决于货币增速、GDP 增速和人口净流入量等因素，局部会受区域政策（土地供应、购房政策等）和品牌升级等因素的影响。先来看下我国住宅售价和常见指标的对比，如表 8-4 所示。

表 8-4　住宅售价与各指数的涨跌情况表　　　　　单位：%

年份	住宅售价（元/平方米）	住宅涨幅	M1 增速	GDP 增速	万得全 A	万得地产
2000	1 948	—	16	8.4	57.14	53.84
2001	2 017	3.54	12.7	8.3	-23.89	-26.07
2002	2 092	3.72	16.8	9.1	-19.67	-20.47
2003	2 197	5.02	18.7	10	-3.49	-19.38
2004	2 608	18.71	13.6	10.1	-16.62	-24.41
2005	2 937	12.61	11.8	10.3	-11.52	-6.48
2006	3 119	6.21	17.5	12.7	111.9	161.22
2007	3 645	16.86	21.1	14.2	166.21	169.6
2008	3 576	-1.9	9.1	9.6	-62.92	-65.3
2009	4 459	24.69	33.2	9.11	105.47	113.28
2010	4 725	5.97	21.2	10.45	-6.88	-23.06
2011	4 993	5.68	7.9	9.3	-22.42	-22.49
2012	5 430	8.75	6.5	7.75	4.68	32.19
2013	5 850	7.74	9.3	7.69	5.44	-11.95
2014	5 933	1.42	3.2	7.3	52.44	74.12
2015	6 473	9.1	15.2	6.9	38.50	53.32
2016	7 203	11.28	21.4	6.7	-12.91	-19.1
2017	7 614	5.71	11.8	6.9	4.93	3.54

备注：住宅售价取国家统计局公布的住宅商品房平均售价，单位为元/平方米；M1 和 GDP 增速取自国家统计局；万得全 A 和万得地产（882011）涨跌数据来自 Wind。

从国家统计局公布的数据看，全国住宅售价涨幅超过 10% 的年份，通常在货币 M1 加速增长阶段或者 GDP 加速增长阶段，部分涨幅较大的一二线城市还会受到人口流入和区域政策等影响。根据国际经验，大类资产中，同样受上述因素影响，并且长期收益率可以堪比房价的只有股票指数和股票。我们从表 8-4 可以看出，股票对货币和经济的反应更为敏感，除2004—2005年外，其余几次房价大幅上涨前，股票价格已经提前开始上涨，而且涨幅惊人。

以全国住宅商品房售价为例，2017年相对2005年、2000年分别上涨159%和291%，同期万得全A涨幅分别为561%和188%，万得地产涨幅分别为709%和171%。在市场估值较高的2000年投资股市，股票指数涨幅会落后于同期房价涨幅；而在估值较低的2005年投资，股票指数涨幅会显著高于同期房价涨幅。如果使用龙头地产企业作为投资对象，则收益更加惊人。万得数据显示，万科A前复权价格在上述时间段的涨幅分别为21.31倍和32.58倍，均显著高于同期的全国商品房售价，即便与一线城市的房价相比也毫不逊色。

我们可以参照第7.5节的基金轮动思路，构建"购房基金"投资组合（历年涨跌见表8-5）。组合的设计思路如下：

（1）每年年底监测，沪深300指数市盈率低于15，且经历熊市时（沪深300指数年度或近两年累计跌幅大于20%），次年"购房基金"满仓万得地产指数，直至累计盈利超过100%。

（2）每年年底观察，"购房基金"满仓万得地产累计盈利100%以后，调整为"万得地产30%+中证金融债70%"，直至触及条件（1），或者达到条件（3）。

（3）如果某年底万得地产指数自新调仓后累计涨幅再次超过100%，则次年"购房基金"满仓中证金融债。

表8-5 "购房基金"历年涨跌及投资信号　　　　　　　　单位：%

年　份	住宅涨幅	万得地产	中证金融债	购房基金	投资信号
2003	5.02	-19.38	3.17	3.17	金融债
2004	18.71	-24.41	0.06	0.06	金融债
2005	12.61	-6.48	8.70	8.70	金融债
2006	6.21	161.22	3.15	161.22	万得地产
2007	16.86	169.60	-1.46	49.86	3∶7
2008	-1.90	-65.30	14.09	14.09	金融债
2009	24.69	113.28	-0.67	113.28	万得地产
2010	5.97	-23.06	2.73	-5.01	3∶7

续表

年　份	住宅涨幅	万得地产	中证金融债	购房基金	投资信号
2011	5.68	-22.49	5.14	-3.15	3∶7
2012	8.75	32.19	2.08	32.19	万得地产
2013	7.74	-11.95	-1.81	-11.95	万得地产
2014	1.42	74.12	11.98	74.12	万得地产
2015	9.10	53.32	8.51	21.95	3∶7
2016	11.28	-19.10	0.55	-5.35	3∶7
2017	5.71	3.54	-0.64	0.61	3∶7
累计涨幅	263.96	361.06	69.88	2 214.70	—

数据来源：Wind。

由于中证金融债自2003年才有数据，我们自该年度开始比较相关的数据。数据显示构建的"购房基金"整体表现出色，期间累计涨幅为22.15倍，显著高于住宅指数263.96%的涨幅。同时，"购房基金"年度最大跌幅仅为11.95%，处于相对可控的状态。

"购房基金"整体上在股市熊市阶段略微跑输住宅涨幅，但是在牛市阶段能快速赶上并超过住宅涨幅。从过往规律看，除2004—2005年以外，"购房基金"每次上涨100%以后，房价接下来都会有不错的表现，通过"购房基金"组合，能够借助股市的良好表现快速积累购房资产。

目前没有专门的基金跟踪万得地产，但是跟踪地产行业的基金有4只，分别为招商沪深300地产等权重分级（代码为161721，跟踪沪深300地产等权重指数）、鹏华地产分级（代码为160628，跟踪中证800地产）、国泰国证房地产行业指数（代码为160218，跟踪国证地产）和南方房地产ETF联接基金（A类为004642，C类为004643）。其中，前两者跟踪地产龙头股，长期表现更为稳定，可以作为备选基金。

当然，只用万科A这类龙头股作为指数的替代产品长期收益更高，只是需要承担个股相关的黑天鹅风险，也难以避免后视镜效应。作为一种稳健的投资组合，即便配置龙头股也需要适当控制权重。

2. 教育基金的构建

A股有一个教育服务指数（882574），该指数成立时间较晚，Wind最早仅展示2011年4月的数据。该指数在2012—2015年间最大涨幅达到11.73倍，但是在其后的熊市阶段，最大跌幅也达到79.9%，波动非常大。由于国内培训机构龙头新东方和好未来等均在海外上市，国内上市的教育企业较小，代表性不强。

由于教育跟医药、食品饮料等必需消费较为接近，我们可以通过借助上文提到的"熊指"（"巴菲特指数"）构建"教育基金"。除了7.3节提到的"一进二退"增强法之外，这里参照"购房基金"调仓信号和资产配置方法展示更为稳健的一种组合，只是股票指数选择"熊指"，如表8-6所示。

表8-6 "教育基金"历年涨跌及投资信号 单位：%

年份	熊指	中证金融债	教育基金	投资信号
2005	-5.00	8.70	8.70	金融债
2006	149.47	3.15	149.47	熊指
2007	190.30	-1.46	56.07	3∶7
2008	-53.63	14.09	14.09	金融债
2009	111.91	-0.67	111.91	熊指
2010	15.53	2.73	6.57	3∶7
2011	-18.44	5.14	-1.93	3∶7
2012	7.54	2.08	7.54	熊指
2013	7.37	-1.81	7.37	熊指
2014	22.92	11.98	22.92	熊指
2015	37.73	8.51	37.73	熊指
2016	14.68	0.55	14.68	熊指
2017	54.23	-0.64	15.82	3∶7
2018	-26.46	9.89	-1.02	3∶7
累计涨幅	1 519.50	80.83	2 676.30	—

数据来源：Wind。

"熊指"最早时间可以追溯至2005年。根据测试结果，2005—2018年期间，组合的累计收益率为26.76倍，且整体分布相对均匀，年度最大跌幅仅为1.93%，表现稳健。

"教育基金"年化收益率达23.09%,且期间按照3年一个周期(与初中、高中等学制周期类似)看,平均涨幅为131.81%,最小涨幅为12.39%,最大涨幅为344.21%,实现了稳赚基础上多赚的目的,能够满足教育基金增值的目标。为了确保各阶段交易费用更有保障,防止在行情不佳的背景下被迫筹集资金,笔者建议在资金使用前2～3年逐步多配置风险更低的资产,如超短债基金、纯债基金或者"年年赚债券"组合等。

3. 养老基金的构建

养老金可以说是未来养家糊口的钱,一方面在距离退休年龄较长时,可以适当进行高风险高收益的理财;另一方面随着退休年龄的临近,需要逐步过渡到低风险低收益的理财。

虽然有些策略通过资产配置和自动减仓等措施可以控制组合的波动,但是过高的权益占比是高波动的隐患,不能排除在极端情况下为组合带来较大的损失。例如,"蛋卷安睡全天候"组合在2018年年内最大回撤达21.62%,对于一个年化收益率在8%上下的组合,该波动对于稳健型客户而言过大。

我们可以通过以下措施对组合的收益进行改进:

(1)优选自身波动较低的资产作为底层配置;

(2)降低高波动资产的占比,对于希望回撤不超过10%的组合,权益类资产占比一般不宜超过30%;

(3)在估值较高的风险区域清仓股权类资产;

(4)缩短观察周期,由按年实施组合的动态平衡调整为按季度进行动态平衡。

这里按照以下原则构建"养老基金":

(1)优选波动较低的"熊指"作为权益资产,中证国债作为稳健的债券资产;

(2)两个资产的初始配置为"'熊指'30%+中证国债70%";

(3)每季度末实施资产的再平衡;

(4)沪深300指数市盈率在10倍以下,"熊指"和中证国债的占比调整为 50%：50%，10～20 倍以下维持 30%：70% 的比例，20～30 倍之间调整为 20%：80%，30～40 倍调整为 10%：90%，40 倍以上全仓中证国债指数。

假定在 2005 年初分别投资 1 元在"养老基金"和沪深 300 指数上，两者的资产走势如图 8-1 所示。

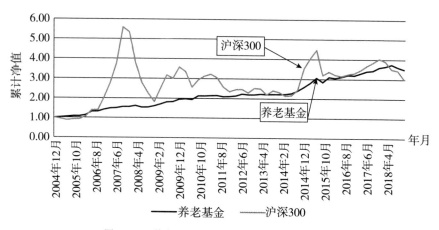

图 8-1 "养老基金"与沪深 300 指数走势对比图

数据来源：根据 Wind 数据整理，指数均不含分红。

构建的"养老基金"在 2005—2018 年间，累计上涨 251%，年化收益率为 9.38%，其中，单季度跌幅超过 5% 的仅有两次，最大跌幅为 7.12%。如果按年观察，"养老基金"组合仅在 2018 年和 2011 年出现 -2.45% 和 -1.26% 的轻微亏损，整体表现非常稳健。

由于市场一个牛熊周期大约为 5 年，距离退休时间较长的投资者，可以调高上述组合的股票类资产配比，每隔 5 年在遇到牛市时降低股权类资产的占比，进一步提高组合的收益率，类似对组合实施生命周期管理。例如，1980 年出生的投资人小明，在 2011 年时仅 31 岁，可以在沪深 300 市盈率 30 倍以下各档次的"熊指"占比提高 40%（沪深 300 市盈率在 30 倍以上时，"熊指"占比不变），在沪深 300 指数市盈率处于 10～20 倍时配置 70% 的"熊指"和 30% 的国债；从 2016 年（36 岁）开始，各档次"熊指"占比提高 30%，在沪深 300 指数市盈率处于 10～20 倍时配置 60% 的"熊指"和 40% 的国债。

经过上述调整，组合的波动会加大，但每年的收益率大概可以提高 2 个百分点。

8.2.4 机构投资的配置启示

机构投资者配置了大量的研究人员，各类决策比较理性，我们可以从机构的资产配置思路借鉴经验。下面优选了诺贝尔基金、耶鲁大学基金和中国社保基金三个机构的资产配置策略进行简要分析。

1. 诺贝尔基金

1895 年 11 月 27 日，著名科学家阿尔弗雷德·诺贝尔在签署的遗嘱中声明：将大部分财产用于设立基金，进行安全可靠的投资；每年用基金产生的利息作为奖金，奖励那些在此前一年为人类做出卓越贡献的人。1900 年基金成立之初，用于设立诺贝尔奖的遗产约为 3 100 万瑞典法郎，作为支付物理学、化学、生理学或医学、文学、和平五个诺贝尔奖项的本金。1968 年，瑞典国家银行提供资金，追加了"经济学"奖项。根据基金盈利情况，各年度的诺贝尔单项奖金变动情况如图 8-2 所示。

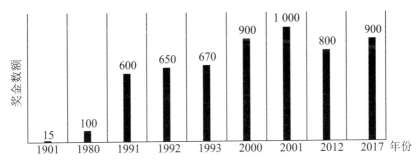

图 8-2　诺贝尔单项奖金

备注：单位为万瑞典法郎，未标识年份的奖金为与距离该年份最近的前一次奖金额一致，例如 2011 年单项奖金与 2001 年一致，均为 1 000 万瑞典法郎。

基金刚设立时，"安全证券"被限定为银行存款、国债和房地产抵押贷款等低风险投资产品，基金投资业绩尚不能跑赢通货膨胀。在考虑通胀的情况下，到 1950 年，基金整体购买力缩水过半。

为了应对不断缩水的困局，必须提高基金的投资收益率。基金董事会经过一番考虑后，将该基金的投资范围扩展到股票、房地产、普通债券和有担保贷款，同时基金会也于 1946 年争取到免税政策。到 2018 年底，诺贝尔基金的资产总额达 40.73 亿瑞典法郎。

根据 2018 年基金年报，该基金的目标是获取每年通胀调整后 3.5% 的回报，以维持奖金支付和基金会各类开支。该基金对各类资产的配置比例如下（基金董事有权调整）：

（1）股票类资产基准仓位 55%，可在 -15% 和 10% 范围内调整；

（2）债券类资产基准仓位 10%，可在 -10% 和 45% 范围内调整；

（3）房地产基准仓位为 10%，可在 ±10% 范围内调整；

（4）另类资产基准仓位 25%，可在 ±10% 范围内调整。

可以看出，为了保持较高的收益，必须维持一定比例的股票类资产（当前标准最低为 40%），而为了降低组合波动，需要配备一定比例的债券类资产、地产和另类资产等。

从实际投资效果看，诺贝尔基金会资产在年年消耗大量奖金的同时（按照 2017 年的奖金水平，5 个最初设立的奖项每年需要支付奖金 4 500 万瑞典法郎），仍保持基金的总规模增长 130.39 倍，增值效果非常好。

从最近 5 年（2014—2018 年）的情况看，基金资产增长 42%，年复合收益率达 7.26%，显著超过设定目标，投资业绩非常靓丽。

2. 耶鲁大学基金

耶鲁大学基金会是长期收益业绩最高的机构之一。基金会成立于 1890 年，当年接受 1.1 万美元，后期陆续接到越来越多的捐赠资金，为了管理这部分资产，实现保值和增值。1985 年该基金会聘任大卫·斯文森，开启了"耶鲁模式"的投资，基金资产取得快速增长，并于 2013 年突破 200 亿美元，每年贡献学校 30% 以上的预算支出。

"耶鲁模式"在资产配置理论的基础上，结合市场判断进行投资，同时提高高收益的权益类资产的占比，在权益类资产内部，通过投资海外股票以及对流动性不佳的另类投资逆势布局等,在控制波动的基础上,获得良好的投资收益。1988年耶鲁大学基金中,美国国内的股票和基金占比曾达到65%,截至2018年底,两者的占比不到10%,另类投资占比则超过40%,变化前后基金的波动率维持稳定,但是预期收益显著提高。从实际投资业绩看,1987—2017年,30年间,扣除通货膨胀和管理费后,耶鲁大学基金会的年化复合投资收益率达12.9%(资产累计增长37.09倍),过去20年和过去10年的年化收益率分别为11.8%和7.4%,整体维持在较高水平。其中,2008年,受金融危机影响,流动性较差的另类投资跌幅较大,2008财年(2008年7月至2009年6月),耶鲁大学基金投资收益为-25%,影响了基金近十年的投资业绩。目前基金已经开始逐步降低另类资产的占比。

需要说明的是,为了保证与支出相匹配,该基金会测算通货膨胀率时,使用了与高等教育相关的一系列商品和服务,该标准比通常的通货膨胀率要高出约1个百分点,也反映出教育费用增速快于普通消费品。

截至2018年6月底(每个财年为上一年7月至本年6月),耶鲁大学基金会的总账面价值为294亿美元。根据2018财年的年报,耶鲁大学基金会将资产分为9类,各自的目标权重(每年根据实际情况微调)和实际权重如表8-7所示。

表8-7 耶鲁大学基金会资产配置权重

资产	目标占比(%)	实际占比(%)
现金	1.5	0.5
绝对收益	26	26.1
固定收益	5	4.2
美国股票	3	3.5
外国股票	15.5	15.3
杠杆收购	15	14.1
自然资源	6.5	7
房地产	9.5	10.3
风险投资	18	19

资料来源:耶鲁大学基金会2018财年年报。

在机构投资者中，耶鲁大学基金会于 1990 年 7 月首次将绝对收益基金单独列为一类资产进行管理。该类基金的目标是利用市场的无效定价，赚取无风险收益。该类投资具体分为事件驱动投资和价值驱动投资，前者借助企业兼并、分拆或破产重组实现套利，后者借助资产对冲获取绝对收益。该类资产与其他组合的相关性很低，在过去 20 年提供了年化 8.3% 的复合收益率。

杠杆收购则是借助大学在管理方面的专业研究，挖掘市场无效的投资机会，重点投资不需要太多资金支持就能持续创造价值的公司。这类资产提供了非常有吸引力的风险调整后长期收益。过去 20 年，该类资产提供了年化 12.1% 的复合收益率。

股票类资产主要是分享国内外经济成长的机会，优选具备卓越管理能力的基金管理人，力争获得超越市场的收益。对于较为有效的国内股票市场，还重点关注费率低、持有股票组合估值低、阶段性表现不佳的基金。过去 20 年，美国股票和外国股票分别提供了年化 11.8% 和 15.6% 的复合收益率。

自然资源和房地产主要用于抵御不可预知的通货膨胀，并提供相对稳定的现金流入。这两者资产均呈现周期性波动特征，在部分年份会提供非常高的投资收益。过去 20 年，自然资源和房地产分别提供了年化 15.2% 和 9% 的复合收益率。

风险投资方面，耶鲁大学基金会重点关注处于创业早期的公司，以风险投资者的角色进行财务投资。基金的风险投资团队表现非常出色，能够广泛接触各类创业团队，准确识别和把握投资机会。特别是在互联网浪潮中，直接或间接投资了亚马逊、谷歌、思科、Facebook（脸书）、Twitter（推特）、Uber（优步）等一系列高科技公司，取得了非常优异的投资业绩。过去 20 年，该类资产提供了年化 165.9% 的复合收益率！

下面是根据年报信息整理的各类投资预期收益率和预期波动率情况，如表 8-8 所示。

表 8-8　各类资产的预期收益率与波动率　　　　单位：%

资产	预期年收益率	预期年波动率	过去 20 年的年化收益率
绝对收益	4.8	8.6	8.3
固定收益	0.5	3	3.9
美国股票	6	18	11.8
外国股票	新兴市场 7.5 发达市场 6	新兴市场 23 发达市场 18	15.6
杠杆收购	10	23.6	12.1
自然资源	6.4	23.9	15.2
房地产	5.5	15	9
风险投资	16.8	37.8	165.9

资料来源：耶鲁大学基金会 2018 财年年报。

3. 中国社保基金

中国社保基金理事会成立于 2000 年 8 月，2001 年 7 月正式开始投资股市，负责管理社会民众的养老金，实现保值和增值，以**稳赚为核心原则**。从基金运行情况看，过去 18 年实现年均 8.44% 的投资收益，累计盈利超过 1 万亿元，18 年间只有 2008 年出现 -6.79% 的亏损（当年上证指数暴跌 65.39%），其他年份全部盈利。

社保基金的投资范围及比例为：

（1）银行存款和国债不低于 50%；

（2）企业债和金融债不高于 10%；

（3）股票和基金不高于 40%。

保持**债权类资产不低于 60%** 注定了稳赚。把握大的赚钱机遇，做最确定的投资，注定了稳健多赚。虽然是机构投资者，但是社保基金一样无法准确预测市场的顶部和底部，但有一条原则是当**市场整体估值严重偏高或偏低时，未来会向均值回归。**

2005 年上证 A 股在 1 000 点附近时，他们判断**属于低估区域，开始分批加仓**，成功把握市场的大底。2005 年初，万得全 A 市盈率为 23.03，不到 2000 年底高点的 1/3，对应点位 773 点。7 个月后，市场见底，万得全 A 的市盈率为 18.88，最低点位 577 点（对应上证 998 点），较年初最大跌幅约为 25%。

2007年4月底，社保基金感觉市场整体估值比较高了，当时万得全A市盈率为42.98，对应2 744点，经过办理手续后于9月下旬（对应上证5 400点）**按周减持，减持一个月后上证见顶**，当年社保基金盈利43.19%。

2007年的成功操作后，社保基金配置了10年期国债和金融债，并在2008年上证下跌至2 000点（**对应上证市盈率约为15倍**）以下**时再次大幅加仓**，两个月后上证见底，最低点位为1 665点，较2 000点仅下跌不到17%，其后一年收获16.12%的涨幅。

社保基金因为稳健，股权仓位不高，单纯的收益率并不惊人，但是对于稳健的投资者具有非常好的指导意义：

市场相对估值能够为加减仓提供较好的指导，只需坚持在相对高估和低估区间操作，就能收获不错的长期投资收益。

此外，社保基金评选管理人，以三年为一个滚动周期，确保不被短期业绩干扰，这也可以作为我们选择基金的一个参考观察期。

其实，机构投资者与家庭投资有不少相似点。它们具有一定的资产，同时每年需要应对一系列开支，投资的主要目的是在资产稳健增长的基础上，获取相对较好的投资收益。从机构投资者的历史经验看，为了应对通货膨胀，获取较好的长期投资收益，资产组合必须纳入一定比例的股票类资产，同时需要根据市场估值和变化进行动态调整。如果家庭条件允许，还可以配置房产和另类投资，在维持特定风险的情况下，获取更好地长期投资收益。在具体的配置比例上，一般的权益类资产范围在40%～60%之间，如果投资水平较高或者权益类资产内部实施进一步的分散投资，可以将参照耶鲁基金的模式，将上述比例提高至90%以上。

8.3 资产配置品种的选择

在明确了家庭资产配置理论和方法后，下面我们对资产配置的品种作进一步分析,这里参照标普家庭资产配置的方式,按照消费账户、保障账户、增值账户和保值账户分别进行分析。

8.3.1 消费账户的投资选择

用于应对日常开支的消费账户特色是支持随时支取,不能有亏损,对投资的流动性要求较高,对收益无特殊要求。按照流动性从高到低(收益从低到高)做个排序,可使用的资金依次为信用卡免息透支额、现金、活期存款、货币基金、超短债基金和短债基金等。

信用卡一般提供最长不低于 50 天的免息期,在本次消费刷卡至账单生成的还款日之间,不用支付利息,到期偿还消费本金即可。信用卡的收费模式是向商户收取收单费用,而对消费者,只要每年达到指定的刷卡次数,即可免费享受免息期。目前绝大多数消费场所都支持刷卡消费,申请了信用卡日常可以不用准备太多的应急资金。当前具备正式工作、有稳定收入且无不良信用记录的人群均可向银行申请信用卡。未按时还款时,信用卡收取的罚息较高,且可能对个人信用造成不良影响,建议设置自动还款并保证还款日账户资金充足。

货币基金投资短期债券和票据的最长到期时间不超过 397 天,平均剩余期限一般不超过 120 天。超短债持有的债券平均剩余时间一般不超过 270 天。短债则投资剩余时间在 0.5~3 年之间的债券,持有剩余时间越短的债券,基金的波动越小,收益越稳健,而持有剩余时间较长的债券,基金的波动越大。整体而言,货币基金、超短债基金和短债基金等都是波动较小,收益稳健的基金,适合作为消费账户的配置资产。

目前许多银行和平台提供一定额度的货币基金随时赎回服务,在流动性上基本与活期存款一致。

我们可以通过几个指数,大致观察下货币基金、超短债基金和短债基金的收益率,相应指数的年度表现如表 8-9 所示。

(1) 货币基金(H11025)。该指数由市场上的所有开放式货币基金组成,按照基金份额进行加权计算得出,可以反映开放式货币基金整体的收益率情况。由于部分开放式货币基金的申购起点金额为500万元（B类），且这类主要针对机构投资者的货币基金收益率更高，实际投资中，普通投资者可以购买的A类货币基金收益率会略低于该指数涨幅。

（2）中证短债（H11015）。该指数由信用级别为投资级且剩余期限在1个月至1年的国债、金融债、企业债和公司债等构成，按照债券的市值进行加权计算。该指数可以作为超短债基金的业绩基准。当然，超短债基金可以适当拉长投资期限，获取高于中证短债指数的收益。

（3）中证3债（H11002）。该指数由信用级别为投资级且剩余期限在1年以上且小于3年的国债、金融债、企业债等构成，按照债券的发行量使用派许加权法综合加权计算。该指数可以作为短债基金的业绩基准。短债基金可以适当拉长投资期限或者上杠杆，获取高于中证债指数的收益。

表8-9 货币基金、中证短债和中证3债的年度涨跌　　单位：%

年　　份	货币基金	中证短债	中证3债
2006	1.89	1.86	2.55
2007	3.36	2.63	1.14
2008	3.56	5.08	9.05
2009	1.42	1.35	0.89
2010	1.82	1.53	1.94
2011	3.55	4.00	4.43
2012	3.97	3.78	3.96
2013	3.95	3.35	1.41
2014	4.60	4.31	8.61
2015	3.62	4.31	6.21
2016	2.61	2.59	2.14
2017	3.84	3.47	2.22
2018	3.75	4.42	6.67
累计收益	51.02	52.06	64.54
年化收益	3.22	3.22	3.90

资料来源：Wind。

8.3.2 保障账户的投资选择

平平安安、顺顺利利是每个家庭的希望,但是生活变幻无常,出其不意的重大疾病、意外事故等会对家庭生活和财产造成较大的冲击。为了应对上述不利情况,我们需要在衣食无忧的日子维护好保障账户,用少部分的支出应对变幻莫测的未来。该账户首要任务是保障充足,其次是适度追求保守理财收益。

在金融产品中,最适合提供保障的产品是保险。保险相当于用一部分可控的收入将"未来收入受损的不可控风险"卖给保险公司。可能导致未来收入受损的风险和保险种类对应关系如表 8-10 所示。

表 8-10 各类保险的特征

收入受损的风险	预计影响	保险种类	建议保额
意外事故	1～6 个月收入	意外险	10 年收入
重大疾病	6 个月～10 年收入	重疾险	10 年收入
身故	5～20 年收入	寿险	10 年收入
财产损失	财产损失程度	财产险	财产价值的 50%

保额是"保险金额"的简称,指出现相应风险时,保险公司提供赔付的最高金额。可以参照如下规则核定保额:

(1)被保险人发生风险事故造成的收入损失和支出费用现值;

(2)被保险人发生风险事故后,需要多少"赔偿"才能保证生活质量不下降。

由于保额越高,支出的保费越多,使用的可能性越小。从性价比经验数据看,人身保险(保障人身伤害造成的费用支出和收入损失等)保额达到年收入的 10 倍已经比较合适,财产险(保障房屋、汽车等财产损失)保额达到财产价值的 50% 比较合适。如果手头宽裕,也可考虑追加保障。

保险产品分为不会返还的消费险(约定时间内不发生风险不返还保费)和会返还的理财险(到约定时间未发生风险,返还保费和理财收益)两种。

从理财角度看，如果自己的理财能力可以做到每年收益5%及以上，可以优先购买消费险；如果自己理财能力一般，很难存下钱，可以考虑购买理财型保险。因重大疾病保险过了一定年龄后，保费会快速增加，甚至不能投保。在经济条件允许的情况下，可以考虑配置保障长期的重疾险，即缴费一段时间可以保障很长时间的保险。

从收入角度看，如果当前盈余比较多，可以考虑购买理财险，年度保费支出控制在年收入的10%以内；如果手头相对紧张，可以购买消费险，年度保费支出控制在年收入的5%以内，并按照意外险（保意外伤害）、重疾险（保重大疾病）、医疗险（超过一定额度的医疗开支报销）和寿险（保身故或养老）的优先顺序依次配置。从补偿家庭收入的角度看，应当优先为家庭收入的贡献主力——青壮年人群配置保险，其次是老年人和孩子。

从购买渠道看，线下购买的好处是咨询比较方便，线上购买的好处是成本比较低。如果自己善于学习和研究，可以在咨询客服和相关人员后，通过线上渠道购买。

购买保险时，需要重点关注保险期限、保险金额、保险范围、告知原则、理赔条件（什么条件能赔）、免责条款（哪些不赔）、受益人（赔给谁）、相关费用等，理财类的保险还需要留意投资范围、投资风险和预期收益等要素。如果购买时，忽略了某些关键要素，在15天以内的犹豫期内退保，只收取少量工本费，过了该段时间会收取较高的退保费，造成不必要的损失。

理财型保险是指将缴纳的保费分成两个账户，一个相当于消费险，提供各类保障，另一个相当于投资账户，用于购买理财产品获取收益，并预留保险公司成本、费用和利润后，将剩余收益返还给投资者。其中，最为知名的分别是万能险、分红险和投连险。

（1）万能险。万能险的特点是保障账户缴费期限灵活，除第一期必须缴纳外，其余各期可缴纳可不缴纳，根据缴费的高低和期限自动调整保障金额。保险收益不用纳税，也不会作为投保人的资产被用来抵偿债务。此外，万能险提供最低收益保障，按月公布收益率（对应投资账户而非保费），按月复利方式计息，收益率会高于一年期定期存款，整体水平与短债相当或略高。如果保险公司理财能力强，超过最低收益的部分，还会与投保人分成。该产品的缺点是相对于保费，保险金额放大的倍数比较小，且一年内退保会被扣取较高的退保费，适合 3 年以上时间持有。

（2）分红险。 分红险是一种带分红的保险。投保人缴纳保费投保后，保险公司预留部分保费做赔偿准备，而将其余资金拿去投资，每年底核算该类保险的可分配盈利，每年将不低于 70% 的收益返还给投保人，相当于按年分红。保险公司的分红来源于三部分：一是投资赚取的收益（利差）；二是发生的赔付低于预期（死差）；三是运营管理费低于预期（费差）。需要说明的是，分红险不承诺最低收益，收益率可能出现较大的波动。此外，分红险保障的范围通常比较小，保障倍数（保险金额/保费）也较低。例如，银行渠道销售的分红险一般只保障身故，部分可附加医疗险，意外身故可以拿到相当于 2～3 倍保费的赔偿，自然身故只能拿到略高于保费的赔偿。该类保险适合于希望获取长期略高于定期存款收益，同时获取小额保障的人群。

（3）投连险。 投连险在提供身故和全残等保障的基础上，投资账户按照投保人的选择进行不同风险收益的管理，不承诺最低收益，可能出现亏损。投资账户类似于一系列基金，激进的客户可以选择股票型账户，普通客户可以选择混合型账户，保守投资者可以选择债券型账户。从保险公司的管理情况看，其风险收益特征与公募基金类似，整体略稳健。

当然，投连险中不乏明星产品，这里简要介绍下累计净值最耀眼的一款产品——康泰进取型投资连结账户。该连结账户成立于 2003 年 1 月 30 日，成立之初净值为 1。截至 2018 年底，该基金累计净值攀升至 29.899 4 元，即 16 年上涨约 29 倍！其累计净值与沪深 300 指数的对比如图 8-3 所示。

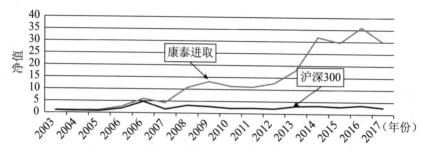

图 8-3 康泰进取型投资连结账户与沪深 300 走势对比图

数据来源：根据康泰保险相关数据整理。

该投连险进取型账户的特点是熊市抗跌，一般跌幅显著小于指数，而在牛市阶段则赶上甚至跑赢指数。例如，2008 年金融危机期间，沪深 300 指数大跌 65.95%，但是该账户仅下跌 25.88%；2018 年，沪深 300 指数大跌 25.31%，但是该账户仅下跌 16.82%；在 2009 年和 2015 年的牛市年份，该账户分别上涨 143.32% 和 76.59%，大幅跑赢沪深 300 指数。

康泰保险公司组建了专门的投资团队，其中既有经验丰富的年长投资者，也有对专业领域熟悉的专家和对新兴事物敏感的年轻投资人。同时制定了系统化的投资策略，根据宏观指标和估值水平确定大类资产的仓位，根据国家政策、资金流向和技术指标确定配置行业和买卖时点。

该投资团队的经典战役有，2013 年该团队从政策支持和行业景气角度出发，买入互联网金融龙头股，3 年内最厉害的股票盈利 10 倍以上，并于 2015 年上半年顺利撤出。2014 年 9 月，该团队从资金、技术角度出发，大量买入证券公司，并在 2015 年一季度顺利撤出。

"康泰进取型投资联结账户"的惊艳表现，让我们坚信，A 股也非常适合投资，只要合理进行大类资产配置，恰当选择行业，就能获取非常优异的投资业绩。

最后的小结：

（1）普通家庭可以使用年收入的 5%～10% 配置保险，按照意外险、重疾险、医疗险和寿险的先后顺序依次配置，优先为家庭的收入贡献主力买保险,其次是老人和孩子。

(2) 保障功能高的保险为消费型保险。

(3) 性价比高的保险为线上渠道销售的保险。

(4) 理财保险相当于同时配备保障账户和投资账户,其中万能险提供最低收益保障,分红险提供收益分成,投连险相当于买基金,保险公司的理财能力对未来收益的高低影响较大。

除了保险产品外,还可以配置短债基金、纯债基金或前文提到的"养老基金",为保障账户增值。

8.3.3 增值账户的投资选择

增值账户着眼于未来的高收益,相当于家庭资产的前锋,正常3年内不会使用,可以冒较大的风险获取高收益。该类资产可以重点配置盈利能力较强的指数基金、策略组合以及优质地段的房地产。

从各地区的历史数据看,优质股权和优质地产都具备非常好的保值和增值能力。决定股权收益的主要是股票盈利能力、估值水平和资产配置策略,决定房地产收益的主要是当地人口变化、交通状况、经济水平、配套设施、土地供应和金融政策等。由于房地产属于不动产,是可靠的抵押物,非常受金融机构欢迎,还可以借助住房贷款上2~3倍的杠杆。其中选择三成首付相当于使用了 1/30%=3.33 倍的杠杆,选择五成首付则相当于使用了 1/50%=2 倍的杠杆。

当前国内还没有真正公开交易的 REITs,如后期有上市产品,也可以作为房地产的替代品进行配置。

下面提供一种优质股权和优质地产的配置思路。优质股权使用本书 7.5 节"基金轮动方法"提到的股债"轮动组合"作为股债类资产的配置,此处称为"股债组合";而优质地产使用深圳二手房作为配置,此处称为"房产组合"。相对于其他城市,深圳的面积较小,市区和郊区的价格差小,其二手房价格走势更能代表优质房地产。

增值账户的配置思路是:日常持有"股债组合",每年年底监测一次，当组合盈利超过 100% 时，以 50% 的首付全部购置房产，持有一年后再次全部换成"股债组合"。在不考虑交易手续费和资产流动性的情况下，"增值账户"的收益情况如表 8-11 所示。

表 8-11 "增值账户"年度涨跌及持仓信号　　　　　单位：%

年　份	股债组合	房产组合	增值账户	信　号
2006	221.05	33.25	221.05	股债组合
2007	190.30	54.62	109.24	房产组合
2008	16.83	-19.23	16.83	股债组合
2009	111.27	31.81	111.27	股债组合
2010	15.53	25.43	50.86	房产组合
2011	-18.44	8.04	-18.44	股债组合
2012	19.65	11.13	19.65	股债组合
2013	26.32	27.05	26.32	股债组合
2014	90.54	3.89	90.54	股债组合
2015	37.73	42.95	85.90	房产组合
2016	14.68	10.96	14.68	股债组合
2017	54.23	4.65	54.23	股债组合
2018	8.64	1.64	8.64	股债组合
累计涨幅	16 420.75	635.68	20 887.27	—

资料来源："房产组合"取房天下深圳二手房价格指数涨跌数据。

2006—2018 年期间，"增值账户"的累计收益率为 208.87 倍，复合年化收益率达 50.87%，按年看仅在 2011 年遭受不到 20% 的下跌。

上述轮动也是基于前文分析的房地产价格涨跌规律：**房地产和股票均对货币发行量敏感，但两者中股票更为敏感**。我们在估值较低且货币政策放松初期持有"股债组合"享受股权和债券的增值收益；在政策放松中期持有"房产组合"享受房地产增值收益，充分享受了两类资产的上涨主波段。

当然，过去的业绩不能代表未来，房地产在实际的交易中流动性比较差，实际效果会打折扣。上述资产配置思路仅供投资者思考和借鉴。

8.3.4 保值账户的投资选择

保值账户主要是应对未来 1～3 年的大额支出，追求家庭财产的稳健增值，能承受一定范围内的亏损，可以使用红利基金、REITs、优质混合基金和优质策略基金代替。

其中，红利基金可以分享股市的增值收益，而 REITs 可以分享地产的增值收益，日常可以按照固定的比例进行配置（具体配置比例可参照桥水"全天候组合"），也可以结合市场估值情况进行配置。

由于 REITs 与房地产价格具有一定的相关性，但是波动幅度较小、流动性更好。此处借鉴 8.3.3 节中股债轮动和房地产轮动的切换信号，在"红利增强"和 REITs 之间进行切换。其中，"红利增强"组合使用 7.2 节"积极的红利战舰"中的"一进二退"股债轮动组合，REITs 使用越秀房产信托基金（港股代码为 00405）代替。每年年底观察，如果调仓以来"红利增强"组合累计盈利超过 100%，则下一年配置 50% 的"红利增强"和 50% 的 REITs，持有一年后再次 100% 持有"红利增强"组合。实施上述策略的"保值账户"年度涨跌如表 8-12 所示。

表 8-12 "保值账户"组合涨跌及持仓信号　　　　　　　　单位：%

年　　份	红利增强	REITs	保值账户	信　　号
2006	101.67	-6.83	101.67	红利增强
2007	114.69	7.44	61.07	5∶5
2008	16.83	-35.09	16.83	红利增强
2009	135.19	80.67	135.19	红利增强
2010	3.38	58.64	31.01	5∶5
2011	-6.67	-16.00	-6.67	红利增强
2012	9.40	17.27	9.40	红利增强
2013	8.87	9.20	8.87	红利增强
2014	60.97	11.03	60.97	红利增强
2015	36.62	14.89	36.62	红利增强
2016	-0.59	5.25	2.33	5∶5
2017	5.65	33.88	5.65	红利增强
2018	-6.41	1.28	-6.41	红利增强
累计涨幅	2 855.15	264.62	2 792.20	—
2009—2018	484.24	461.27	662.13	—

资料来源：REITs 取越秀房产信托基金（港股代码为 00405）前复权涨跌数据。

从构建的"保值账户"涨跌情况看，2006—2018年累计盈利27.92倍，略小于"红利增强"组合的28.55倍。但如果剔除2006—2007年不可复制的超级大牛市以及2008年罕见的熊市，2009—2018年间，"保值账户"的累计收益为6.62倍（年化复合收益率为22.52%），高于单纯持有"红利增强"或REITs，收益率比单纯持有一个组合提升近200%。此外，年度跌幅未超过7%，属于相对稳健且收益可观的组合。

虽然经济生活和资本市场千变万化，但是借助资产配置理论以及各类资产的内在特征，可以构建适合自己的家庭资产配置套餐。实践中，大家可以能根据自己的风险承受能力和营养需求，不断对套餐的原材料（底层资产）和搭配（占比）进行优化，用最舒服的方式让家庭财富增值。

后 记

大 道 至 简

我在工作之余,花了接近一年的时间完成本书写作,算是对12年投资实践和思索的一个沉淀。

在这12年的艰难探索中,我发现基金具备门槛低、上手快、风险可控、收益可观等特征,能很好地帮助广大投资者实现财富的保值和增值,使用合理的策略,能减轻家庭财务压力,大幅改善家庭财务状况。依靠基金相关投资策略的应用,提前完成购房、换房计划。盘算起来,我的理财之路大致分为以下3个阶段。

1. 独上高楼,望尽天涯路

虽然本科读的是金融专业,但是真正接触实战却是临近研究生毕业的事情。遥忆2007年初,在牛腰位置上(当时上证在2 700点左右),我拿着生活费开始了股票投资之旅。当时的投资方法就是听别人推荐和筛选低市盈率股票。

很快,我发现一个问题,别人虽然推荐了股票,但是没说持有到什么时候,也没说中间会下跌多少,只是说能涨。当推荐的股票下跌时，心里完全没底，很是恐慌，很快就忙不迭地斩仓，反复操作两次后，觉得不应该再随便听信别人荐股。

自己筛选的低市盈率个股（当时我理解为"价值投资"）表现还不错，能较为稳定地盈利，也因此开心了一阵，感觉找到了致富的秘籍。为了加强研究，每天坚持看《中国证券报》，周末还买《理财周刊》（现已停刊）仔细研读，坚持写笔记。很快，我又发现一个令人沮丧的现象：自己买的股票经常跑输两个指数基金。

指数是由符合一定条件的股票，按照一定规则计算出来的数字，其涨跌能衡量该类股票的平均涨跌水平。例如，我们平时说的上证指数就是一个由上海A股和B股按照一定规则计算出来的指数。跟踪指数的基金称为指数基金。那时我观察的基金是完全追踪指数涨跌的ETF基金——深100ETF（159901）和中小板（159902）。

股票是自己辛辛苦苦从上千家上市公司中选出来的，跑不赢指数实在令人气馁。当年完全跟踪指数的基金有三个，除了上面提到的两个，还有一个是跟踪上证50的50ETF（510050）。2007年，50ETF上涨135.66%，深100ETF上涨185.33%，中小板上涨149.25%。那时想，如果我从这三个中随便选一个，有2/3的把握比自己从一堆股票中选择涨得快，那何必再去费心研究股票呢？

基金还有另外一个好处——便宜！2007年股票价格多数在10元以上，而几个ETF基金价格普遍在2元上下，对于资金不多的我来说，满仓时空闲的资金可以控制在300元以内（购买的最小交易单位是100份），能让每一分钱都去赚钱。其次，费率也有优惠，买卖不用缴印花税，一个来回比股票少0.2%～0.6%（2007年5月30日，证券交易印花税税率由1‰调整为3‰，买卖都征收），如果买卖各10万元，就会节省200～600元，相当于一顿下馆子的花费。

再后来，我发现还有更划算的基金——封闭式基金。封闭式基金是指在一定年限（封闭期）内，基金公司不直接受理客户买卖，只在交易所交易的基金。由于封闭期间，该类基金的净值（相当于基金的真实价值）可见而不可得（不能直接向基金公司按照净值赎回），该类基金在市场上交易时，通常是打折的，即交易价格低于基金净值。假设我们以七折的价格买入封闭式基金，理论上持有到期的收益 = 期间基金净值上涨 + 打折空间收敛（七折按净值赎回理论收益约为43%）。很显然，买这类基金，会比普通基金多赚一点。

于是我陆续将投资重点从股票转移到ETF指数基金和封闭式基金。随后2008年股灾，给那会儿的我上了一堂生动的风险教育课。当年上证指数暴跌65.39%，购买的ETF指数基金跌幅与指数相当，但是配置的封闭式基金由于存在一定的折价且股票仓位低（当时老封基最高股票仓位为80%），整体跌幅较小，为后继加仓ETF提供了弹药。

2009年的大反弹期间，依靠熊市的勇敢加仓和调仓，不仅弥补了亏损，还实现盈利，为2010年首次买房提供了不小的帮助。

其间，也寻思过其他理财途径，但综合投资门槛、进出流动性和日常操心程度，基金无疑还是首选。当时的境界，可谓"独上高楼，望尽天涯路"，隐约中看到一条康庄大道。

2. 衣带渐宽终不悔，为伊消得人憔悴

2010—2013年，我大量阅读国内外基金投资理论，研究国内各类型基金，无数个日夜趴在电脑前统计分析各类数据，尝试改进基金投资策略，心得体会写满好几个笔记本，期间还陆续通过了证券从业资格、注册会计师和注册税务师等资格考试。

但是实践起来，问题还是挺多，品尝过单纯依靠折价的市场不认可、单纯依靠估值的漫长等待、主动型基金业绩不延续、指数型基金估值弹性下降的无奈等各类投资苦恼。我开始逐步尝试根据综合信息测算基金的风险收益比，根据技术指标进行指数买卖点的选择，投资方向侧重于股票型指数基金和分级基金。其后依靠指数基金、分级基金和封闭式基金取得相对稳定的回报。

比较可惜的是，因对债券研究不深，我未能把握2011年底至2012年的债券行情。当时部分债券基金的B类净值上涨50%以上，让我对债券基金的态度有了彻底的改观，随后加强了对相关基金的研究和关注。

其间，长期持有的酒类和家电类股票贡献过不错的收益，也让我体会到行业周期带来的强烈冲击，有种世事难测的感觉。例如，酒类一直是国内外的长牛行业，那时普遍认为，该类企业的股票不可能出现重大亏损，结果 2013 年连龙头股贵州茅台都大跌近 40%（可谓价值投资者的"滑铁卢"）……此时，基金分散风险的特征再次得到较好的体现，让我以基金为主的投资理念更为牢固。

3. 蓦然回首，那人却在，灯火阑珊处

我们投资基金能获得与市场大致相当的回报，应该比较满意。但是我希望可以做得更好，能在市场上涨时取得超越市场的回报，在下跌时远离亏损，这才是理想的追求。

2014—2016 年间，个人对投资标的进行删繁存简，放弃不易把握的投资标的，适度聚焦至长期盈利能力稳定的大消费行业基金，业绩弹性大的证券、地产和计算机行业基金，上不封顶下有保底的转债类基金，并借助市场估值和资产回报率构建了资产配置模型。

2014 年，我在可转债、证券等基金上取得 100% 以上的收益；2015 年在医药和计算机等基金上取得翻倍的收益，拜基金所赐，比原计划提前两年多买了第二套房。2017 年和 2019 年的小牛市也实现不错的盈利，投资渐入状态，整体有种"蓦然回首，那人却在灯火阑珊处"的感觉。

针对 2018 年的极端情况，个人进一步加强了相关领域的研究，结合各类资产的风险和收益特征，进行了策略优化，聚焦于盈利能力最强最稳的**优质资产**、经受岁月考验的**资产配置策略**和亘古不变的**市场周期轮回**，让"**好资产+好策略=更好的收益**"。在投资的道路上，学习和研究永无止境，个人数十年的实践从一个侧面说明——**投资有捷径！掌握投资精髓，可以事半功倍。**

本书在系统介绍常用术语、基金特征、选基技巧和大师智慧等的基础上，结合资产配置理论和量化研究成果，提出了基金战舰的打造方法，还系统介绍了诺贝尔基金、耶鲁大学基金和社保基金等大型机构的最新资产配置策略，提出了家庭资产配置的建议。

本书介绍的策略均简单易行。既不需要读者对企业进行细致入微的观察、思考和研究，也不需要每天关注宏观政策和市场涨跌，只需要把握基金特征和估值水平等投资的核心要素，定期做动态调整，即可驰骋投资，为财富保驾护航。

无法拥有赚钱机器，就需要自己做赚钱机器。最后，希望这本汇集投资大师的理论精华、基金基础知识、投资技巧以及个人投资心得的书籍，能为各位在投资理财路上探索的朋友尽绵薄之力，减少无谓的探索，为致富加速，尽快拥有能不断赚钱的"聚宝盆"，早圆购（换）房梦、养娃梦、养老梦，拥抱美好新生活！